CELLULE 8002 VS MAFIA

Catalogage avant publication de Bibliothèque et Archives nationales
du Québec et Bibliothèque et Archives Canada

Renaud, Daniel, 1965-
    Cellule 8002 vs Mafia : l'histoire jamais racontée

ISBN 978-2-89705-473-1

I. Mafia - Québec (Province) - Montréal.
2. Crime organisé - Enquêtes - Québec (Province) - Montréal. I. Titre.

HV6453.C32Q8 2016   364.10609714'28   C2016-940462-5

Présidente : Caroline Jamet
Directeur de l'édition : Jean-François Bouchard
Directrice de la commercialisation : Sandrine Donkers
Responsable, gestion de la production : Carla Menza
Communications : Marie-Pierre Hamel

Éditeur délégué : Yves Bellefleur
Conception graphique : Simon L'Archevêque
Photo de l'auteur : Hugo-Sébastien Aubert, *La Presse*
Révision linguistique : Élise Tétreault
Correction d'épreuves : Michèle Jean

L'éditeur bénéficie du soutien de la Société de développement des entreprises culturelles du Québec (SODEC) pour son programme d'édition
et pour ses activités de promotion.

L'éditeur remercie le gouvernement du Québec de l'aide financière
accordée à l'édition de cet ouvrage par l'entremise du Programme
de crédit d'impôt pour l'édition de livres, administré par la SODEC.

Nous remercions le Conseil des arts du Canada de l'aide accordée
à notre programme de publication.

DANIEL RENAUD

CELLULE 8002 VS MAFIA

L'HISTOIRE
JAMAIS RACONTÉE

LES ÉDITIONS **LA PRESSE**

À ma mère,
Monique Dupont-Renaud
(1932-2014)

TABLE DES MATIÈRES

MOT DE L'AUTEUR

Le téléphone sonne une première fois. Je sursaute. Le temps de réaliser ce qui se passe, la sonnerie retentit une deuxième fois. Je réponds, la voix éraillée.

— Salut Daniel. Tu te souviens ? Je t'ai parlé de quelque chose de gros qui s'en venait l'autre jour. C'est ce matin, lève-toi !

— OK merci, dis-je avant de raccrocher, l'esprit embrumé.

Je pose mes yeux mi-clos sur le radio-réveil. Il est 3 h 30. Je regarde dans la pièce, un peu confus et étonné. Je suis entouré de toutous ! Comme elle le fait depuis quelques semaines, habitée par un cauchemar, ma fille est venue se réfugier dans notre lit, et on a échangé nos places. Mais ça, c'est une autre histoire.

Un peu avant 6 h, un photographe du *Journal de Montréal* et moi arrivons à l'arrière du quartier général de la Gendarmerie royale du Canada (GRC), boulevard Dorchester à Westmount. Le jour n'est pas encore complètement levé. D'autres collègues sont présents. «C'est du jamais vu dans l'histoire criminelle du Canada », déclare avec fébrilité André Cédilot, qui sort temporairement de son rôle de journaliste à *La Presse* pour tenir celui d'expert pour les reporters télé. Il joue au type surpris, mais il devait bien savoir, pensais-je.

Puis, des véhicules banalisés commencent à défiler. Des individus menottés en sortent, escortés par deux policiers dont l'impassibilité faussement affichée peine à camoufler une certaine fierté. Un porte-parole de la GRC tente de résumer ce qui se passe. Je n'y comprends pas grand-chose. Mais je suis soulagé de savoir que c'est le collègue Michel Auger qui résumera tout ça en page trois demain matin. Je suis là pour lui donner un coup de main, c'est tout.

Je n'aurais jamais pensé, dix ans plus tard, écrire un livre sur l'opération Colisée. C'est à l'époque du site Internet *Rue Frontenac*, créé en réponse au lock-out au *Journal de Montréal* en 2009-2010, que les mafiosi d'importance se sont mis à tomber les uns après les autres et que, pour ne rien manquer, j'ai été obligé de suivre un cours accéléré de « mafia 101 » avec l'aide de nouvelles sources engagées qui me racontaient des anecdotes suaves sur l'opération Colisée et l'histoire des Rizzuto. Sans m'en douter, leurs propos étaient contagieux. Ce cours d'introduction à la mafia est devenu une passion.

Le 10ᵉ anniversaire de cette affaire me semblait un bon prétexte pour écrire un livre sur la plus grande rafle antimafia de l'histoire du Canada. Dix ans plus tard, les langues se délient un peu, sans compter que l'opération Colisée – et ce qui s'est passé durant les années d'enquête qui ont précédé le jour de la fameuse frappe policière – est encore très actuelle. Dans la mafia, il faut remonter à des années, parfois à des décennies, pour comprendre ce qui se passe aujourd'hui.

Ce livre est basé en grande partie sur une quarantaine d'heures d'entrevues, principalement avec d'ex-enquêteurs de Colisée, pour la plupart des anciens de la «cellule 8002» spécialisés dans la lutte aux stupéfiants, les «mauvais garçons» qui ont parfois étiré l'élastique pour parvenir à leurs fins. On verra que ce groupe d'enquêteurs, dont l'avenir a été incertain un jour de l'été 2004, a rebondi et permis à quelques officiers de respirer plus à l'aise. Pour une raison évidente, j'ai dû limiter le nombre d'enquêteurs interviewés, mais il ne faut pas oublier la centaine d'autres, en particulier ceux de la section des produits de la criminalité et des autres cellules, qui ont eux aussi grandement contribué à l'enquête Colisée.

Ce livre est également basé sur des heures d'entrevues et de conversations avec des sources anonymes, policières, judiciaires et criminelles, et sur quantité d'informations grappillées au fil des années au téléphone, dans des corridors ou dans des endroits discrets. Il s'appuie aussi sur des centaines de pages de documents officiels qui ont grandement contribué à étoffer le récit et également à établir la chronologie, la mémoire des enquêteurs faisant parfois défaut, dix ou quinze ans plus tard.

Parlant de chronologie, elle n'est pas toujours suivie de façon parfaite, en particulier dans les deux premiers chapitres, afin d'établir la situation de départ et de faciliter la compréhension. Quelques passages, qui se comptent sur les doigts de la main, ont été légèrement romancés, surtout en début de chapitre, pour accrocher le lecteur. Après tout, l'histoire de l'opération Colisée est un véritable roman.

Je ne voulais pas reprendre la preuve déjà présentée devant les tribunaux. Cellule 8002, c'est l'histoire inédite de l'enquête

Colisée racontée par les enquêteurs. C'est la réalité qui dépasse parfois la fiction.

J'ai eu beaucoup de plaisir à écrire ce livre au son des chansons classiques de Noël de Frank Sinatra et de la musique de quelques vieux groupes rock des années 1970 et 1980, durant la grisaille de l'hiver, et j'espère que le lecteur en aura autant à le lire. Le lecteur plus averti s'amusera peut-être à mettre des noms là où il n'y en a pas ou à deviner ce qui est écrit à l'encre invisible entre les lignes de certains paragraphes.

— **Daniel Renaud**

PROLOGUE

2003. L'ENTOURAGE DE VITO RIZZUTO EST EN ÉMOI. AFFOLÉ, un patron du restaurant Sotto Sopra, boulevard Saint-Laurent à Montréal, vient d'appeler pour avertir que des employés d'une entreprise de rembourrage ont découvert un micro dans l'un des fauteuils du studio du 2e étage de l'établissement. Le micro, un peu démodé mais fonctionnel, est caché dans la base du fauteuil et est relié à une lourde pile presque aussi grosse qu'une batterie de voiture, qui sert vraisemblablement à assurer une confortable autonomie à l'appareil d'écoute.

Situé à l'entrée de la Petite Italie, l'un des chefs-lieux de la mafia montréalaise, le Sotto Sopra est très fréquenté par le parrain. Vito Rizzuto y multiplie les rencontres avec ses associés et «facilitateurs» à l'abri des regards et des oreilles indiscrètes. Il s'y rend régulièrement pour manger et discuter «affaires». Il fume le cigare et sirote un apéro ou un digestif au 2e étage, ou encore se détend dans l'ambiance feutrée du *lounge*, situé la porte voisine.

Ce n'est pas la première fois qu'une tentative d'écoute du chef de la mafia est éventée. On compte au moins un précédent devenu célèbre non pas parce qu'il a été couronné de succès, mais plutôt parce qu'il fut à l'origine d'une bourde monumentale dont les impacts furent désastreux pour la GRC. En octobre 1987, la police fédérale avait arraisonné un chalutier, le *Charlotte-Louise*, à Blanc-Sablon sur la Basse-Côte-Nord, et découvert 500 kilos de haschisch libanais dans un réservoir. À l'issue d'une enquête nommée «Battleship», Vito Rizzuto et son bras droit Raynald Desjardins avaient été arrêtés et accusés.

Alors que le parrain subissait son procès à Saint-Jean de Terre-Neuve, trois ans plus tard, Rizzuto et ses avocats étaient attablés au restaurant de l'hôtel Radisson lorsque soudain, en plein milieu du repas, un serveur avait retiré la lampe pourtant fonctionnelle qui trônait au milieu de la table pour la remplacer par une autre. La police savait que le parrain et son groupe devaient manger à cet endroit et avait déposé une lampe munie d'un micro sur une table vers laquelle un serveur devait diriger les suspects. Mais il y avait eu un malentendu avec le nom de l'un des convives et ceux-ci avaient été dirigés vers une autre table. Après l'échange des lampes, les avocats de Rizzuto avaient découvert un micro dans le luminaire et soulevé l'affaire lors du procès. La GRC a eu beau expliquer que le dispositif espion était destiné à obtenir de l'information sur une autre enquête en cours, les accusations contre le parrain et son adjoint avaient été retirées. Rizzuto était sorti libre comme l'air de la salle d'audience, sourire aux lèvres.

Cette affaire, et d'autres abandonnées par la suite, a contribué à la réputation d'invulnérabilité de Vito Rizzuto. C'est probablement la raison pour laquelle, en cette année 2003, le parrain, alors à son zénith, demeure de glace, un contraste frappant avec son entourage inquiet par la découverte d'un engin espion dans un divan du Sotto Sopra. Au téléphone, on lui décrit l'appareil à l'allure rudimentaire.

« Bof, un jouet d'enfant venant d'une boutique d'électronique bon marché », dit Vito Rizzuto, en faisant la moue. Le parrain considère même l'équipement comme étant tellement grossier qu'il ne croit pas qu'il appartienne à la police. Pourtant…

Chapitre 1

LA CIBLE

Vito Rizzuto à la fin des années 1970.

À L'AUBE DES ANNÉES 2000, LE CLAN DES SICILIENS DIRIGE les rênes de la mafia montréalaise depuis une quinzaine d'années. Vito Rizzuto trône confortablement au sommet de la pyramide du crime organisé au Québec et il est sans contredit le chef mafieux le plus puissant au Canada.

Au cours des années précédentes, le mafioso dans la mi-cinquantaine est graduellement passé de dauphin à héritier de son père, Nicolo, qui avait orchestré le renversement du clan calabrais des Violi au tournant des années 1980 à Montréal. Il a fallu quelques années à la police avant d'identifier le vieil immigrant presque illettré, arrivé du village sicilien de Cattolica Eraclea durant les années 1950, comme le nouveau parrain de la mafia montréalaise. La police fit montre de la même prudence lorsque son fils aîné prit la relève. Mais l'élève a tranquillement dépassé le maître. On ignore exactement en quelle année Vito Rizzuto est devenu le parrain de la mafia montréalaise, mais déjà dans un article du *Journal de*

Montréal publié en novembre 1991, le journaliste Michel Auger lui attribuait l'étiquette de « chef intérimaire ».

Avec Vito Rizzuto à sa tête, la mafia montréalaise s'est émancipée de sa cousine et de sa métropole, la famille Bonanno de New York, et a bâti des alliances solides avec les autres grandes organisations criminelles de la province – le clan Dubois, le gang de l'Ouest et les motards pour ne nommer que ceux-là. Au fil des ans, la stratégie de la main de fer dans un gant de velours et de la coopération entre groupes criminels – pour que tout le monde puisse avoir sa part du gâteau – a permis au clan Rizzuto de bâtir un empire et une organisation qui a des ramifications partout au Canada, aux États-Unis, au Venezuela et ailleurs en Amérique du Sud et en Italie.

La mafia de Montréal, alors à son paroxysme, est impliquée dans tous les crimes imaginables : importation et trafic de stupéfiants, jeu, paris sportifs, prêt usuraire, extorsion, fraude, contrebande, enlèvements et meurtres, racket de la protection, manipulations boursières, blanchiment d'argent et autres. Elle a aussi étendu ses tentacules et s'est insidieusement infiltrée dans les antichambres de la politique et dans l'économie légale : l'immobilier, les établissements licenciés, la restauration, certains commerces et entreprises – notamment dans le milieu de la construction comme le démontrera plus tard la commission Charbonneau.

Pendant que les années qui passent permettent aux Siciliens de tisser une telle toile, les projecteurs de la police sont braqués ailleurs. Depuis le milieu des années 1990, les rues de Montréal et de plusieurs villes et localités de la province sont en effet rougies par le sang des 160 morts et autant de blessés d'une guerre impitoyable que se livrent les Hells Angels d'un côté, et les Rock Machine et leurs alliés – des clans et des trafiquants indépendants –, de l'autre.

Ce conflit sanglant mène à la création de la fameuse escouade Carcajou, balbutiement réussi d'une collaboration étroite entre corps de police qui deviendra incontournable par la suite. Il permet également de forger de nouveaux outils contre le crime organisé en menant à l'adoption du projet de loi C-24 par lequel la notion de gangstérisme sera insérée dans le Code criminel. Mais, surtout, le travail des enquêteurs de Carcajou orchestre la décapitation des Hells Angels : d'abord en envoyant en prison pour de longues années leur chef guerrier, Maurice «Mom» Boucher, condamné pour les meurtres de deux gardiens de prison commis à la fin des années 1990, et ensuite en faisant de même avec les membres les plus influents de leur groupe d'élite des Nomads et leurs soldats les plus actifs durant la guerre, les Rockers de Montréal, lors de l'opération Printemps 2001.

Mais Vito Rizzuto est comme une anguille qui glisse entre les mains lorsqu'on tente de l'attraper. Il est insaisissable depuis plus de dix ans. Outre l'épisode malheureux de la valse de la lampe, les policiers ont tenté en vain à plusieurs reprises de le lier à d'importantes importations de drogue. La Sûreté du Québec (SQ) est bien parvenue à l'accuser à Sept-Îles, en 1989, pour une affaire d'importation de 31 tonnes (30 000 kilos) de haschisch, mais le délateur dans cette affaire s'est discrédité en rendant visite à l'avocat de Rizzuto et en lui offrant de ne pas témoigner contre le parrain en échange d'une rente à vie. Le criminaliste et fin renard a immortalisé cette proposition providentielle en l'évoquant durant les procédures. Et ce qui devait arriver arriva : Rizzuto fut libéré.

En 1991, le nom de Rizzuto fait de nouveau surface dans un projet de la GRC nommé «Bedside» concernant l'importation de 50 kilos de haschisch libanais, mais le parrain passe encore au travers des mailles du filet. Dans d'autres circonstances, ce sont ses hommes qui sont arrêtés et accusés, comme Raynald Desjardins, qui se sacrifie et est condamné à 15 ans de pénitencier pour des complots d'importation de plusieurs centaines de kilos de cocaïne du Venezuela et de plusieurs milliers de kilos de cannabis en provenance des côtes africaines, éventés à la suite d'une enquête conjointe de la SQ et de la GRC baptisée «Jaggy», en 1992.

Au début des années 1990, plusieurs personnages importants de la mafia et des lieutenants de Vito Rizzuto se rendent simultanément dans un bureau de change qui vient d'ouvrir au centre-ville de Montréal dans le but de blanchir des dizaines de millions de dollars provenant de la vente de drogue. Sans s'en rendre compte, ils sont tombés dans un piège de la police fédérale, qui a créé de toutes pièces et qui contrôle ce faux comptoir de transactions. C'est l'audacieux projet Compote. Encore une fois, le nom de Rizzuto est évoqué, mais les enquêteurs ne peuvent remonter jusqu'à lui. «La police veut ma tête», dira plus tard Rizzuto à un agent civil d'infiltration de la GRC à qui il admettra avoir failli se faire prendre dans l'affaire du faux bureau de change.

Pour le reste, le parrain n'a pour casier judiciaire qu'une participation à un incendie criminel pour une affaire d'assurances avec son beau-frère, Paolo Renda, en 1972, et des amendes pour des infractions au Code de la route et à la Loi sur l'impôt. Si on veut le coincer, il ne faudra donc pas lésiner sur les moyens et prendre tout le temps nécessaire pour y parvenir. La GRC s'est heurtée longtemps à l'imperméabilité du parrain, mais, cette fois-ci, les astres sont alignés. Les policiers fédéraux sont déterminés eux aussi à avoir leur Printemps 2001.

* * *

Quelques semaines après avoir vu ses homologues de la SQ porter ce dur coup aux motards, le commissaire de la GRC Giuliano Zaccardelli, un spécialiste de la lutte au crime organisé, fait du combat contre la mafia montréalaise et son fuyant parrain une priorité nationale.

On entend partout le nom de Vito Rizzuto, mais les limiers accumulent chaque fois une preuve qui s'avère non admissible et ne remontent jamais jusqu'à la tête de la mafia. Les nouvelles dispositions sur le gangstérisme ajoutées dans le Code criminel changeront peut-être la donne. Malgré quelques projets d'enquête spectaculaires, tel Compote, les années 1990 ont été, pour la GRC, des années de vaches maigres au point de vue budgétaire. Mais cette époque est révolue. Zaccardelli ouvre toutes grandes les vannes pour que tous les moyens soient mis en place et que tous les effectifs nécessaires soient mis à contribution pour coincer sa cible. Du jamais vu. Ça coûtera ce que ça coûtera, ça prendra le temps qu'il faudra, mais rapportez-moi la tête de Vito Rizzuto, lit-on pratiquement entre les lignes de l'ordre du commissaire.

C'est de l'Ontario, à la fin de l'été 2001, qu'arrivent les premières informations qui serviront de base à la grande enquête qui doit abattre le parrain. Les enquêteurs de la police régionale de York, dans la grande région de Toronto, aidés de leurs collègues ontariens de la GRC, mènent depuis quelques mois l'enquête R.I.P., qui vise notamment Vito Rizzuto, son fils aîné, Nicolo, alias « Nick junior », et de proches associés.

Tout a commencé par la plainte d'un entrepreneur de la Ville Reine qui s'est dit victime d'extorsion de la part du clan Rizzuto. Celui-ci exigeait qu'il rembourse une somme d'un million de dollars à un homme d'affaires d'origine sicilienne de la région de Montréal. Après avoir versé la moitié de la somme à un avocat montréalais mandaté par les Rizzuto, l'entrepreneur a alerté les policiers. L'enquête R.I.P. comporte également deux autres volets. Les policiers ont dans leur mire un certain Juan Ramon Fernandez, lieutenant de Vito Rizzuto alors très présent à Toronto.

Né dans la province de la Galice, en Espagne, Fernandez, alias «Joe Bravo», est arrivé au Canada en 1961 à l'âge de quatre ans. Sa carrière criminelle commence très jeune, et il multiplie les vols et les fraudes. Expert en arts martiaux, il assène un coup de poing à la gorge de sa petite amie de 17 ans lors d'une dispute, en 1982, et la tue. Fernandez, qui a alors 25 ans, est condamné à 12 ans de pénitencier et c'est à ce moment qu'il aurait fait la rencontre de Raynald Desjardins, qui l'introduira ensuite à Vito Rizzuto. Des années plus tard, l'Espagnol demandera à Rizzuto d'intervenir pour sauver la vie d'un trafiquant de drogue. Mais cette implication forcera ensuite le parrain à faire un rare témoignage en cour lorsque le trafiquant subira un procès. C'est avec cette affaire que les policiers réaliseront pour la première fois le rôle d'arbitre de Vito Rizzuto. Durant son témoignage, le parrain confirmera être intervenu pour sauver la vie du trafiquant, mais niera avoir été payé pour ce service.

Après avoir purgé sa peine, Fernandez est expulsé dans son pays d'origine pour grande criminalité, mais il revient illégalement au Canada. Il est de nouveau intercepté et renvoyé dans son pays en mai 1999, mais il revient clandestinement une autre fois. Fernandez fait l'objet d'une troisième ordonnance de déportation lorsque les enquêteurs de R.I.P. l'identifient comme l'un des principaux hommes de confiance du parrain.

Outre le groupe de Fernandez, les policiers ontariens ciblent en troisième lieu une cellule qu'ils croient dirigée par le fils aîné du parrain, Nick junior, et qu'ils soupçonnent d'être impliquée dans la culture de marijuana et la production et la distribution d'ecstasy.

C'est sur cette base qu'en septembre 2001, l'Unité mixte d'enquête sur le crime organisé (UMECO) de la GRC à Montréal lance son propre projet contre Vito Rizzuto. À l'origine, la fameuse enquête ne s'appelle pas Colisée mais Cicéron, du nom d'un homme d'État romain. Au Québec, la GRC est identifiée comme étant la Division C et, par conséquent, les noms de tous ses projets d'enquête doivent commencer par la troisième lettre de l'alphabet. Dès le mois suivant, les premiers enquêteurs de Cicéron sont choisis. Outre les quelques informations partagées par les enquêteurs de R.I.P., ils partent à zéro. Ils savent bien sûr qui est Vito Rizzuto, que son père est l'ancien parrain de la mafia montréalaise et qu'il semble toujours actif, qu'il a un fils aîné qui pourrait un jour lui succéder, mais c'est à peu près tout. Durant un an, les enquêteurs de Cicéron s'évertueront à dresser le portrait de Vito Rizzuto et de son organisation et à amasser tous les renseignements possibles. Ils feront l'historique de sa famille depuis son arrivée au Québec dans les années 1950. Ils voudront d'abord établir son profil et évaluer son train de vie pour éventuellement le confronter à ses revenus.

Toutes les informations recueillies seront acheminées à un collègue qui aura le mandat de rédiger les affidavits destinés à obtenir les mandats d'écoute. À l'automne 2001, Fritzler Gaillard, un enquêteur aux stupéfiants de la GRC, vient de passer un an comme patrouilleur au poste de quartier 31 de la police de Montréal en vertu d'un échange de services entre la GRC et le Service de police de la Ville de Montréal (SPVM). Gaillard, qui est d'origine haïtienne, a une belle plume. C'est à lui que feront appel ses officiers pour remplir cette tâche essentielle visant à convaincre les juges de signer les autorisations d'écoute aux 60, 90 ou 120 jours. Le policier travaillera en étroite collaboration avec deux procureurs des couronnes fédérale et provinciale, qui encadreront continuellement les enquêteurs de Cicéron, puis de Colisée, dans leurs démarches.

Pendant que le policier rédige ses affidavits, la loi permet aux enquêteurs de fixer sur un poteau une caméra à l'entrée de la rue Antoine-Berthelet, où Vito Rizzuto possède une somptueuse résidence. N'entre pas qui veut dans la cossue et tranquille enclave du Bois-de-Saraguay du secteur Ahuntsic-Cartierville, à Montréal. À cette époque, la rue Antoine-Berthelet est surnommée la «rue de la mafia» puisque le parrain, son beau-frère, Paolo Renda, et son père, Nicolo, occupent trois maisons immédiatement voisines. Toute voiture inhabituelle qui s'aventure dans le quartier et qui n'appartient pas à un résident est rapidement signalée à la famille du parrain ou détectée par celle-ci. Pour parer le coup, la caméra est installée en retrait et filme toutes les voitures qui entrent et sortent du secteur. Le responsable de la filature poste des véhicules à l'ouest et à l'est du quartier, sur la rue Gouin, pour être bien certain de ne pas manquer le renard lorsqu'il sortira de sa tanière et pouvoir le suivre discrètement.

Un an plus tard, en septembre 2002, les premières autorisations seront enfin accordées. Les maisons, bureaux, lieux de rencontre, véhicules et téléphones cellulaires du parrain, des membres de sa famille et de ses principaux associés seront sous écoute. Lorsque les enquêteurs commenceront à écouter Vito Rizzuto, il leur faudra un certain temps pour identifier ses interlocuteurs et comprendre leur rôle. Plus la lumière se fera, plus les policiers réaliseront l'ampleur du personnage. Un appel n'attend pas l'autre pour Vito Rizzuto, qui, par un simple oui ou non, ou par une onomatopée désinvolte, conclut une transaction, confirme un rendez-vous dans l'un de ses restaurants de confiance ou organise une partie de golf. En quelques mots, le parrain achète un immeuble à Montréal, un terrain en Algérie ou une Lamborghini. Un autre jour, il transfère des centaines de milliers de dollars ou investit des millions. Il a des dizaines de projets en marche, partout au Canada et dans le monde.

Olifas Marketing Group (OMG) est une entreprise de location de bacs avec publicité pour le recyclage et les déchets à Toronto. La compagnie est dirigée par l'homme d'affaires Salvatore Olivetti, mais la police croit que Vito Rizzuto tire des ficelles et utilise l'entreprise pour blanchir des centaines de milliers de dollars d'argent sale. OMG est en pleine expansion en Espagne, en Asie, en Amérique du Sud, au Mexique, aux États-Unis et dans le reste du Canada, notamment à Montréal. À la tête de sa filiale montréalaise, un certain Michele Strizzi multiplie les efforts pour conclure des contrats avec la Ville de Montréal pour faire installer 300 boîtes métalliques à 1 500 $ chacune. Les enquêteurs entendent notamment Strizzi, lors de l'écoute, expliquer au parrain qu'il a des contacts à l'hôtel de ville d'un arrondissement de Montréal et que ceux-ci pourraient «influencer le syndicat» pour la collecte des déchets. En décembre 2001, Strizzi annonce fièrement à Rizzuto que « les écoles catholiques sont prêtes à prendre 1 000 boîtes ». Plus tard, ils l'entendront toutefois maugréer contre un problème de serrure sur les boîtes « qui pourrait coûter cher en assurances » si un enfant se blessait. Strizzi entreprendra des démarches pour obtenir une subvention de cinq millions de dollars de Recyc-Québec et un prêt de plusieurs millions de dollars de la Banque de développement du Canada. Dans sa tâche, il sera aidé par un groupe de jeunes que les suspects surnomment « le consortium des étudiants ».

L'un des autres interlocuteurs les plus réguliers de Rizzuto est un Algérien habitant alors au centre-ville de Montréal, Hakim Hammoudi, qui multiplie les contacts sur la scène internationale pour aider celui qu'il appelle « son ami ». Il promet notamment au parrain des profits de plus de deux millions de dollars avec l'exclusivité d'un nouveau procédé de transformation de gaz naturel pour des pays d'Afrique du Nord et du Moyen-Orient. « En tant qu'Algérien, je ne pourrais pas rencontrer les dirigeants de X (une firme d'ingénierie québécoise). Mais je n'ai qu'à contacter mon ami et, en 15 minutes, tout le monde lui déroule le tapis rouge. C'est ça le pouvoir et l'argent », dira à une tierce personne cet associé de Vito Rizzuto lors d'une conversation captée par les policiers. Les enquêteurs l'entendront également recommander l'Algérie pour blanchir de l'argent, « car on peut se présenter avec des milliers de dollars dans une banque et aucune question n'est posée ».

Au début de l'enquête, cet « ami » du parrain effectuera un voyage à Rome pour rencontrer des princes du Moyen-Orient. La police italienne observera une série de rencontres entre des proches de Vito Rizzuto et des représentants de l'ambassade de l'Arabie saoudite à l'hôtel Cavalieri Hilton. Un rendez-vous avec un prince des Émirats sera également fixé à la résidence de l'ambassadeur de l'Arabie saoudite à Rome. Au menu des discussions : les problèmes juridiques d'un proche de Vito Rizzuto pour lequel une entente de 500 millions sera conclue, et la participation du parrain à un investissement de cinq milliards de dollars pour la construction d'un pont reliant le sud de l'Italie à la ville de Messina, en Sicile, communément appelé le « pont de Messine ». Dans tout ce volet de l'enquête impliquant Hammoudi, Vito Rizzuto parlera ouvertement de tout l'argent dont il dispose et des difficultés qu'il a à « le faire bouger ». Il veut aussi investir 250 000 $ pour acheter un terrain situé dans une station balnéaire à Alger pour un projet commercial et résidentiel, avec restaurants et boutiques de luxe. Des années plus tard, Hammoudi sera condamné à deux ans de réclusion avec sursis par les autorités italiennes dans l'affaire du pont de Messine.

En l'écoutant, les policiers constatent que le chef de la mafia montréalaise est très puissant ailleurs au Canada. Il discute quotidiennement et négocie avec une armée de prête-noms, de professionnels et de conseillers appelés « facilitateurs », qui lui servent de façades et lui permettent de réaliser toutes sortes de transactions qu'il ne pourrait effectuer s'il sortait de l'ombre. Certains créent des compagnies à La Barbade pour blanchir de l'argent. D'autres ne sont pas citoyens canadiens et voyagent partout dans le monde pour satisfaire l'appétit financier de Rizzuto.

L'un de ses serviteurs les plus fidèles est Jonathan Myette, un ancien hôtelier recyclé en conseiller financier qui négocie avec plusieurs grandes banques canadiennes pour obtenir des millions de dollars en prêts afin de lancer une entreprise de prêts hypothécaires dans laquelle Rizzuto est l'investisseur de départ. Myette est l'un des hommes de confiance du parrain, et les appels entre les deux hommes sont quasi quotidiens. Lorsqu'il veut parler à Myette, Rizzuto se présente à de tierces personnes comme le « père » du conseiller. Myette le lui rend bien en l'appelant « mon ami ». Durant l'enquête, Myette aura accès à des gens très importants qu'il présentera au parrain, comme ce membre des conseils d'administration de IKEA et de Rogers Communications intéressé par les poubelles de OMG. Pour les discussions avec cet administrateur de haut niveau, Myette conseillera au parrain d'utiliser le nom de Ricardo plutôt que Rizzuto. Le conseiller sera encore dans la confidence de Rizzuto lorsque ce dernier payera plus tard une Ferrari grise de 350 000 $ à un patron de la compagnie de courtage hypothécaire Multi-Prêts. La complicité est telle qu'un jour où il sera interpellé par la police pour une banale infraction au Code de la route, Myette repoussera les limites du cynisme en lançant aux patrouilleurs qu'ils devraient plutôt s'occuper des vrais criminels comme Vito Rizzuto. Le nom de Myette côtoiera de nouveau celui de Rizzuto dans le projet du 1000, rue de la Commune, de l'entrepreneur en construction Tony Magi, viendra raconter l'enquêteur Éric Vecchio à la commission Charbonneau des années plus tard. Les condos de luxe de l'ancien entrepôt frigorifique du Vieux-Port sont connus pour avoir abrité plusieurs acteurs majeurs de la scène criminelle. Myette décèdera en 2009, après s'être étouffé avec de la nourriture.

Comme si ce n'était pas assez, l'entourage du parrain fait aussi dans les manipulations boursières. Avec un associé de la Colombie-Britannique, Rizzuto investit dans une mine d'or de l'île de Texada, près de Vancouver. Au fil des mois, les enquêteurs entendront lors de l'écoute électronique les noms de plusieurs compagnies inscrites au NASDAQ, notamment celui d'une entreprise de Toronto inscrite à la bourse dont les actions cotent sur le TSX Venture Exchange. Parmi ses actionnaires, l'entreprise compte des individus agissant directement pour le parrain de la mafia et qui cherchent à faire monter frauduleusement le cours des actions. Ces actionnaires malintentionnés auront comme stratégie d'acheter et de vendre simultanément des actions de la compagnie par le biais de différents courtiers, de façon à créer une impression d'augmentation du volume sur l'action pour attirer les investisseurs et ainsi faire hausser artificiellement le cours de celle-ci. Selon ce que la police entend, le plan sera ensuite de diffuser de faux communiqués de presse pour accroître davantage le mouvement sur le titre. Lors de l'écoute électronique, les enquêteurs apprendront que Vito Rizzuto recevra de fortes sommes et aurait prévu utiliser les comptes en fidéicommis de membres de sa famille pour acheter des parts de la compagnie torontoise.

Pour les aider à comprendre toutes les subtilités de ces centaines de transactions complexes, la GRC innovera et fera appel à des juricomptables. Un juge signera des mandats pour obtenir et décortiquer les dossiers fiscaux du parrain et de sa femme, Giovanna Cammalleri. Selon des documents policiers, de 1986 à 2001, sur une période de 15 ans, cette dernière déclare avoir gagné des revenus d'emploi totalisant à peine près de 180 000 $. À cela s'ajoutent également des revenus de placements, de location et de vente de deux immeubles. Mais en seulement quatre ans, de 1997 à 2001, la femme du parrain affirme avoir dépensé plus de 307 000 $ pour l'achat d'actions.

De son côté, pour les années 1989 à 2001, Vito Rizzuto déclare un revenu d'emploi insignifiant et des gains de quelques dizaines de milliers de dollars pour la vente d'une propriété et des revenus de placements. Depuis qu'ils le suivent, les enquêteurs remarquent que Vito Rizzuto ne se rend jamais au travail, multipliant plutôt les rencontres dans des restaurants chics du matin jusqu'au soir. Il ne possède officiellement rien. Ni sa maison à un million de dollars, qui est au nom de sa femme, ni sa Mercedes 1997 et son Jeep Cherokee 1998, qui appartiennent à OMG et à la compagnie d'un associé. Il n'a pas de compte bancaire, sauf un compte conjoint avec sa femme, et n'est titulaire d'aucune carte de crédit. Pourtant, Vito Rizzuto enchaînera les voyages de golf en République dominicaine, aux Bahamas, à l'île antillaise de St. Kitts et à Cuba avec ses associés les plus fidèles et influents, dont Giuseppe Di Maulo.

Mafioso de la première heure et lieutenant du clan Cotroni dans les plus belles années de la domination de la mafia calabraise à Montréal, Giuseppe «Joe» Di Maulo, qui est le beau-frère de Raynald Desjardins, s'est rallié aux Siciliens après la prise de pouvoir de ces derniers en 1984. Natif de Campobasso dans la région du Molise, dans le sud de l'Italie, Di Maulo a toujours été associé à la faction calabraise de la mafia de Montréal. Tenancier de boîtes de nuit qui ont permis à des artistes montréalais de se faire un nom, propriétaire de bars, d'une compagnie de films et d'un commerce de prêts ayant pignon sur rue dans son fief, à l'angle des rues Jarry et Viau dans Saint-Léonard, Di Maulo a, sous les apparences d'un honnête homme d'affaires impliqué dans la vie nocturne montréalaise, toujours été considéré comme l'un des acteurs les plus influents et respectés de la mafia. Lui aussi a de bonnes relations avec les autres groupes criminels, notamment les motards. Un membre de sa famille immédiate fréquente alors un proche du chef des Nomads, Maurice Boucher. La police l'a toujours soupçonné d'être impliqué dans le trafic de stupéfiants même si, lors d'une rencontre avec l'auteur de ces lignes des années plus tard, il a nié être associé à ce genre d'activités, le jurant sur la tête de ses descendants.

Quoi qu'il en soit, en ce début d'enquête, les policiers l'observent plus d'une fois au golf et en d'autres lieux en compagnie de Vito Rizzuto. Golfeur passionné, Di Maulo est aperçu au tournoi des Hells Angels à L'Assomption, en juin 2000. Quelques jours plus tard, c'est l'un de ses lieutenants qui accueillera le chef des Nomads Maurice Boucher et les Rockers Luc Bordeleau et Richard Lock au café-bar Broadway, rue Jean-Talon. Pour toutes ces raisons, Joe Di Maulo deviendra donc une autre cible d'importance dans la longue enquête qui s'amorce. Mais il y en aura d'autres.

Antonio Pietrantonio, alias « Tony Suzuki » surnommé ainsi en raison d'un commerce automobile – Ville-Marie Suzuki – qu'il possède rue Hochelaga, est lui aussi dans la mire des enquêteurs. Il est l'un des lieutenants du parrain et a de bonnes relations avec les Hells Angels. Avec Raynald Desjardins, il a été arrêté et accusé dans le projet Jaggy et condamné à trois ans de pénitencier. Le coup n'a pas porté puisque Pietrantonio est ensuite vu fréquemment en compagnie de Vito Rizzuto et d'Andrew Scoppa, un chef de clan insondable et historiquement assez indépendant au sein de la mafia, connu à cette époque pour être impliqué dans le trafic d'héroïne.

Pietrantonio intrigue les policiers, car il est en relation avec des individus autres que ceux faisant partie de l'entourage immédiat de Vito Rizzuto. Entre autres, il est vu par des enquêteurs de la GRC lors d'une autre enquête qui visera un certain Giovanni Bertolo. Ce dernier est soupçonné de faire du prêt usuraire à partir du bar Jaguar, dont son frère Giuseppe est le gérant, et d'effectuer du blanchiment d'argent en transférant des fonds vers le Brésil. Méfiant, Bertolo utilise au moins trois cabines téléphoniques, près de chez lui à Laval, pour effectuer des appels, ce qui n'a pas échappé à l'œil des enquêteurs, qui mettront aussi ces cabines sous écoute. À cette époque, «Johnny» Bertolo est en probation après avoir été condamné à 12 ans de pénitencier dans une affaire d'importation de cocaïne, en 1993. Mais il est surtout très proche d'acteurs importants de la mafia, ce qui constituera la toile de fond d'une fissure qui aura d'importantes répercussions des années plus tard.

Plus ils écouteront les lignes, plus les enquêteurs identifieront des personnes d'intérêt et viseront neuf cellules de la mafia montréalaise au départ. L'une d'elles serait dirigée par le fils aîné de Vito Rizzuto, Nicolo. Même si, pour le moment, Nick junior fréquente davantage les débits de boisson avec un inséparable compagnon, Miguel Torres, et qu'il est encore loin d'être même l'ombre d'un dauphin, on observe qu'il est de plus en plus impliqué dans les affaires criminelles de son père. À cette époque, Nick junior est associé avec Torres dans une société de portefeuille. Au cours des 12 dernières années, le nom de Torres est apparu dans quatre dossiers de stupéfiants, dont trois d'importation de cocaïne. Durant les années 1990, au début de la guerre des motards, les enquêteurs de l'escouade Carcajou l'ont vu en train d'effectuer de la surveillance lors d'une rencontre entre son ami, Nick Rizzuto Jr, et deux membres des Hells Angels.

Une armée de lieutenants et de soldats qui trempent dans le crime et rapportent des montagnes de billets, un chef de la mafia qui fait des affaires partout dans le monde, des associés et «facilitateurs» qui brassent ses millions pour blanchir et recycler l'argent du crime: voilà le portrait de Vito Rizzuto en ce début d'enquête. La route de l'argent semble être la voie pour l'anéantir. La police fédérale, qui, au début des années 1990, a fait figure de pionnière au sein des corps policiers en créant son unité de lutte au blanchiment et au recyclage des produits de la criminalité, privilégiera donc cette arme au cours de cette enquête qui commence.

D'une poignée, au début, le nombre d'enquêteurs dépassera la centaine au plus fort du projet. La grande majorité viendra de la GRC, mais l'équipe comptera aussi une dizaine d'enquêteurs du SPVM et de la SQ et sera complétée par des limiers d'autres corps de police et des agences canadiennes du Revenu et des Services frontaliers. Les enquêteurs de Colisée, qui sera la plus grande opération antimafia de l'histoire du Canada, pourront plus tard compter sur le soutien constant des employés de la salle d'écoute électronique du quartier général de la GRC, à Westmount, et seront la priorité des équipes de filature de l'unité spéciale O. Ils bénéficieront aussi de l'expertise soutenue des techniciens en écoute électronique de l'unité spéciale I, qui, durant les cinq ans que durera l'enquête, rivaliseront d'ingéniosité pour fabriquer ou installer des équipements d'enregistrement sonore, visuel ou sous des formes insoupçonnées dans différents endroits. Même si tout ne tournera pas toujours rondement, les appareils seront parfois dignes des meilleurs gadgets mis au point par «Q» et son équipe dans les films de James Bond. Pour compléter le tout, comme dans toute enquête d'envergure qui se respecte, la police fera également appel à des agents civils d'infiltration qui auront pour difficile mandat d'approcher le méfiant parrain sans être découverts et de le compromettre. Les enquêteurs de Colisée seront divisés en quelques cellules nommées «8000» qui constitueront chacune le miroir des principaux délits présumés dont sont soupçonnés Vito Rizzuto et ses associés: blanchiment d'argent, manipulations boursières, infiltration de l'économie légale et trafic de drogue.

Alors que l'avenir démontrera que le parrain ne trempera plus directement dans les opérations de stupéfiants, les enquêteurs chargés de cette mission font un peu figure de négligés à côté de leurs collègues des autres groupes qui ont déjà commencé à afficher des organigrammes au mur, tels des tableaux de chasse. Ce sont ceux de la cellule 8002.

LES PARRAINS ET CHEFS
DE LA MAFIA MONTRÉALAISE

VITO RIZZUTO
(Fin des années 1990
jusqu'en août 2006)

PAOLO RENDA
(2006 à mai 2010)

AGOSTINO CUNTRERA
(Juin 2010)

NICOLO RIZZUTO
(Juillet à novembre 2010)

**ALLIANCE
MONTAGNA-DESJARDINS**
(Novembre 2010 au printemps 2011)

MORENO GALLO
(Été 2011)

VITO RIZZUTO
(Octobre 2012
à décembre 2013)

**STEFANO SOLLECITO
ET ROCCO SOLLECITO**
(Janvier 2014 à nos jours)

Note : Cette chronologie est basée sur un recoupage d'informations de sources policières et autres et sur des constatations accumulées au fil des années. Elle constitue une approximation et a été conçue, à titre indicatif seulement, pour faciliter la compréhension du lecteur.

LA MAFIA MONTRÉALAISE EN 2004

CALABRAIS

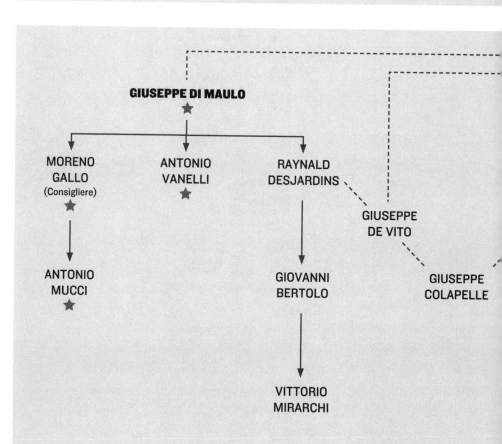

GIUSEPPE DI MAULO ★

MORENO GALLO (Consigliere) ★

ANTONIO VANELLI ★

RAYNALD DESJARDINS

GIUSEPPE DE VITO

ANTONIO MUCCI ★

GIOVANNI BERTOLO

GIUSEPPE COLAPELLE

VITTORIO MIRARCHI

Cet organigramme n'est pas complet. Il a été réalisé principalement avec les individus cités dans ce livre.

★ : Homme d'honneur

SICILIENS

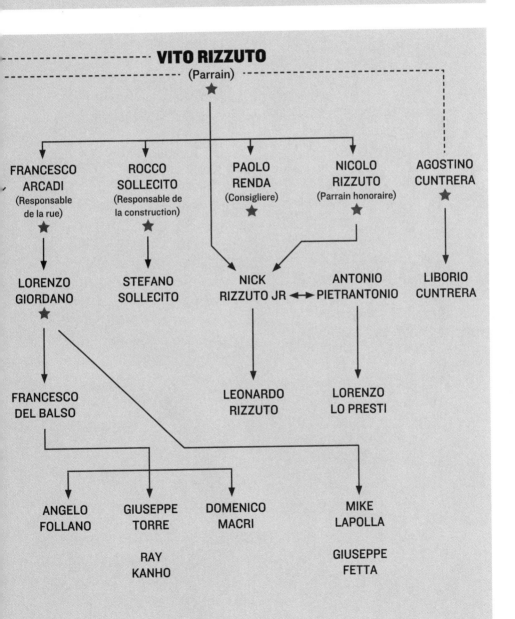

VITO RIZZUTO
(Parrain)
★

FRANCESCO ARCADI (Responsable de la rue) ★

ROCCO SOLLECITO (Responsable de la construction) ★

PAOLO RENDA (Consigliere) ★

NICOLO RIZZUTO (Parrain honoraire) ★

AGOSTINO CUNTRERA ★

LORENZO GIORDANO ★

STEFANO SOLLECITO

NICK RIZZUTO JR ◄►ANTONIO PIETRANTONIO

LIBORIO CUNTRERA

FRANCESCO DEL BALSO

LEONARDO RIZZUTO

LORENZO LO PRESTI

ANGELO FOLLANO

GIUSEPPE TORRE

DOMENICO MACRI

MIKE LAPOLLA

RAY KANHO

GIUSEPPE FETTA

Chapitre 2

LA CHASSE
EST OUVERTE

Vito Rizzuto jouant au golf
en République dominicaine en 2003.

«Salut Henri. Bon, écoute, j'ai réfléchi et finalement je vais accepter ta proposition», dit le sergent Mike Roussy à son supérieur, le surintendant Henri Dion. Cela fait trois fois que Dion et d'autres officiers supérieurs demandent à Roussy de se joindre à l'équipe du sergent d'état-major Pierre Camiré. Ce dernier, véritable pionnier de l'unité des produits de la criminalité de la Division C de la GRC, a reçu le mandat de constituer la cellule 8002. Pour la former, il a besoin de 12 hommes expérimentés parmi les meilleurs dans leur spécialité. Et pour les diriger, il a pensé à Roussy, mais ce dernier, sosie de l'acteur américain Nick Nolte, un colosse un peu bourru ironiquement surnommé «Smiley» par ses troupes, se faisait tirer l'oreille.

Depuis 1978, à l'exception d'une petite incursion de quelques années à la Drug Enforcement Agency (DEA) aux États-Unis, Roussy travaille à la section des stupéfiants de la GRC à Montréal. Avec les années, il est devenu un spécialiste des importations de drogue par conteneurs. Il ne compte plus les saisies que lui et ses hommes ont réalisées. Au moment où il reçoit l'offre du surintendant Dion, sa section vient de terminer le projet Chevalin, une grande enquête sur une importation de haschisch qui a conduit les enquêteurs autour du monde, avec des agents de liaison au Pakistan, des livraisons contrôlées et des agents sources. C'est à ça qu'il carbure. Il ne connaît rien des Italiens, sauf peut-être quelques photos de mariage et de baptême de l'époque des Cotroni et des Violi qu'il a vues dans un album de renseignement. Il veut demeurer « dans sa boîte » et ne veut rien savoir des *task force*. Mais ses officiers supérieurs l'ont tellement supplié qu'il a fini par flancher. Le sergent Roussy est méticuleux. Il note systématiquement et sur le moment même tout geste qu'il pose ou toute information qu'il reçoit en cours d'enquête. Cette rigueur sera lourde de conséquences pour des trafiquants stressés un soir de janvier 2005, à l'aéroport Trudeau.

Pour appuyer Roussy dans sa tâche, on identifie Michel Fortin, un autre spécialiste des stupéfiants. Durant les années 1990, le caporal Fortin a été l'un de ceux qui ont enquêté sur des informations voulant que Vito Rizzuto ait servi d'intermédiaire pour écouler trois milliards de dollars en lingots d'or détournés par le dictateur déchu des Philippines, Ferdinand Marcos. La police n'a jamais pu atteindre Rizzuto. Mais le policier a une autre corde à son arc. Il est un expert en écoute électronique. Rizzuto a une autre fois échappé à la GRC, mais Michel Fortin a pu coincer Giovanni Bertolo après avoir appris que ce dernier devait faire un important appel d'une cabine téléphonique du Centre Rockland, à Montréal, le lendemain matin. En une seule nuit, les techniciens de la GRC ont réussi le tour de force de brancher les 64 téléphones publics du centre commercial, juste à temps pour compromettre Bertolo sur une seule conversation incriminante.

Plus Colisée progressera, plus le caporal Fortin deviendra l'âme derrière l'enquête. Lorsque les conversations captées afflueront de partout, il en écoutera des milliers ou lira autant de transcriptions, évaluant leur intérêt en quelques secondes, rejetant celles qui sont superflues et conservant les essentielles. Son bureau deviendra le centre nerveux de l'enquête et s'agrandira au fur et à mesure que se développeront les organigrammes des cellules mafieuses tapissant les murs. Fortin passera des journées complètes dans son « bunker » à lire, à analyser, à déplacer des photos et à orienter les enquêteurs sur le terrain. Ses collègues se souviennent qu'il finira par porter, à longueur de journée, des pantoufles en phentex pour être confortable.

Dans son bureau montréalais des enquêtes aéroportuaires, le gendarme René Gervais s'ennuie. Cet ancien agent de la faune né en campagne, véritable Hercule aux mains énormes, a profité du fait que la GRC voulait accroître ses effectifs dans les aéroports après l'attentat du 11 septembre 2001 à New York pour quitter le Nouveau-Brunswick et revenir au Québec. Mais René Gervais veut de l'action et il a entendu parler d'une enquête sur les Italiens. Il appelle Pierre Camiré, qu'il a connu dans son ancienne vie, et l'implore de faire partie de sa nouvelle équipe, quitte à lui faire laver les voitures ou les toilettes s'il le faut. Le sergent d'état-major Camiré hésite. Le gendarme a beau être enthousiaste et rempli de bonnes intentions, il n'est toutefois pas très habitué à la lutte aux stupéfiants comparativement à tous les candidats choisis jusqu'à maintenant. Le sergent d'état-major finit par accepter et René Gervais se souvient de s'être senti petit à la table des enquêteurs de la cellule 8002, lors de la première réunion d'équipe. D'autant plus que le responsable leur annoncera alors qu'ils ont une obligation de résultat, sans quoi cela risque de mal aller. Mais René Gervais fera rapidement sa place.

Comme son nom l'indique, l'Unité mixte d'enquête sur le crime organisé (UMECO) comptera des enquêteurs d'autres corps policiers. Après avoir reçu un appel de la police fédérale, le patron de la Division du crime organisé (DCO) de la police de Montréal, Michel Gagné, convoque deux de ses sergents-détectives dans son bureau, Antonio Iannantuoni et Tonino Bianco. Il leur annonce que si cela les intéresse, ils sont prêtés à la GRC pour un gros projet ultra secret contre la mafia. D'origine italienne, les deux hommes connaissent très bien la communauté, sa culture, ses mentalités et ses valeurs. Iannantuoni a grandi dans les quartiers Rosemont et Saint-Léonard. Il a notamment été enquêteur à la Moralité et il connaît déjà les établissements licenciés contrôlés par la mafia et leurs propriétaires et il peut les lier entre eux. Bianco, pour sa part, a déjà une bonne expérience en matière de stupéfiants. Les deux enquêteurs travaillent depuis quelques années à l'antigang qui alterne ses frappes contre les motards, le gang de l'Ouest et la mafia. Durant les années 1990, l'antigang a notamment enquêté sur des incendies criminels et un attentat à la bombe contre des restaurants Pizza Hut derrière lesquels planait l'ombre d'un important lieutenant de la mafia, Agostino Cuntrera. Les enquêteurs de la DCO sont habitués, depuis toujours, à faire plus avec moins et sont reconnus pour leur polyvalence. Iannantuoni sera affecté à la cellule 8002 dans l'enquête Colisée, mais pas Bianco. Qu'à cela ne tienne, les patrons auront bien du mal à les séparer.

Ce livre s'appuie principalement sur l'histoire et les témoignages de ces enquêteurs présents depuis les débuts, qui ont fait partie des enquêtes Cicéron puis Colisée, ainsi que sur ceux de Fritzler Gaillard et de Simon Godbout, un policier de la SQ dont il sera question plus loin.

* * *

«Au début, on était un peu comme des bébés qui commencent à marcher à quatre pattes. On n'était pas trop solides et on ne savait pas trop où on s'en allait», dit le sergent Roussy. Avant même que l'enquête s'appelle Colisée, les policiers occupent un minuscule bureau frugalement meublé du 10e étage du quartier général de la GRC, désigné comme le «garde-robe». Ils n'ont rien, même pas de machine à café. Ils achètent eux-mêmes leur équipement, notamment les indispensables appareils photo et caméras vidéo qui seront abondamment utilisés lors des filatures. La première étape, celle de la collecte de renseignements sur Vito Rizzuto, peut commencer.

René Gervais est envoyé à Gander, à Terre-Neuve, pour tenter de trouver des pistes dans la preuve du projet Battleship, le complot d'importation éventé durant les années 1980 et pour lequel Rizzuto avait été arrêté, accusé puis acquitté. Durant des jours, le gendarme épluche en vain 28 boîtes de documents et revient bredouille.

Le sergent-détective du SPVM Antonio Iannantuoni se rend en Italie pour rencontrer les brigadiers de la Direction de la lutte antimafia et vérifier une possible implication de Vito Rizzuto dans le financement de la construction du pont de Messine. Il rencontre également à Turin, en prison, Oreste Pagano, un ancien membre du clan des Caruana-Cuntrera, une organisation célèbre pour avoir importé des milliers de kilos de cocaïne entre le Venezuela et le Canada. Quelques années plus tôt, Pagano avait été arrêté avec les frères Caruana dans une opération policière à Toronto. Il s'était ensuite mis à table et avait témoigné contre ses anciens associés avant d'être condamné et extradé en Italie. Avant son arrestation, Pagano avait été présent lors d'événements mondains qui se sont déroulés au Canada, dont les mariages des enfants du parrain de la mafia montréalaise. À Turin, Antonio Iannantuoni lui exhibe des albums de photos. Le témoin repenti identifie plusieurs acteurs et associés de Vito Rizzuto, mais sans plus. Son rôle dans l'enquête s'arrêtera là.

Interrogé par ses patrons dès le début de la phase Cicéron sur le meilleur endroit où espionner les principaux lieutenants de la mafia, un enquêteur de la cellule 8002 se souvient que lors de quelques enquêtes dans les années 1990, il a vu plusieurs suspects se rendre au Consenza, un café italien typique situé entre une boucherie et une cordonnerie dans un petit centre commercial de la rue Jarry, près de la rue des Forges, dans l'arrondissement Saint-Léonard. Chaque matin, l'endroit est envahi par des aînés de la communauté italienne qui viennent siroter un espresso en parlant du but marqué la veille avec la tête par Francesco Totti ou en jouant à la briscola, un jeu de cartes traditionnel italien. Entre les exclamations, les coups de poing sur les tables et le ronronnement de la machine à café, des conversations beaucoup plus sérieuses ont cours en ce lieu. Si les enquêteurs savent que l'endroit est fréquenté par la mafia, ils en sont bien plus convaincus lorsqu'ils observent Vito Rizzuto s'y rendre à quelques reprises.

La GRC fait donc installer sur un poteau, en bordure de la rue Jarry, une caméra qui est dirigée directement vers l'entrée du café et qui filme toute personne entrant ou sortant de l'établissement ainsi que tout véhicule garé en face. Les images sont retransmises au bureau des enquêteurs où le caporal Fortin est à l'affût. Chaque fois qu'il voit un véhicule se garer et son conducteur entrer au Consenza, il le signale à un enquêteur sur place. Ce dernier note le numéro de la plaque minéralogique et la vérifie au Centre de renseignement policier du Québec. Cette phase de collecte d'informations dure plus de trois mois. Les enquêteurs surveillent le Consenza tous les jours et vérifient le dossier de chaque personne franchissant le seuil de la porte. La caméra demeurera fonctionnelle durant toute l'enquête Colisée.

«Après quelques semaines seulement, mon premier rapport au sergent d'état-major Pierre Camiré a été de lui signaler que sur 100 clients qui étaient entrés au Consenza, 80 avaient un dossier criminel ou avaient déjà été enquêtés par la police. Cela a fait en sorte que nous avons reçu plus d'argent d'Ottawa», se souvient un enquêteur. «Et les gens qui allaient là, on voyait que ce n'était pas pour prendre un café. C'était pour des rencontres. On pouvait les voir, surtout l'été, se parler dehors. On voyait des choses intéressantes, des sacs et des enveloppes qui s'échangeaient», renchérit Michel Fortin, selon qui lui et des collègues «commençaient à avoir le portrait». «Les gens qui allaient là le matin, tous les jours, c'était toujours le même groupe. Il y avait Vito Rizzuto, son père, le vieux Nicolo, et un de ses lieutenants, Rocco Sollecito. Lorsqu'il faisait beau, l'été, ils allaient sur le trottoir pour se parler ou rencontrer quelqu'un, en fumant une cigarette», dit-il.

Cette coutume des habitués du Consenza de se parler dehors, en face de l'établissement ou dans la ruelle, à l'abri des oreilles indiscrètes, donnera plus tard une idée à l'un des enquêteurs. Amateur de football américain, ce dernier avait observé les arbitres lors des parties télévisées expliquer leurs décisions à l'aide d'un système de communication à distance. Il enverra des techniciens de la section spéciale I à Las Vegas, au Nevada, où se déroulait une exposition internationale sur les nouvelles technologies, et leur donnera le mandat de découvrir une nouvelle façon de capter les conversations à distance. Quelques semaines plus tard, tout sourire, s'imaginant déjà avec un lucratif contrat en poche, des employés d'une entreprise américaine se présenteront à la GRC avec un camion équipé d'appareils destinés à capter les conversations à distance. Mais le véhicule n'est pas très discret. Il est équipé d'une échelle sur laquelle sont fixés d'imposants micros. Il est également recommandé de se tenir à plusieurs mètres du camion lorsqu'il est en fonction. L'idée sera rapidement rejetée et les Américains repartiront avec leur petit bonheur.

Les enquêteurs opteront pour une autre solution. Ils ont remarqué que lorsqu'ils discutent à l'extérieur du Consenza, les suspects s'arrêtent souvent près d'une boîte de Postes Canada en face de l'établissement, du côté sud-est. Ils obtiendront l'autorisation d'installer un micro dans la boîte postale. L'histoire ne dit pas toutefois si l'appareil espion a donné des résultats. Peu importe, car un jour l'enregistrement des conversations et même des images au quartier général des Siciliens ne sera plus un problème.

Avant même de pouvoir commencer à écouter le parrain, les limiers tentent d'infiltrer des agents civils dans son entourage. En octobre 2001, les enquêteurs de la section des stupéfiants de la GRC à Montréal sont parvenus à en placer un auprès de Juan Ramon Fernandez, lieutenant de Vito Rizzuto. L'agent propose à Fernandez une importation de 1 000 kilos de cocaïne. Fernandez est prêt à verser dix millions de dollars avant l'importation et une autre tranche de dix millions une fois que la drogue sera arrivée au pays. Mais il doit auparavant obtenir l'accord de son patron. Les enquêteurs des stupéfiants savent que leurs collègues de Cicéron enquêtent sur Vito Rizzuto et partagent l'information avec eux. Voilà peut-être l'occasion de coincer Rizzuto dans un important complot d'importation de cocaïne au moment où la grande enquête débute à peine. Michel Fortin et René Gervais décident d'espionner une rencontre entre Fernandez et Rizzuto qui doit avoir lieu le lendemain matin, au restaurant La Tulipe Noire. Le jour J, ils observent les suspects entrer dans l'établissement et s'y engouffrent à leur tour.

Petit problème : il était 10 h 30 du matin. « Nous sommes entrés. Il devait y avoir 100 tables et nous étions cinq dans le restaurant. À part nous, il y avait seulement Vito Rizzuto, Fernandez et un autre individu assis à la même table. Nous sommes passés à côté d'eux. Nous avions l'air de deux pingouins et c'est juste si on n'avait pas le mot police écrit dans le front. J'ai dit à René de se rappeler ce moment, car on ne verra plus jamais ça, Vito Rizzuto en rencontre, en train de discuter d'une importation d'une tonne (1 000 kilos) de coke », se souvient Michel Fortin. Ses paroles se sont rapidement avérées. Immédiatement après avoir remarqué les deux intrus, le trio s'est levé pour continuer la discussion à l'abri des regards. Avec un peu de chance, la GRC aurait pu continuer à enquêter sur ce complot, mais il ne s'est jamais concrétisé. Il semble que Rizzuto soit devenu hésitant en raison des saisies survenues au cours des derniers mois, à la suite de l'accroissement des mesures de sécurité dans les ports et aéroports dans la foulée de l'attentat du World Trade Center. Et puis, en février 2002, Fernandez a été coffré pour fraude par la police de York.

Même si cet épisode se termine sur une déception pour les policiers, cela les encourage à poursuivre leurs tentatives d'infiltration d'agents civils dans l'entourage du parrain. Mais, à cette époque, l'UMECO n'est pas très familière avec cette façon de faire. Des appels à l'aide sont faits auprès des brigadiers italiens et de la DEA américaine. Le nom d'un Italien ayant déjà travaillé pour la DEA en Floride, et qui est en contact avec des importateurs de cocaïne, est évoqué. Des patrons de la GRC l'ont rencontré et sont revenus emballés. Ils salivent et se voient déjà surprendre Vito Rizzuto les deux mains dans la poudre blanche. Le mystérieux agent arrive à Montréal et le caporal Fortin reçoit le mandat de le préparer adéquatement.

L'argent n'est pas un problème pour la GRC, qui prévoit un budget pouvant aller jusqu'à quelques centaines de milliers de dollars pour ce seul coup de dés. On met sur pied le scénario suivant: l'homme se fera passer pour un malfaiteur prospère ayant des contacts avec des importateurs en Italie qui est venu s'établir temporairement à Montréal dans le but de trouver des acheteurs. Il vient de s'installer avec sa nouvelle copine et cherche un débouché. Il dit travailler pour un mafioso en Italie et veut faire ses preuves. Mais, le nouveau venu ne connaît rien de la métropole et n'a pas de permis de conduire. L'enquêteur Iannantuoni doit lui faire visiter la ville à plusieurs reprises pour qu'il en connaisse au moins les principaux lieux et artères. Pour que l'homme soit crédible dans son rôle, la

GRC doit justifier son gros et fictif train de vie. Elle lui loue un somptueux condo dans le Vieux-Montréal, lui fournit une voiture de luxe et l'habille avec des vêtements italiens griffés. «Pour qu'il soit capable de rencontrer Vito Rizzuto, qui se tient au restaurant Le Blanc ou au Buonanotte et que le repas coûte 300 $, il fallait qu'il ait une prestance», raconte Michel Fortin. Mais, après quatre mois d'efforts, le plan s'essouffle. L'homme est incapable d'approcher le parrain. Dans une ultime tentative, on lui attribue un nouveau rôle, celui d'un intermédiaire capable de blanchir de l'argent. «Il a fait un seul coup de téléphone et ça n'a pas fonctionné. On a vu qu'on perdait notre temps et on a arrêté tout ça. C'est dommage. Si nous avions été capables d'infiltrer cette personne-là, nous aurions été en affaires», soupire l'enquêteur.

* * *

Les mois passent et les premières autorisations d'écoute sont obtenues à l'automne 2002. Cicéron devient Colisée. Le nombre d'enquêteurs monte en flèche et le «placard» qui leur sert de bureau au 10e étage des bureaux de la GRC ne suffit plus. Toutes les cellules d'enquêteurs de Colisée déménagent dans des locaux à L'Île-des-Sœurs, où ils ont plus d'espace et sont à l'abri des regards de mafiosi plus suspicieux qui auraient pu vouloir les espionner à leur quartier général, à Westmount.

«On avait un volume d'informations absolument incroyable et il fallait se structurer en conséquence sans quoi on aurait manqué le bateau. On écoutait des centaines de conversations par jour. On avait des informations de nature économique sur les paris illégaux, les stupéfiants, etc. On a divisé ça par thèmes», décrit Fritzler Gaillard, l'un des instigateurs de ce déménagement.

Depuis quelques mois, les enquêteurs sont impliqués dans une filature intensive de Vito Rizzuto. Ils veulent savoir ce qu'il fait de ses journées et qui il rencontre. Le jour, le soir, la fin de semaine, ils le filent partout, chez lui, dans les restaurants et les bars, chez le coiffeur, au salon de bronzage et même chez sa manucure. Et voilà qu'ils peuvent maintenant l'écouter au téléphone.

« Vito commençait sa journée vers 10 h. Il sortait de sa maison pratiquement toujours en complet-cravate. Il revenait vers 20 h. Des fois, il sortait le soir, sauf le jeudi, car c'était le souper de famille. Ce jour-là, il rentrait vers 17 h et recevait ses enfants. On savait que le jeudi soir, on n'avait pas besoin de travailler », raconte un enquêteur.

Contrairement au commun des mortels, Vito Rizzuto ne peste jamais contre l'heure de pointe pour se rendre à son lieu de travail, car il n'a pas de lieu de travail. Il égrène ses journées en rendez-vous ou rencontres dans son fief, la Petite Italie, dans l'ouest de l'île ou dans les quartiers LaSalle, Cartierville et Saint-Léonard. Il avait ses « entrées » partout, se rappellent les enquêteurs. Il se déplace seul, sans garde du corps, et conduit lui-même sa voiture. À une personne qu'il croise un soir de 2002 au Moomba, à Laval, et qui ose lui demander comment cela se fait que ce ne soit pas comme dans les films et qu'il ne se promène pas avec des gardes du corps, Vito Rizzuto répond : « Regarde dans le stationnement, ça doit être plein de policiers qui me suivent. Mes gardes du corps, ce sont eux. Je n'en ai pas besoin. »

« À l'époque, je me disais que ça ne se pouvait pas que Vito Rizzuto soit le chef de la mafia. Il était tellement *low profile*. Il ne *flashait* pas. Je l'ai suivi pendant des mois. Il sortait de chez lui, s'arrêtait au garage du coin, s'achetait des cigarettes, faisait le plein et repartait, pas de stress! J'ai suivi des motards, des gars du gang de l'Ouest, des gars sur le point de faire des enlèvements ou de commettre des vols qualifiés. Mais lui, il était à bord de son 4X4, vitre baissée, le bras dehors avec sa cigarette. Ce gars-là n'était importuné par personne. Il n'avait peur de personne. Il marchait tranquillement dans la rue, seul. Il parlait aux gens qu'il croisait ou bien ce sont les gens qui allaient au-devant de lui et lui faisaient l'accolade», se souvient l'ancien sergent-détective Iannantuoni.

«Il ne rencontrait jamais personne pour rien. Il devait toujours y avoir une relation d'affaires ou un règlement d'arbitrage. C'était un gars de relations publiques, mais il fallait que ça rapporte. Souvent, il créait l'incident et avait déjà la solution», ajoute l'enquêteur.

Entre deux rencontres, le parrain multiplie les appels téléphoniques qui sont souvent très brefs. «Oui, non, OK, rencontre-moi à telle place» sont souvent les seuls mots que les enquêteurs entendent quand il est sous écoute. Durant toutes les filatures qu'ils ont faites sur Vito Rizzuto, les policiers ne l'ont jamais vu transporter une mallette ou prendre des notes. «Ça veut dire que quelqu'un passait derrière lui ou qu'il envoyait une autre personne rencontrer son interlocuteur», dit un enquêteur.

Au téléphone, ses interlocuteurs ou associés ne prononcent jamais son nom lorsqu'ils parlent de Vito Rizzuto. Ils le surnomment «le Grand» ou «V». «C'était révélateur lorsqu'il parlait au téléphone. On constatait la hiérarchie. Il coupait la parole de son interlocuteur, mais jamais l'inverse ne se produisait. Il n'était jamais nerveux. Il était respectueux et je ne l'ai jamais entendu crier après personne», se rappelle Antonio Iannantuoni.

René Gervais se souvient toutefois – «comme si c'était hier» – d'un jour où un type du milieu de la construction a appelé le parrain pour se plaindre qu'il n'avait pas été payé par un client. «Le gars lui a demandé s'il pouvait faire quelque chose. À ce moment-là, Vito Rizzuto se rendait au restaurant La Cantina à pied. Il a ouvert son *flip* et a appelé le gars qui ne payait pas. La conversation a duré quelques secondes. Il a dit: "Tu vas le payer, bye." C'était fini. Le type a payé. Tu ne t'obstinais pas avec Vito Rizzuto. Lorsqu'il disait "c'est ça", c'était ça. Ce gars-là était respecté de tout le monde dans le milieu, la mafia, les motards ou autres.»

«Il parlait souvent à des entrepreneurs légitimes, pas nécessairement des criminels. Vito Rizzuto, je le voyais surtout comme un facilitateur. Il mettait des gens ensemble. Une espèce d'arbitre qui avait du pouvoir. Je l'ai vu rencontrer des gens quand même assez bien placés. C'était toujours business, business, business. "Viens me voir", disait-il. Il utilisait ses contacts. Par exemple, lorsque quelqu'un l'appelait pour lui offrir un projet, il se rendait voir une autre personne et lui proposait le projet. Si la personne était intéressée, il les mettait ensemble et collectait une redevance de 1% ou 2% sur des projets qui pouvaient atteindre parfois des centaines de millions», décrit Iannantuoni.

«Ses interlocuteurs étaient souvent comme des sangsues qui se collaient à lui et lui offraient toutes sortes d'affaires. Ils avaient des contacts à travers le monde mais pas d'argent. Alors, ils présentaient leurs projets à Vito. Pour eux, Vito, c'était Dieu. Vito Rizzuto profitait de ces gars-là et quand il disait que ça allait se faire, ça se faisait. Personne n'allait en cour contre Vito. Quand il disait oui, c'était sanctionné par la mafia. Si c'était accepté par Vito, alors ça allait fonctionner», dit Michel Fortin.

Les enquêteurs sont également fascinés par d'autres types de contacts que possède le parrain. Une fois, il reçoit un appel en pleine nuit. C'est l'homme d'affaires Terry Pomerantz qui vient de se faire voler son luxueux VUS Cadillac Escalade dans le stationnement du restaurant Il Grappa, dans l'arrondissement Dorval. Pomerantz vient de porter plainte à la police, mais il tente aussi sa chance auprès de Rizzuto. L'homme d'affaires ne tient pas mordicus à récupérer son véhicule tout neuf. Ce qui le préoccupe surtout, c'est une mallette contenant des documents très importants qu'il a laissée à l'intérieur. Vito Rizzuto lui dit qu'il va régler ça et raccroche. Le parrain fait aussitôt un simple appel. S'ensuit une chaîne téléphonique au bout de laquelle le véhicule est de retour chez l'homme d'affaires en début de journée, le lendemain. Mais la mallette n'y est pas. Pomerantz la récupérera tout de même intacte quelques jours plus tard.

Vito Rizzuto avait ses entrées partout, et pas seulement dans la métropole. La filature du parrain conduit en effet souvent les enquêteurs à l'extérieur de Montréal, du Québec et du Canada. Entre autres, le parrain se rend toutes les deux semaines à Toronto y visiter sa belle-famille, s'occuper de son entreprise de bacs de recyclage ou discuter affaires avec son lieutenant Juan Ramon Fernandez. Les limiers le suivent également à New York, en Floride ou ailleurs et ils réalisent alors toute l'importance de sa position sur l'échiquier criminel en Amérique du Nord et même dans le monde.

«Cela nous a permis de constater comment il était branché. Je me disais : "On est à New York, en Floride, et le gars qu'il rencontre lui donne un bec ou lui fait une accolade." Au début de l'enquête, je me disais qu'il était important, mais je croyais qu'il était un lieutenant. Mais cela n'a pas été long, je me suis dit que c'était lui le chef de la mafia au Canada», affirme l'enquêteur Antonio Iannantuoni.

* * *

Vito Rizzuto passe ses journées à rencontrer des gens, la plupart du temps dans des restaurants chics ou à la mode. Les enquêteurs de Colisée sont unanimes : jamais ils ne l'ont vu « mettre la main dans sa poche » pour payer son repas ou ses consommations – il s'en tenait rarement à une seule. Rizzuto et ses amis ne boivent pas de la piquette et la facture est souvent salée. Occasionnellement, des restaurateurs découragés par un repas arrosé au cours duquel leurs meilleures bouteilles ont été sacrifiées inutilement osent contacter Nick junior, le lendemain, pour protester poliment. Le fils aîné passe alors derrière son père, à l'insu de ce dernier, pour les dédommager.

Une autre fois, en 2003, Vito Rizzuto reçoit des gens de Toronto et les amène au restaurant Le Blanc, l'un de ses préférés. René Gervais et d'autres collègues se font alors passer pour des clients et s'assoient à une table voisine non sans oublier de déposer sur la nappe un petit objet cachant une mini-caméra destinée à immortaliser ce qui se passe du côté du parrain et de ses invités. Le repas s'éternise. Les bouteilles chères, vides ou entamées, s'entassent dans le camp des mafiosi tandis que les enquêteurs de Colisée s'en tiennent à la bière. À la fin, les contribuables payeront l'addition de 150 $ des policiers alors que ceux-ci évaluent à plus de 1 000 $ celle de la table voisine.

Vito Rizzuto fréquente régulièrement une vingtaine de bars et restaurants connus. Un soir de mai 2003, lui et quatre de ses amis sortent d'un établissement de la rue de la Montagne lorsqu'ils sont interpellés par un policier du SPVM et ses hommes. L'un des amis du parrain est arrêté. Vito Rizzuto demande au policier responsable s'il le connaît. Il lui dit qu'il aime la façon dont il mène ses hommes, car il dirige les siens de la même manière.

L'un de ses endroits de prédilection pour parler affaires est le restaurant Sotto Sopra, véritable bureau où il passe des heures et où les rencontres se succèdent à un rythme régulier. En seulement cinq semaines, à l'automne 2002, les policiers l'ont vu entrer à 15 reprises dans ce restaurant du boulevard Saint-Laurent, dans la Petite Italie.

Comme ils l'ont fait avec le Consenza, les policiers décident d'y installer des caméras extérieures dirigées vers l'établissement. Un enquêteur repère les lieux et arrête son choix sur le toit d'un couvent situé de l'autre côté du boulevard. Les religieuses alors propriétaires de l'endroit y dirigent un centre de la petite enfance et acceptent volontiers l'argent que leur offre la police en échange du service rendu. Mais, six mois plus tard, la sœur responsable, penaude, appelle les enquêteurs. L'attachée de presse d'une personnalité politique vient de lui demander de faire enlever les caméras et la religieuse ne veut pas de conflit avec celle-ci. L'une des raisons invoquées est que le centre de la petite enfance est déjà subventionné et que la congrégation n'a pas besoin de l'argent de la police. Mais les enquêteurs refusent et parlent d'obtenir un mandat. Ils disent à la sœur de faire le message à la personnalité politique en question. Les policiers n'en entendront plus parler. Les caméras resteront en place.

Un jour, les enquêteurs apprennent que plusieurs individus importants, dont Vito Rizzuto, souperont au Sotto Sopra. Sous la couverture d'un petit couple qui partagera un repas d'amoureux, le caporal Fortin et une jeune collègue y sont envoyés pour prêter l'oreille et identifier les convives. La salle à manger du Sotta Sopra est minuscule. Elle ne compte que quelques tables rapprochées dont l'une, plus grande, occupée par Rizzuto et une dizaine de ses acolytes, se trouve sur un plancher légèrement surélevé. Encouragé par l'espoir de pouvoir observer ou entendre des choses intéressantes, Michel Fortin en est encore à parcourir le menu et à choisir son plat lorsqu'il reçoit un message inquiétant d'un enquêteur qui est posté tout près, avec ses jumelles : « Cavaliere s'en vient ! »

Michel Fortin blêmit et avale sa salive. Le matin même, le policier a en effet discuté avec un procureur et Me Loris Cavaliere, l'avocat de la famille Rizzuto, dans un corridor du palais de justice de Montréal. L'enquêteur porte le même habit et ne voit pas comment le criminaliste ne le remarquera pas, lui qui mesure six pieds et quatre (1,93 m). Fortin s'apprête à dire à sa partenaire qu'ils vont déguerpir lorsque la silhouette de l'avocat, marchant d'un pas rapide sur le trottoir, se profile devant la vitrine du restaurant. Trop tard ! La porte d'entrée se trouve à quelques mètres en face du policier qui ne peut rien faire sauf murmurer à sa partenaire qu'ils seront certainement « brûlés », se faire le plus petit possible, pencher les yeux vers le menu et espérer. Sa prière, s'il en a fait une, a visiblement été exaucée, car en entrant dans le restaurant, Me Cavaliere se dirige directement vers l'exubérant groupe et ignore totalement le couple. À son arrivée, le criminaliste est félicité par Vito Rizzuto et les autres convives dans un brouhaha qui permet aux deux policiers de souffler un peu. Finalement, les enquêteurs ne seront jamais découverts et refuseront les propositions du responsable de l'opération visant à les sortir de ce mauvais pas. Ils attendront toutefois toute la soirée que Vito Rizzuto et ses amis aient quitté les lieux avant de partir à leur tour.

Après plusieurs observations, les enquêteurs concluent que Vito Rizzuto effectue des rencontres dans le studio du Sotto Sopra, situé au 2e étage. Ils identifient même sa table préférée, placée dans un coin de la pièce. Ils croient que si le parrain prend la peine de s'isoler dans un endroit plus discret, c'est que les discussions qui y sont tenues en valent la peine. De plus, l'endroit est beaucoup moins bruyant et, donc, propice à l'installation de micros contrairement à la salle à manger où le bruit ambiant rendrait les appareils espions à peu près inefficaces. Mais le restaurant est situé dans un endroit passant, à la vue des oiseaux de nuit qui empruntent le boulevard Saint-Laurent jusqu'au petit matin. Il se trouve aussi tout près d'un quartier où les mafiosi ont plusieurs alliés. Il faut donc être prudent et agir vite.

L'installation généralement nocturne de micros nécessite chaque fois la mobilisation d'une quarantaine de techniciens et d'enquêteurs, sans compter les policiers fileurs et même les patrouilleurs, ces derniers étant appelés en cas d'urgence. Pendant que les techniciens et les enquêteurs installent les appareils, les fileurs surveillent les résidences des responsables de l'endroit et les patrouilleurs restent en attente, à proximité, au cas où la présence des policiers serait découverte.

Les enquêteurs de Colisée tentent en vain à quelques reprises de placer leurs micros au Sotto Sopra. Une fois, le système d'alarme se déclenche, et ils passent tout près de se faire prendre par le propriétaire qui sera intercepté en chemin par des patrouilleurs usant de leurs talents de comédiens. Une autre fois, un enquêteur passe à un doigt de se faire démasquer par le même individu quand il suit ce dernier jusqu'à sa résidence, à 3 h du matin. L'enquêteur sort de sa voiture et se cache dans un abri d'auto lorsqu'il voit avec stupeur sa cible marcher vers lui d'un bon pas. Le policier l'ignore, mais il est caché dans l'entrée de la maison du suspect. Il ferme les yeux et retient son souffle, mais le restaurateur change de direction à la dernière seconde et monte chez lui, sans remarquer l'ombre qui se dressait derrière la mince toile les séparant.

C'est à la suite de ces tentatives avortées que l'idée de placer un micro dans le divan du restaurant est retenue. L'appareil est activé à distance, mais il faut préciser ici que les enquêteurs, en vertu des mandats qui leur sont accordés, ne peuvent activer les micros que lorsqu'un ou des individus visés par les autorisations sont présents dans la pièce. Quand il n'y a plus aucun suspect ciblé par les mandats dans la salle, ils doivent cesser l'écoute. Le principe est le même avec la surveillance téléphonique : il faut au moins qu'un des deux interlocuteurs soit visé par une autorisation, sinon l'écoute n'est pas permise.

Mais revenons à notre fauteuil. Il est prêt à trahir, tapi dans un coin du studio du Sotto Sopra, mais il ne remplira jamais sa mission. Vito Rizzuto ne s'y affalera jamais, un verre ou un cigare à la main, tout en discutant de cocaïne ou de tout autre crime avec un complice. Le parrain s'en tient à la salle à manger, où aucun dispositif espion n'a été installé. «On espérait qu'il fasse une rencontre à cet endroit et qu'on puisse activer le micro. On se disait : "On a juste besoin d'une bonne conversation et bang ! On l'attrape." Si cela avait marché, ça aurait été bon », soupire Michel Fortin. On connaît la suite. Les responsables du restaurant découvrent avec stupéfaction le dispositif qui est loin d'impressionner le parrain. Ils croient que les micros appartiennent au SPVM. « Viens chercher ton micro », lancent-ils à un policier montréalais qui alerte ensuite les enquêteurs de Colisée. Fortin admettra plus tard « être tombé sur le dos » lorsqu'il a vu l'appareil que les techniciens de la section spéciale I s'apprêtaient à cacher dans le meuble. « On chialait souvent. Les techniciens arrivaient parfois avec de grosses affaires. Nous n'étions jamais contents, mais dans le fond, on ne connaissait pas ça. Les gars se fendaient en quatre pour nous aider », témoigne aujourd'hui un ancien de la cellule 8002.

Vito Rizzuto était un grand amateur de golf, c'est bien connu. Il jouait plusieurs parties par semaine. Avant son arrestation, en 2004, il a notamment été membre au Club de golf Le Mirage, autrefois propriété de René Angelil. On raconte que chaque année, Vito Rizzuto payait son abonnement avec un sac de papier brun rempli de billets. Même si les enquêteurs ont de lui le souvenir d'un chef se déplaçant rarement flanqué de gardes du corps, cela pouvait arriver. Comme cette fois où un golfeur, qui vient de descendre au vestiaire, a à peine le temps d'apercevoir un casier ouvert que deux « gorilles » lui demandent d'attendre quelques minutes dans une autre pièce. Puis, Vito Rizzuto sort tranquillement du vestiaire, accompagné de son partenaire du jour. Escorté par ses malabars, il passe devant le golfeur en le remerciant.

Si Vito Rizzuto jouait si souvent au golf, c'est parce qu'il aimait ce sport, mais aussi – et peut-être surtout – parce qu'il y brassait de grosses affaires que ce soit sur le terrain ou au chalet, durant un après-golf arrosé avec les meilleures bouteilles. Il avait même «un sens de l'humour», précisera plus tard dans une étonnante déclaration devant la commission Charbonneau l'ex-ingénieur à la Ville de Montréal Luc Leclerc, qui a joué deux fois avec le parrain, au Mirage et en République dominicaine.

En janvier 2003, dans ce pays de l'île d'Hispaniola, le parrain effectue avec sept de ses principaux lieutenants ou amis un voyage de golf qui aura un impact sur l'orientation de l'enquête, en particulier sur le mandat de la cellule 8002. Pour ce voyage, le parrain sera accompagné de Giuseppe Di Maulo, son beau-frère et *consigliere* du clan des Siciliens, Paolo Renda, et de fidèles associés ou amis Vincenzo Spagnolo, Cosimo Chimienti, Antonio Vanelli, Giuseppe Triassi et un certain Francesco Arcadi. Les individus, qui préparent leur voyage, en décrivent les détails alors qu'ils sont sous écoute, ce qui n'échappe pas aux enquêteurs, le sergent Roussy en tête, qui décident eux aussi d'organiser une excursion pour les suivre en République dominicaine. Le voyage doit durer dix jours, et Rizzuto et ses compagnons séjourneront à l'hôtel Casa De Campo, à La Romana, et joueront sur le magnifique terrain du même nom.

Les policiers les précèdent de trois jours sur un vol commercial. C'est la première fois que les enquêteurs suivent Vito Rizzuto dans ce pays. Diplomatie oblige: à leur arrivée, ils se rendent dans la capitale, Santo Domingo, rencontrer le général de la police fédérale dominicaine, une réunion préparée au préalable par l'officier de liaison de la GRC à Miami. Les policiers canadiens expliquent au général la raison de leur présence, lui demandent sa permission d'enquêter sur son territoire et sa collaboration. Le général ne sait pas qui est Vito Rizzuto et Mike Roussy lui explique qu'il est le chef de la mafia au Canada. «Nous sommes contre la criminalité et nous allons tout faire pour aider le Canada dans son enquête», répond le général, qui affecte aussitôt des hommes pour assister les policiers canadiens.

Outre le sergent Roussy, la délégation canadienne est notamment composée de la sergente Julie Brongel, d'un policier qui parle parfaitement italien et de techniciens de la section spéciale I, dont le mandat sera d'intercepter les conversations des mafiosi. Les techniciens installent immédiatement des micros dans deux des quatre chambres qui seront bientôt occupées par le parrain et ses compagnons, celles de Vito Rizzuto et de Joe Di Maulo. Les enquêteurs, accompagnés par des policiers dominicains, sont déjà à l'aéroport lorsque Vito Rizzuto et son groupe arrivent. «Ils sont en vacances. Ils ne s'attendent pas à ce qu'on soit là, surtout pas dans leur hôtel. On se fond dans le décor», décrit Mike Roussy.

Comme s'ils formaient un couple de vacanciers, les sergents Roussy et Brongel suivent leurs cibles en kart de golf sur le terrain, ou s'installent à une table tout près de Rizzuto et de ses compagnons au restaurant de l'hôtel, le soir venu. Le faux couple prête une oreille attentive aux conversations de la table d'à côté.

Durant dix jours, les suspects jouent 36 trous quotidiennement dès 8 h le matin, soupent ensemble en variant les restaurants, sortent au centre-ville et parlent très peu au téléphone.

Certains en profitent également pour faire quelques rencontres galantes. Les enquêteurs écoulent les derniers jours du voyage en tentant de se faire remarquer le moins possible. «Il fallait faire attention pour rester anonymes dans l'hôtel. Il y avait deux ou trois restaurants, on essayait de choisir ceux où les suspects n'allaient pas le soir. On faisait partie des meubles. Jusqu'à la fin, nous sommes restés incognito», poursuit Mike Roussy.

Le voyage de golf se termine donc sans grandes révélations. Même si les enquêteurs repartent bredouilles, ce séjour au soleil sera tout de même déterminant pour la suite des choses. Les enquêteurs ont en effet remarqué que le chambreur de Vito Rizzuto est un individu déjà maintes fois vu au Consenza en compagnie des lieutenants les plus influents de la mafia montréalaise. Cette fois, l'individu occupe la même chambre que le parrain : c'est donc qu'il doit être important. De plus, certains indices laissent déjà croire que l'homme est impliqué dans le trafic de stupéfiants, la spécialité du sergent Roussy et de son équipe. Après ce voyage, le sergent et ses enquêteurs feront de cet individu, Francesco Arcadi, leur cible principale. C'est à ce moment précis, qui coïncide avec le déménagement des enquêteurs de Colisée sur L'Île-des-Sœurs, que seront créées les différentes cellules d'enquête, dont l'équipe 8002.

Un autre argument milite pour faire d'Arcadi leur objectif principal. Plus l'enquête progresse, plus les membres de la cellule 8002 doutent que tous les efforts mis sur le parrain donnent des résultats. «J'ai écouté Vito Rizzuto durant environ six mois. J'ai alors dit à mon patron qu'on était en train de lui créer une défense. Celui qu'on a écouté durant six mois, c'est un homme d'affaires! Le maximum dont on aurait pu l'accuser, c'était d'évasion fiscale et il aurait passé une fin de semaine en prison! Je suis un gars de stupéfiants, je ne connais rien dans les affaires d'investissements, mais je regardais ça froidement et il n'y avait pas d'infraction. Vito Rizzuto avait seulement deux téléphones cellulaires, un pour ses affaires et un autre pour la maison. Ce qu'il disait au téléphone, il aurait pu le dire à la police tellement ce n'était pas dangereux», dit Michel Fortin.

«Il aurait fallu une centaine d'enquêteurs de la section des produits de la criminalité à temps plein pendant dix ans pour décortiquer toutes ses affaires! Un criminel qui fait du blanchiment pendant des années finit par légaliser ses affaires. Il aurait fallu reculer des années en arrière. Vito Rizzuto, je l'ai suivi 18 heures par jour durant six mois. Je me suis dit : "Oublie ça, arrête de rêver, c'est trop tard, il est rendu trop haut." Tout ce qu'on aurait eu, ce sont des albums de centaines de photos. On ne l'attrapera jamais dans un appartement avec 1 000 kilos. Il était rendu intouchable. Il fallait trouver quelque chose. Pourquoi ne pas s'attaquer à la relève?» s'interroge Antonio Iannantuoni.

«La GRC ne voulait pas uniquement coincer Vito Rizzuto par les produits de la criminalité, mais au début, c'est tout ce qu'on avait. Rizzuto touchait à tout et à rien en même temps. Et les choses auxquelles il touchait, c'était ses choses financières. Il fallait qu'il gère ses affaires pour être capable de justifier les revenus illégaux qu'il percevait. La plupart des conversations tournaient autour de ça. Malheureusement, quand tu écoutes la tête, ce n'est pas toujours bon. Ce sont les gens en bas qui vont t'amener aux personnes en haut», renchérit Fritzler Gaillard.

«Il y a eu des moments où on était à court de motifs. Il y a eu des moments où j'ai eu chaud. Il y eu a certaines demandes d'écoute que je trouvais moi-même peu probantes. Il a fallu que je sois créatif dans l'écriture pour que le produit final puisse se tenir. Les trois premières autorisations ont été difficiles à obtenir, mais les juges ont tout de même accepté de les signer», admet le policier.

En cette année 2003, l'optimisme des enquêteurs de Colisée, en particulier ceux de la cellule 8002, commence à diminuer. La monotonie s'installe dans leurs bureaux de L'Île-des-Sœurs où ils continuent à accomplir leurs tâches un peu machinalement. Puis, un jour, le téléphone sonne. C'est un enquêteur de l'Escouade régionale mixte de Montréal, dirigée par la SQ, qui appelle le sergent Mike Roussy.

— Salut, Mike, ça va? «Chit», ça te dit quelque chose?»

Chapitre 3

LE POINT CULMINANT

Vito Rizzuto sur le point d'être extradé vers les États-Unis.

« CHIT », C'EST LE DÉRIVÉ DE « CETRIOLO », QUI SIGNIFIE concombre en italien. Celui qui porte ce sobriquet est Francesco Del Balso, l'un des lieutenants de Francesco Arcadi qui partageait la chambre de Vito Rizzuto lors du voyage de golf en République dominicaine. Les enquêteurs de la cellule 8002 entendent les noms et les voix d'Arcadi et de Del Balso quotidiennement depuis qu'ils ont mis l'entourage du parrain sous écoute.

Officiellement, Del Balso est commis aux fruits et légumes dans une épicerie. Originaire du quartier Ahuntsic, il a commencé au bas de l'échelle et aurait gravi lentement, mais sûrement, les échelons « en recevant et en donnant des tapes sur la gueule », dit un enquêteur. À cette époque, Del Balso n'a qu'un antécédent de possession d'arme et d'agression armée datant de 2001 et pour lequel il a écopé une condamnation avec sursis. Ces dernières années, il a été administrateur de bars, d'une société de gestion d'immeubles et d'un commerce de vente et d'achat de véhicules usagés.

Le mafioso, décrit par les policiers comme un spécialiste des arnaques de toutes sortes, est intelligent, mais il a les défauts typiques de la nouvelle génération d'individus liés au crime organisé, peu importe leur allégeance : Del Balso est peu discret et étale son somptueux train de vie en se déplaçant en voiture de luxe, en fréquentant les restaurants les plus chics et en dilapidant sa fortune au casino.

Pourtant, officiellement, Del Balso déclare des revenus totaux de 155 000 $ en 2004, dont 85 000 $ en salaire provenant de deux épiceries Intermarché où il est censé travailler. Mais la police croit qu'il donne l'apparence de recevoir un salaire, mais, qu'en réalité, il verse lui-même des milliers de dollars aux propriétaires des marchés et que ceux-ci lui redonnent l'argent de l'autre main, en totalité ou en partie, comme si une paie légitime était déposée directement dans son compte en banque.

Les enquêteurs, qui suivent aussi Del Balso, ne l'ont en effet jamais vu se rendre chez ses employeurs et enfiler un tablier. Il passe plutôt ses journées « aux téléphones ». L'utilisation ici du pluriel est voulue : Del Balso peut en effet utiliser jusqu'à sept téléphones en même temps. Il effectue des dizaines d'appels par jour, des centaines chaque semaine. Toutefois, contrairement à ce que laissent entendre certaines informations qui ont circulé, le mafioso fait attention à ce qu'il dit. Mais il orchestre tellement de dossiers de front que les enquêteurs finissent par faire des liens, deviner des situations et identifier de nouveaux acteurs. « On savait qu'il parlait à un bandit juste de la façon dont il faisait attention à ses mots. Il ne disait pas grand-chose au téléphone, mais il en disait assez pour nous allumer », décrit le gendarme René Gervais.

En cette fin de printemps de 2003, les enquêteurs de l'Escouade régionale mixte de Montréal, dont le mandat est de lutter contre les motards, mènent une grande enquête nommée « Ziploc » par laquelle ils cherchent à identifier et à arrêter les Hells Angels qui prendront la relève des Nomads et des Rockers détenus depuis l'opération Printemps 2001. Dans cette investigation, les enquêteurs comptent sur l'aide d'un agent source, Martin Roy, un individu associé au milieu des bars ayant de très nombreuses relations. Un soir de mai 2003, Roy, qui porte un système d'enregistrement portatif communément appelé « bodypack », est au bar Pearl en compagnie notamment de deux membres des Hells Angels, Guy Dubé et Yves Leduc. Durant la soirée, le trio rencontre Del Balso. Selon des documents d'écoute, Roy connaît déjà ce dernier comme étant un trafiquant de cocaïne et lui demande s'il peut lui en procurer trois kilos. Del Balso lui répond qu'il peut même lui en fournir six, à 37 000 $ le kilo. Dans les semaines suivantes, plusieurs rencontres ont lieu et des transactions sont conclues pour l'achat de plusieurs kilos de cocaïne.

Les enquêteurs de la cellule 8002 jubilent. Voilà un an et demi qu'ils tentent d'impliquer les patrons de la mafia montréalaise dans le trafic de stupéfiants. Ils ont identifié Del Balso depuis quelques mois, mais n'ont pratiquement rien sur lui. Le sergent Roussy s'empresse de rapporter la nouvelle à ses supérieurs, mais ceux-ci hésitent. La cible première de l'enquête Colisée est Vito Rizzuto, et l'objectif ultime est toujours de terrasser le parrain en levant le voile sur sa fortune. Les officiers de la GRC ne croient pas que Del Balso permettra aux enquêteurs de se rendre jusqu'à la tête de la mafia montréalaise. Ils jugent que la SQ est déjà très avancée dans son enquête contre les motards et ils optent pour lui laisser Del Balso.

Cette décision fait bondir les enquêteurs de la cellule 8002, qui harcèlent leur sergent Mike Roussy pour qu'il fasse pression sur ses grands patrons. «Si je n'ai pas Del Balso, je n'ai rien», déplore le caporal Fortin. Le sergent-détective Antonio Iannantuoni fulmine lui aussi, mais décide de ne pas rester les bras croisés à attendre la décision finale. Les habitudes de vie de Del Balso ne lui ont pas échappé. Il remarque que le mafioso, qui commence ses journées vers midi, les finit aussi très tard dans la nuit, souvent au Casino de Montréal, un endroit très prisé de la mafia.

Depuis la fin de 2002 et le début de 2003, les policiers de la Division du crime organisé de la police de Montréal mènent deux enquêtes simultanées – nommées «As de pique» et «Arbitre» – visant des cellules de prêteurs usuraires opérant sur le plancher de la maison de jeu de l'île Notre-Dame. Grâce à leurs nombreuses caméras, les membres de la sécurité du Casino, qui collaborent aux enquêtes, ont notamment identifié deux suspects qui flânent régulièrement dans la section Platine fréquentée par de gros joueurs qui misent un minimum de 100 $ au blackjack, au baccara ou à la roulette. Ils sont soupçonnés de financer illégalement les joueurs d'origine italienne dont les poches ne sont plus assez profondes pour leur permettre de continuer à miser, retourner une carte ou lancer les dés.

La police introduit alors des agents doubles camouflés en gros joueurs qui abordent les deux suspects, à la recherche de fonds supplémentaires. Les «clients» sont amenés derrière un mur où ils se font offrir une avance à un taux d'intérêt de 10 % pour chaque tranche de deux ou trois jours. Durant une conversation, l'un des suspects dit avoir été affecté au Casino par Vito Rizzuto pour qui il travaille depuis 25 ans. Il mentionne également qu'il ne montre pas sa carte privilège et n'achète jamais de bons de gratuité, habituellement offerts aux bons clients de l'établissement, afin de passer inaperçu.

En 15 mois, entre le début de 2002 et la fin de 2003, les enquêteurs verront les deux individus faire la navette entre les tables de jeu et un coffret de sûreté de la Banque Nationale du Casino à plus de 500 reprises. Ils mettront aussi la main sur un bout de papier déchiré par l'un des suspects représentant une tenue de comptes totalisant 66 000 $. Mais les deux hommes ne seront jamais arrêtés, possiblement parce que la GRC ne voulait pas courir le risque d'éventer l'enquête Colisée. Le duo sera toutefois expulsé du Casino dans les semaines suivantes. En revanche, d'autres prêteurs seront appréhendés par le SPVM en juin 2003, dont Ted Théorore, le père de l'ancien gardien de but du Tricolore et aujourd'hui commentateur sportif José Théodore. Cette arrestation avait fait grand bruit à l'époque.

Mais revenons à Del Balso. Si la direction de la GRC songe à le laisser à la SQ et à son enquête Ziploc, c'est notamment parce que certains le considèrent comme un mafioso peu important. Cette étiquette parvient aux oreilles du sergent-détective Iannantuoni qui fait savoir aussitôt son désaccord. « Des officiers disaient que c'était un *nobody*. Ça m'a piqué. J'ai dit : "Voyons donc !" Je croyais que c'était lui qui allait nous permettre de monter plus haut. S'il fournit un agent source de la SQ, c'est parce qu'il touche à la coke ! Si la GRC n'a rien sur lui, c'est peut-être parce qu'elle n'a pas la bonne stratégie ou simplement pas les bons téléphones », explique-t-il.

L'enquêteur Iannantuoni, à l'origine un membre de l'escouade antigang du SPVM qui enquête au même moment sur les prêteurs du Casino, appelle alors un contact à la sécurité de la maison de jeu et obtient un mandat pour vérifier l'historique de jeu de Del Balso. Il veut également passer au peigne fin toutes ses transactions bancaires et demande des copies recto verso de tous les chèques encaissés ou endossés par Del Balso. Ce qu'on lui remet dix jours plus tard le sidère : au cours des quelques mois précédents, Del Balso, qui est censé occuper un simple emploi de commis dans deux succursales du magasin d'alimentation Intermarché, a perdu plus d'un million de dollars au casino.

« Cela indiquait que durant la seule année précédente, il avait joué pour près de deux millions de dollars. Del Balso pouvait dépenser 200 000 $ en une heure ! Il allait au Casino trois ou quatre fois par semaine et il pouvait y rester entre quatre et cinq heures. Il a perdu plus qu'il a gagné, mais c'était un très gros joueur à qui le Casino offrait des cadeaux. On lui a notamment offert un voyage aux Bahamas. Il a aussi été invité dans d'autres casinos, à des tournois de golf et a même reçu une voiture. Au Casino de Montréal, il rencontrait des individus de haut niveau liés au crime organisé. Je suis revenu au bureau et j'ai dit : "Regardez, votre *nobody* joue pour une couple de millions par année au casino" », se souvient l'enquêteur.

Durant l'enquête, les policiers obtiendront au moins 27 autorisations judiciaires pour établir le profil financier de Del Balso. Selon des documents de la police accompagnant une ordonnance de blocage de biens lui appartenant, il a acheté pour 7,6 millions de dollars de jetons au Casino de Montréal pour les années 2001, 2002 et 2003, et la maison de jeu lui a émis des chèques pour des gains totalisant 1,7 million durant la même période. Le mafioso a également fait plusieurs voyages dont il a semblé choisir la destination en fonction de la présence de casinos, soit Atlantic City et Las Vegas, aux États-Unis, et Nassau, aux Bahamas.

En attendant, les démarches du sergent-détective Iannantuoni atteignent leur but. À la demande de la GRC, les enquêteurs du projet Ziploc abandonnent Del Balso à leurs collègues de la cellule 8002 de Colisée, qui collent la photo du mafioso sur l'un des paliers d'un nouvel organigramme qui commence à prendre forme sur l'un des murs de leurs bureaux. Ils mettent à leur tour Del Balso sous écoute et l'entendent dire à un complice, René Charbonneau, de prendre bien soin de son « ami », en parlant du Hells Angels Yves Leduc. Il n'en faut pas plus pour que les enquêteurs ciblent aussi Charbonneau et un homme de confiance de Del Balso, Stéphane Dupuis, et commencent à les filer. Ce faisant, ils découvrent chez une proche de Dupuis, alias « Frenchie », la cache de cocaïne et d'argent du trio aménagée dans un condo d'un immeuble de plusieurs étages situé rue Beaufort, dans l'arrondissement Anjou.

Mais n'entre pas là qui veut. L'immeuble n'est pas facile d'accès et la porte d'entrée est munie d'un système de verrouillage électronique. Les enquêteurs s'y rendent chaque jour durant plusieurs semaines. À force d'observer l'endroit et de faire de l'écoute, ils parviennent à savoir à quel étage se trouve la cache. Une nuit, ils installent des caméras dans les corridors. Dans les jours suivants, ils voient Dupuis se rendre dans l'un des condos. Les policiers, qui visionnent en direct les images sur des écrans installés dans leurs locaux, constatent aussi que chaque fois que Dupuis ouvre la porte du condo, il se penche, comme s'il ramassait un objet invisible, avant de s'engouffrer dans l'appartement. Le même manège se répète chaque fois que le suspect quitte le condo.

La femme qui occupe le condo ne sort jamais de chez elle. Les enquêteurs, qui aimeraient bien pouvoir y pénétrer sans être vus, commencent à s'impatienter lorsqu'ils entendent la dame dire à une tierce personne qu'elle doit séjourner quelques jours à l'hôpital. Ils n'ont pas l'intention de laisser passer cette chance. « C'était un genre de petit Fort Knox, cette place-là. Il y avait une serrure à déjouer, mais aussi un système d'alarme branché à une centrale. Nous étions parvenus à contourner la serrure et le service d'alarme lorsque j'ai dit aux techniciens et aux enquêteurs qui m'accompagnaient de faire attention, qu'il se passait quelque chose chaque fois que Stéphane Dupuis ouvrait la porte. En observant celle-ci, on a vu ce que c'était : Dupuis coinçait un trombone dans le calfeutrage de la porte. Chaque fois qu'il l'ouvrait, le trombone tombait et il le replaçait avant de partir. On voyait très bien la marque de l'objet dans la mousse. On a mis un petit morceau de ruban gommé juste à sa hauteur et nous sommes entrés à l'intérieur pour accomplir notre tâche », raconte Michel Fortin.

Une dizaine de policiers et de techniciens envahissent alors le condo. Pendant que ces derniers installent caméra et micros, les limiers fouillent partout en prenant bien soin de ne pas laisser de traces. Michel Fortin trouve une boîte à souliers remplie d'argent dans le garde-robe d'une pièce transformée en bureau. Encouragés, les policiers poursuivent leur fouille lorsque leur regard s'arrête sur un coffre-fort sur lequel des sacs ont été déposés. « On ouvre les sacs, ils sont pleins d'argent. On se dit que la drogue est dans le coffre-fort », poursuit le caporal.

Un expert est appelé sur place. Il dépose son coffre à outils et étudie pendant quelques secondes l'armoire à laquelle il a affaire. Il appuie son oreille près de la roulette chiffrée et commence à la tourner tranquillement, à la recherche de la combinaison tant espérée. Le technicien tourne la roulette dans un sens, puis dans l'autre. Un faible clic-clic résonne dans la pièce où on pourrait entendre voler une mouche. Après quelques minutes, le spécialiste fait la moue, ouvre son coffre à outils et en tire un stéthoscope. Il insère les deux tiges dans ses oreilles et colle l'instrument sur l'épaisse paroi métallique. Au bout d'une dizaine de minutes d'une autre série de clic-clic, le coffre-fort se rend et la lourde porte s'entrouvre.

«Une scène comme on en voit juste dans les films. Il m'avait impressionné, ce technicien. Il a dit : "Ouvre-le, moi je ne l'ouvre pas!" J'ouvre le coffre, et il était plein d'argent! Il faisait environ deux pieds de haut et il était rempli de dollars canadiens et américains», se souvient René Gervais.

Contrairement à ce à quoi ils s'attendaient, les policiers ne trouvent aucune drogue dans le condo. Toutefois, la découverte d'une somme aussi importante est un pas majeur dans leur enquête, et ils décident de s'emparer du butin, qui servira de preuve plus tard, et de faire croire à un vol pour ne pas éveiller les soupçons des suspects et ne pas torpiller l'enquête Colisée. Les policiers songent d'abord à prendre seulement l'argent, mais concluent qu'aucun criminel n'aurait été capable de vaincre un tel blindage sur place et que le vol du coffre-fort et de son contenu éveillerait moins les doutes.

Il est 2 h du matin, le temps presse. Dans quelques heures, les autres propriétaires quitteront leur condo pour se rendre à leur travail. De plus, il faut absolument aux enquêteurs un mandat qui leur permet de faire main basse sur le précieux coffre-fort. On appelle Fritzler Gaillard en pleine nuit pour qu'il rédige le document en toute hâte. Il communique avec un juge qui lui donne le feu vert. La sonnerie du portable de Michel Fortin finit par retentir. «On a le mandat», annonce-t-il aux enquêteurs, qui commencent immédiatement à s'activer.

« Mais il fallait faire attention. Il y avait des portes partout dans le corridor. On ne voulait pas se faire surprendre dans un ascenseur, ni que quelqu'un nous entende et nous voit. Alors, on s'est mis à plusieurs et on a descendu le coffre-fort dans l'ascenseur et dans les escaliers jusqu'au sous-sol», raconte René Gervais. Un de ses ex-collègues se souvient que les enquêteurs portaient des pantoufles pour ne pas faire de bruit. « En partant, on a réactivé le système d'alarme et on a bien pris soin de replacer le trombone à sa place », dit Michel Fortin.

Stéphane Dupuis réapparaît le lendemain ou le surlendemain sur les caméras placées par la police dans l'immeuble à condos de la rue Beaufort. « Il arrive », annonce un enquêteur, et tous ses collègues de la cellule 8002 se ruent immédiatement vers un écran qui trône dans leur bureau et qui diffuse la scène en direct. Le suspect inspecte la porte, le trombone est bien à sa place. Il désamorce le système d'alarme et entre dans l'appartement. Au bout de quelques minutes, il sort du condo affolé. Il vérifie la porte qu'il ouvre à quelques reprises, incrédule. Il cogne à la porte du condo d'en face et s'informe auprès de l'occupante si elle a vu ou entendu quelque chose. Il appelle ensuite la compagnie de sécurité qui contrôle le système d'alarme. Il est tellement énervé qu'il appelle d'abord la mauvaise entreprise. Au bout de quelques conversations avec un employé de la bonne compagnie cette fois-ci, celui-ci finit par lui dire qu'effectivement, il s'est passé quelque chose avec le système d'alarme, mais il ignore quoi exactement. Dupuis est

consterné. Les enquêteurs lui ont dérobé environ 300 000 $.
Il n'appellera jamais la police pour rapporter le vol. Lorsqu'il
sera arrêté, deux ans plus tard, il confiera à un enquêteur qu'il a
été obligé de rembourser la somme, car elle ne lui appartenait
pas. Quant à Del Balso, les enquêteurs n'en avaient pas encore
terminé avec lui.

* * *

Pendant ce temps, en ce début d'année 2003, plusieurs
aspects de l'enquête sur Vito Rizzuto menée par des policiers
des autres cellules de la lutte aux produits de la criminalité de
l'enquête Colisée commencent à battre de l'aile.

Le 15 janvier, les associés du parrain liés à la compagnie
torontoise lancés dans une tentative de manipulation boursière publient un faux communiqué dans l'espoir de gonfler la
valeur du titre et d'attirer des investisseurs. Mais, quelques
jours plus tard, une nouvelle diffusée dans un quotidien montréalais vient lever le voile sur les liens entre Vito Rizzuto et
certaines entreprises légitimes. Un an plus tôt, alors qu'il était
en état d'ébriété, le parrain a été impliqué dans un accident de
la circulation. Après avoir fouillé l'affaire, les journalistes révèlent que le véhicule endommagé était la propriété de la
compagnie torontoise de bacs de recyclage OMG. La nouvelle
est reprise par d'autres médias, et des reporters laissent des
messages à la résidence de Vito Rizzuto. Sous la pression, le
président de OMG, Salvatore Olivetti, accorde au quotidien
Toronto Star une entrevue dans laquelle il nie tout lien avec le
chef de la Cosa nostra montréalaise. Mais le mal est fait et
OMG perdra contrats et subventions, notamment à Montréal
et au Québec, dans les semaines suivantes. Quant à l'affaire de

manipulation boursière, un autre rebondissement provoquera son chant du cygne.

Au mois de mars, des rumeurs de plus en plus persistantes commencent à inquiéter l'entourage du parrain. Un tueur de la mafia américaine arrêté par le FBI, Salvatore Vitale, s'est mis à table et, depuis, le nom de Vito Rizzuto est relié à l'assassinat spectaculaire de trois lieutenants déloyaux du clan Bonnano commis à New York, en 1981. Se sentant vraisemblablement traqué, le parrain décide de s'expatrier quelque temps à Cuba en compagnie de sa femme. Comme ils l'ont fait lors d'un voyage de golf en République dominicaine, les enquêteurs de la cellule 8001 (et non 8002) s'annoncent aux autorités cubaines et demandent leur collaboration pour pouvoir suivre le couple. À Cuba, le parrain visite des maisons dans le but d'acheter ou de louer, pense la police. Il visite également des commerces. Au pays de Fidel Castro, Vito Rizzuto s'adonne encore et toujours à son sport favori, et des discussions auraient même été entreprises concernant la possibilité d'installer des micros dans les sacs et la voiture de golf du couple. L'histoire ne dit pas si cela a été fait. Une chose est sûre : le parrain a été étroitement surveillé à Cuba comme l'ont été son père Nicolo et l'un de ses lieutenants, Rocco Sollecito, lors d'un séjour un an plus tôt.

« À Cuba, ils n'ont peut-être pas beaucoup d'argent, mais tout le monde travaille pour le gouvernement, donc le renseignement est incroyable. On pouvait avoir un rapport le lendemain qui indiquait que le sujet de la surveillance était sorti à 2 h de la nuit et avait fumé une cigarette sur son balcon. On avait sa photo avec tous les détails. La surveillance se faisait à la demande du gouvernement canadien. La GRC a toujours été bien servie dans les autres pays, car elle collabore toujours et a une bonne réputation à travers le monde», explique Antonio Iannantuoni. Fritzler Gaillard est encore impressionné par la qualité des photos prises par les services de renseignement cubains.

Vito Rizzuto et sa femme séjournent à l'hôtel cinq étoiles Melia Las Americas de Varadero. Durant leur fuite, leurs enfants et d'autres proches viendront les visiter. Au même moment, l'humoriste Michel Courtemanche donne une série de spectacles dans la station balnéaire très prisée des Québécois. Les enquêteurs de la cellule 8001, qui observent la famille, remarquent que l'humoriste exerce un certain magnétisme sur les proches du parrain et d'autres Québécois en visite à Cuba. Ils décident de se joindre subtilement aux admirateurs de Courtemanche pour tenter une approche auprès des membres de la famille. Des liens sont créés avec l'un d'eux, qui se poursuivront même une fois de retour à Montréal. Un agent double se fait passer pour un individu qui aurait pu brasser des affaires avec le suspect. Mais la tentative, qui s'annonçait prometteuse, s'évanouit à la suite d'un faux pas dans l'enquête. Michel Courtemanche n'a jamais eu connaissance de quoi que ce soit. Les enquêteurs ont simplement profité de l'engouement qu'il suscitait auprès des vacanciers québécois pour approcher le clan Rizzuto.

Même si cette tentative fait chou blanc, les deux mois durant lesquels Vito Rizzuto profite de la chaleur du soleil cubain pour fuir celle des policiers auront tout de même un impact sur la suite des choses. En l'absence du parrain à Montréal, ses associés réguliers sont maintenant invités à communiquer avec ses deux fils, Nick junior et Leonardo, qui assument en partie la relève selon des documents de l'enquête Colisée. Le plus jeune, Leonardo, est davantage impliqué dans les opérations financières tandis que l'aîné s'occupe des activités criminelles, constate la police. Mais, les associés ne sont plus aussi bien servis et ne se gênent pas pour s'en plaindre, selon ce qu'entendent les enquêteurs. C'est dans ce contexte que d'autres projets financiers impliquant Vito Rizzuto connaîtront des ratés.

Méfiants, les fils affichent la même prudence que leur père. Les policiers les observent notamment à bord d'une Audi noire se parler dans le creux de l'oreille alors qu'ils sont pourtant seuls dans le véhicule. Alors qu'après l'assassinat de Nick junior, en décembre 2009, des médias, citant des sources policières, ont soutenu qu'il n'était qu'un exécutant et qu'il n'aurait jamais eu l'étoffe pour succéder à son père, les policiers affectés à l'enquête Colisée le pressentaient comme un dauphin éventuel.

«Nicolo Rizzuto junior semble en voie de devenir le remplaçant probable de son père. Ses occupations quotidiennes, son entourage, ses hommes de confiance et son implication dans le monde des stupéfiants semblent imiter les *modus operandi* de son paternel. Quand ce dernier sera rompu aux traditions de l'organisation et que son père se retirera, Nicolo Rizzuto junior deviendra ainsi le nouveau parrain de l'organisation», affirmait en 2002 le caporal Daniel Legault, de la GRC, selon un affidavit accompagnant une demande d'autorisation d'écoute faite par des enquêteurs du projet Colisée.

Après avoir échappé de justesse à quelques enquêtes policières dans les années 1990, Vito Rizzuto se serait moins impliqué directement dans les opérations de drogue de son organisation, croyait la police au début des années 2000. On peut se demander si ce n'est pas son fils aîné qui aurait alors pu prendre la direction de ces opérations. Dans les premières années de l'enquête Colisée, beaucoup d'efforts ont été mis sur Nick Rizzuto junior, car la GRC faisait de l'arrestation de l'un des membres de l'illustre famille une priorité. Le plus vieux fils du parrain se retrouve au centre de quelques sous-enquêtes.

Nick junior est notamment le sujet d'une enquête appelée «Cacciatore» qui vise également Antonio Pietrantonio et Giuseppe Bertolo, le frère de Giovanni. Un agent civil d'infiltration crédible a été introduit dans l'entourage immédiat des chefs du réseau et il est sur le point de les compromettre jusqu'à ce qu'un incident fasse avorter l'affaire. Les enquêteurs de Cacciatore sont contraints d'«extraire» l'agent de leur enquête pour ne pas mettre sa vie en danger et compromettre Colisée.

Dans une autre sous-enquête sur Nick junior, les enquêteurs le soupçonnent, lui et des associés, d'utiliser une entreprise d'importation de lattes de plancher en bois pour faire entrer des stupéfiants au pays. L'un des endroits de prédilection du groupe est le café-bar Allegria, rue Jean-Talon à Saint-Léonard. Plus tard, les enquêteurs tenteront nuitamment d'installer des micros et des caméras dans l'établissement. Les techniciens parviendront à déjouer un premier système d'alarme, mais n'auront pas détecté une deuxième protection, silencieuse celle-là. Averti, le gérant de l'établissement quittera sa résidence sur les chapeaux de roue pour vérifier ce qui se passe dans son commerce, sans remarquer les policiers qui surveillaient sa maison et qui préviendront à leur tour leurs collègues à l'Allegria. Arrivé sur les lieux, le gérant sera attendu par les pompiers, officiellement dépêchés au bar pour une alerte qui se révélera fausse : les enquêteurs avaient évidemment appelé les sapeurs pour se tirer de ce mauvais pas et maquiller leur insuccès. Jusqu'à la fin de l'enquête Colisée, jamais ils ne tenteront de nouveau d'infiltrer le bar Allegria.

La petite histoire de Colisée est ponctuée d'anecdotes démontrant la difficulté pour les enquêteurs de serrer de près les membres d'une organisation redoutable, qui sont bien au fait et à l'affût des techniques policières. «Ils ont même leurs propres équipes de filature comme nous le démontrera l'enquête Clemenza des années plus tard», souligne le caporal Fortin.

À plusieurs reprises durant l'enquête, les policiers fileurs seront repérés par les mafiosi ou leurs conjointes, elles aussi sur leurs gardes. «On les entendait se dire entre elles sur les lignes de se surveiller, qu'elles étaient filées par la police, et c'était vrai. Les mafiosi, tu peux les filer deux ou trois jours si tu es chanceux, mais tu ne feras pas une semaine. Ce sont des criminels de carrière. Si ce n'est pas ta cible qui va brûler la filature, ce sont ses amis qui vont arriver par derrière et voir deux gars dans un char de police. Ils savent comment ça marche et ont les réflexes. Nous, lorsqu'on va sur une *job* et que des *bleus* (des policiers du SPVM) ou des *verts* (des policiers de la SQ) sont déjà sur notre cible, on les voit tout de suite. Pour eux, c'est la même chose. Colisée, ce n'était pas un projet de deux mois, c'était un projet de plusieurs années. Si on avait commencé à mettre de la pression comme ça, on se serait brûlé», poursuit Michel Fortin.

Les enquêteurs rivaliseront d'imagination pour contourner le problème, soit en mobilisant un avion pour suivre du haut des airs les suspects lors d'un long trajet à l'extérieur de Montréal, soit en remplaçant carrément le tableau de bord d'un véhicule récent appartenant à un suspect par un autre identique, ou soit en fixant des bornes GPS sous les véhicules dont l'une d'ailleurs sera un beau jour retrouvée par une passante en plein milieu de la chaussée. «Le temps qu'on se prépare pour installer des micros dans leurs véhicules, ils l'avaient déjà changé. C'était un éternel recommencement», se souvient Antonio Iannantuoni.

Le séjour de Vito Rizzuto à Cuba a permis de constater qu'outre ses deux fils, son père Nicolo a joué un rôle plus important dans la direction des opérations du clan durant les deux mois d'absence du parrain. Le patriarche a semblé diriger des opérations à partir de son quartier général, le Consenza. Les enquêteurs profitent donc d'une nuit, en juin 2003, pour installer des micros dans le petit café. Un peu plus tard, ils tenteront la même opération dans le quartier général de Francesco Arcadi, le café Maïda, situé boulevard Lacordaire dans l'arrondissement Saint-Léonard. Mais, la nuit de l'opération, le gérant échappera à la filature et reviendra vers l'établissement au moment où un technicien s'affairera devant le café, son véhicule bien en évidence. Intercepté au même moment par des patrouilleurs qui bafouilleront une version au gérant, celui-ci ne sera pas dupe. La place sera donc «brûlée» et l'expérience ne sera jamais de nouveau tentée.

Depuis le début de l'enquête, la grande majorité des conversations captées se déroulaient en anglais. Mais la plupart des discussions maintenant interceptées au Consenza sont tenues en italien, et même parfois dans des dialectes régionaux. La GRC affecte donc des traducteurs civils, spécialistes de la langue italienne et de ses nuances, pour seconder ses techniciens de la salle d'écoute.

Pendant que les membres de la cellule 8002 amorcent ce virage, il y a du sable dans l'engrenage dans les autres groupes d'enquêteurs. Les efforts sur le groupe de Joe Di Maulo sont abandonnés rapidement, car le vieux renard ne se compromet pas, tant sur la filature qu'au téléphone. Une autre cible importante, Antonio Pietrantonio, détecte constamment la filature dont il se débarrasse à répétition. Véritable expert de la contre-filature, il sème ses chaperons en appuyant à fond sur l'accélérateur ou en effectuant des virages en U dans des zones interdites. Dix ans plus tard, il ne flairera toutefois pas le piège qui lui sera tendu lorsqu'il sera abattu à bout portant en sortant d'un de ses restaurants favoris, rue Jarry à Montréal.

À la fin de 2003, le 9 décembre, c'est l'émoi dans l'édifice de la cour municipale de Montréal. Les automobilistes venus contester leurs contraventions sont sidérés de croiser dans les corridors un homme d'une grande prestance, vêtu d'un complet italien sur mesure et d'un manteau griffé, flanqué de son avocat. C'est Vito Rizzuto, qui doit rendre des comptes à la suite d'une arrestation pour facultés affaiblies survenue sept mois plus tôt. L'homme est l'attention de plusieurs photographes et journalistes, dont Michel Auger du *Journal de Montréal* qui ose l'aborder et lui poser quelques questions. Le parrain se décrit «comme un arbitre de conflits qui aide le monde». Il rappelle avoir toujours été acquitté des accusations portées contre lui et s'en prend à la police qu'il menace de poursuite car, dit-il, elle salit sa réputation. Il affirme avoir toujours payé ses impôts aux gouvernements et explique sa richesse et sa belle maison par de bonnes transactions immobilières. Vito Rizzuto est affable avec les journalistes, mais il perdra quelque peu de sa superbe un mois et demi plus tard lorsque surviendra un autre événement, qui viendra radicalement changer la direction de l'enquête Colisée.

* * *

Pour l'une des dernières fois, entouré de ses enfants, petits-enfants et amis, Vito Rizzuto passe le 25 décembre 2003 et le Premier de l'an 2004 dans la joie et l'insouciance. Aussitôt les Fêtes terminées, le parrain fait l'objet d'une filature intensive et constante, 24 heures sur 24, sept jours sur sept, de la part d'une équipe de policiers dirigés par l'enquêteur Nicodemo Milano, de la Division du crime organisé de la police de Montréal. Le SPVM effectue cette tâche à la demande de la GRC, qui ne veut pas compromettre l'enquête Colisée, qui dure depuis maintenant presque deux ans et demi et dans laquelle des millions ont déjà été investis. La GRC remplit ainsi un mandat du ministère canadien de la Justice, qui a reçu, au mois de novembre précédent, la demande des autorités américaines d'arrêter Vito Rizzuto dans le but de l'extrader et de le juger pour les meurtres des trois lieutenants du clan Bonnano commis à New York, en 1981. Le 5 mai de cette année-là, Alphonso Indelicato, Phillip Giaccone et Dominick Trinchera, qui auraient comploté pour renverser le chef de l'époque du clan Bonnano, ont été convoqués sous un faux motif à une rencontre, dans un restaurant de Brooklyn. Soudainement, durant la réunion, trois individus armés et masqués sont sortis d'autant de placards et ont ouvert le feu à bout portant sur les capitaines mafieux qui n'ont eu aucune chance. La prétention de la justice américaine est que Vito Ruzzuto était l'un des trois tireurs.

Au petit matin, le 20 janvier 2004, donc, la résidence de Vito Rizzuto dans le Bois-de-Saraguay fait l'objet d'une filature pendant que les enquêteurs Milano et Pietro Poletti, également de la Division du crime organisé, se dirigent vers le centre opérationnel nord du SPVM, boulevard Crémazie, où les attendent plusieurs policiers du groupe d'intervention. Les enquêteurs exhibent le mandat d'arrestation obtenu cinq jours plus tôt et annoncent qu'ils vont arrêter Vito Rizzuto. L'entrée se fera de façon statique, c'est-à-dire que les enquêteurs frapperont tout simplement à sa porte. Pas de bris à coups de bélier, donc. Le Groupe tactique d'intervention (GTI) sera également sur les lieux seulement au cas où les choses tourneraient mal.

Un peu après 6 h, Milano et Poletti, flanqués de plusieurs policiers en uniforme, sonnent au 12281, avenue Antoine-Berthelet. Des rideaux bougent. Après quelques secondes d'attente, la porte s'ouvre. C'est Giovanna Cammalleri, la femme de Vito Rizzuto, qui demande aux policiers le but de leur visite. Les enquêteurs s'identifient, annoncent qu'ils viennent voir son mari et demandent s'il est à la maison.

Au moment où la femme répond par l'affirmative, une voix s'élève du haut de l'escalier de la maison. «Qu'est-ce qui se passe? Qui est-ce?» demande la voix. Les enquêteurs mettent le pied sur le pas de la porte et aperçoivent Vito Rizzuto, en robe de chambre, en haut de l'escalier menant à l'étage supérieur. Mme Rizzuto fait entrer les enquêteurs qui demandent au parrain de descendre et de les rejoindre. Le trio s'assoit dans le salon. La conversation se déroule en anglais. Nicodemo Milano lui annonce qu'il est en état d'arrestation pour gangstérisme à la demande des États-Unis. Il lui lit ses droits à un avocat et la mise en garde usuelle, et lui demande s'il veut également qu'il en fasse la lecture en italien, ce que refuse Vito

Rizzuto. Le parrain est très étonné de cette demande des autorités américaines. Les enquêteurs l'assurent qu'ils lui donneront plus de détails au centre opérationnel et demandent à Vito Rizzuto de s'habiller et de les suivre. Les policiers escortent le nouveau prévenu jusque dans sa chambre où Vito Rizzuto, fidèle à lui-même, enfile un complet sur mesure.

Après avoir traversé une haie de policiers en uniforme, Rizzuto monte dans une Impala fantôme de couleur bleue de la police de Montréal. Pietro Poletti prend le volant pendant que Nicodemo Milano s'assoit à côté du parrain. Aucun mot n'est prononcé durant le trajet entre la maison et le centre opérationnel, situé à une quinzaine de kilomètres. À son arrivée au poste, Vito Rizzuto est écroué. Visiblement déjà prévenu par une tierce personne, son avocat, Me Loris Cavaliere, se présente au centre opérationnel quelques minutes plus tard. Sur place, le parrain ne sera pas interrogé. Il sera ensuite conduit au Centre de détention de Rivière-des-Prairies en attendant la suite des choses.

Après avoir tenté, en vain, d'empêcher son extradition aux États-Unis, Vito Rizzuto sera finalement livré aux autorités américaines deux ans et demi plus tard. Après que le parrain déchu eut rencontré des agents du FBI et des représentants du ministère fédéral de la Justice la veille, c'est encore à Nicodemo Milano qu'incombera la tâche de l'escorter dans son dernier voyage vers les États-Unis, le 17 août 2006. Ce matin-là, l'enquêteur, accompagné du collègue Patrick Franc-Guimond et des membres du Groupe tactique d'intervention du SPVM, ira chercher Vito Rizzuto au pénitencier de Sainte-Anne-des-Plaines. Menottes aux poignets et aux chevilles, protégé par une veste pare-balles, l'ancien chef de la mafia montréalaise montera à bord d'une fourgonnette banalisée pendant que les agents des services correctionnels remettront les effets personnels du célèbre détenu aux policiers. « Comment allez-vous, M. Milano ? » demandera le parrain en anglais, après avoir reconnu celui qui l'avait arrêté deux ans plus tôt. Alors que le convoi roulera sur l'autoroute 15 en direction de l'aéroport Trudeau, Rizzuto sera un peu plus volubile que la première fois.

« Vous allez bientôt en avoir par-dessus la tête avec les gangs de rue », prophétisera-t-il spontanément à l'enquêteur, sans préciser davantage le fond de sa pensée. Le détenu comparera également les conditions de détention des systèmes provincial et fédéral en exprimant sa préférence pour ce dernier, car il a pu passer plus de temps au téléphone et recevoir davantage de visiteurs.

Une fois à l'aéroport, la camionnette se rendra sur la piste et se dirigera vers un petit appareil nolisé, gardé par un groupe de policiers américains en civil portant des verres fumés et des télex à l'oreille. La scène sera filmée par des policiers montréalais. Pendant que l'enquêteur Franc-Guimond remettra les effets personnels de Vito Rizzuto aux policiers fédéraux, Nicodemo Milano escortera le prisonnier jusqu'à son siège, dans l'avion. « Bonne journée et bonne chance », souhaitera le policier au parrain déchu, qui ne répondra pas. Dans les minutes suivantes, le petit appareil fera vrombir ses moteurs, décollera et disparaîtra dans le ciel. Six ans s'écouleront avant que le parrain, toujours déchu mais plus pour très longtemps, puisse fouler de nouveau le sol canadien, à Toronto.

L'enquête Colisée connaîtra son dénouement trois mois seulement après l'extradition de Vito Rizzuto. Durant les deux années précédentes, pendant que le parrain était toujours incarcéré au Québec, d'autres acteurs de la mafia montréalaise ont pris la relève et attiré sur eux les projecteurs des enquêteurs de l'UMECO.

Encore aujourd'hui, les opinions divergent à savoir si l'arrestation de Rizzuto, en janvier 2004, puis son extradition en août 2006, ont été une bonne ou une mauvaise chose pour les enquêteurs de Colisée et si ces derniers auraient pu finir par coincer eux-mêmes le chef de la mafia montréalaise. Une chose est sûre, à l'aube de l'année 2004, jamais l'avenir de la cellule 8002 de l'enquête Colisée n'a paru aussi incertain.

Chapitre 4

UN PARI GAGNÉ

Francesco Del Balso le jour de l'Opération Colisée.
Photo : François Roy, *La Presse*

Après son arrestation, en janvier 2004, Vito Rizzuto essaie tant bien que mal de continuer à orchestrer ses affaires de la prison de Rivière-des-Prairies. Il utilise les téléphones publics du centre de détention pour appeler des membres de sa famille afin que ceux-ci communiquent avec de tierces personnes. Selon des documents de l'enquête Colisée, le parrain se sert également du bureau de son avocat « comme centrale de messagerie et de transfert d'appels » lorsqu'il veut entrer en communication avec ses associés. Pour être en mesure de poursuivre son enquête sur le chef de la mafia montréalaise, qui est toujours, à cette époque, la cible principale de l'opération Colisée, la police demande à ce que deux téléphones publics de la prison soient placés sous écoute.

Mais, malgré ses efforts, Vito Rizzuto ne peut plus tout diriger aussi efficacement, si bien que d'autres acteurs comblent naturellement son absence. Malgré ses 80 ans, son père, Nicolo, reprend du service de son quartier général de la rue Jarry où, rappelons-le, les premiers micros de la police sont installés depuis quelques mois. Mais celui vers qui se tournent d'abord tous les soldats et lieutenants de la mafia lorsque vient le temps de régler un problème dans les opérations courantes, c'est Francesco Arcadi. Dans la hiérarchie de la mafia montréalaise, Arcadi est le patron de deux capitaines turbulents, Lorenzo Giordano, dont nous parlerons plus loin, et Francesco Del Balso.

En plus d'être soupçonné de trafic de cocaïne, Del Balso est également le gérant des opérations de paris sportifs de la mafia, ont constaté les enquêteurs depuis quelques mois. Mais, à la suite de l'arrestation du parrain, la rivalité s'est accentuée entre les différentes cellules d'enquêteurs pour obtenir les lignes de la salle d'écoute qui ne peut répondre à toutes les demandes, faute de ressources. Après deux ans d'enquête, la véritable cible, Vito Rizzuto, demeure encore inaccessible. Les limiers tournent également autour de certains de ses associés sans cependant parvenir à percer leur carapace.

Les enquêteurs de la cellule 8002, dont le mandat premier est la lutte à l'importation et au trafic de stupéfiants, disent avoir eu de la difficulté, à cette époque, à convaincre leurs patrons d'obtenir des lignes pour écouter leurs sujets. Pour y parvenir, ils proposent alors à leurs supérieurs de s'attaquer aux paris sportifs en leur faisant miroiter le fait qu'en suivant la route des millions de dollars que cela rapporte à l'organisation, ils pourraient développer l'enquête en ce qui concerne les produits de la criminalité qui les mènerait éventuellement jusqu'aux chefs de la mafia et, ultimement, à Vito Rizzuto.

«On a réussi à les convaincre d'avoir de l'écoute en leur expliquant que l'objectif premier était de développer une facette des produits de la criminalité. Mais en réalité, ce qu'on espérait, c'était de mettre des micros et des caméras dans le centre de contrôle des paris sportifs pour éventuellement capter des conversations qui nous mèneraient à une grosse importation», avoue candidement Michel Fortin aujourd'hui.

Au début de l'enquête Colisée, le quartier général des paris sportifs de la mafia montréalaise est situé rue Fleury Est, dans le nord de Montréal. Mais, en décembre 2003, les suspects le déménagent au 2ᵉ étage d'un local commercial rue Bergar, dans le quartier Sainte-Rose à Laval. Le local est protégé par un équipement de sécurité très sophistiqué composé notamment de plusieurs caméras infrarouges, d'un système d'alarme et d'une caméra cachée jumelée à des détecteurs de mouvements. Seuls une poignée d'initiés ont accès à ces bureaux. Le locataire de l'endroit est une compagnie à numéro dont le président et actionnaire majoritaire est à ce moment un résident de Laval, Carmelo Cannistraro.

Les opérations se font via un site Internet dont les serveurs se trouvent à Ladyville, dans l'État du Bélize, en Amérique centrale. Les enquêteurs entendront d'ailleurs Del Balso dire à un inconnu sous écoute que 45 personnes travaillent dans le bureau du Bélize, dont sept ou huit de ses employés montréalais qui s'y rendent régulièrement en rotation. La prise des gageures se fait au téléphone par un numéro sans frais. Outre un centre d'appels, il y a également un service à la clientèle. Les enquêteurs apprennent qu'une douzaine de preneurs aux livres travaillent pour Francesco Del Balso dans les locaux de la rue Bergar, et qu'ils auraient chacun entre 10 et 25 clients réguliers identifiés par des surnoms ou des codes de chiffres et de lettres. En mai 2004, les policiers trouveront dans le local de Laval un document daté du mois précédent faisant état de 22 preneurs aux livres et de 716 clients. Ces derniers peuvent miser sur les résultats des parties de toutes les grandes ligues de sport professionnel. Des employés sont affectés à la collecte des dettes et à la remise des gains. L'un d'entre eux, Domenico Velenosi, sera vu à quelques reprises au café Consenza pour y remettre un sac de papier rempli d'argent. La police évalue à l'époque qu'au moins 3 % des millions de dollars de profits générés par les paris sportifs sont remis aux chefs de la mafia.

L'écoute des lignes sur les paris sportifs amène instantané-ment son lot d'histoires pathétiques. Des joueurs, dont plu-sieurs compulsifs, se retrouvent pris à la gorge avec des dettes qu'ils sont incapables de rembourser. Les enquêteurs enten-dent notamment un lieutenant de la mafia se vanter à un com-plice qu'il a menacé une tierce personne de « lui briser la tête » si elle ne payait pas, et que celle-ci a accepté de verser 10 000 $. « C'était pitoyable d'écouter ça. Je me souviens d'un monsieur qui avait une entreprise de textile rue Chabanel. Il pariait sur des matchs de football américain de la NFL et il était dans le trou de 50 000 $. Un jour, il a appelé un responsable des paris et l'a supplié de lui donner un coup de main en lui donnant le pointage après une demie. Cette fois-là, le responsable a accepté et le client était tout heureux. Mais en général, les patrons des paris n'étaient pas aussi sympathiques », raconte le sergent Roussy.

C'est sûrement ce que doit encore penser Frank Faustini, lui-même relié à la mafia à l'époque, qui cumulera une dette de 800 000 $ et qui sera violemment battu au bar Laennec, en décembre 2004. Ou encore Stewart Goldstein, dont la dette de 1,6 million fera l'objet de discussions au Consenza. Après l'intervention de l'influent mafioso calabrais Moreno Gallo, il sera décidé que Goldstein devra vendre sa Ferrari et un bateau de dix mètres pour rembourser sa dette. Ces deux affaires feront partie de la preuve de Colisée et serviront aux enquêteurs pour étoffer leur théorie sur le gangstérisme.

Mais revenons au local de la rue Bergar. L'écoute ne suffit pas aux enquêteurs de la cellule 8002, qui soupçonnent que des dizaines de milliers de dollars y sont cachés. Comme ils l'ont fait avec le Consenza et d'autres lieux, ils installent d'abord une caméra extérieure dirigée vers l'entrée du bâtiment. Puis, dans la nuit du 31 janvier 2004, ils décident d'investir subrepticement le quartier général des paris sportifs de la mafia pour le truffer de micros et de caméras.

«Le local est divisé en trois pièces. La pièce principale est meublée de trois postes de travail avec des ordinateurs, d'une causeuse, d'un fauteuil et d'une unité murale sur laquelle reposent des écrans de télévision et des équipements audio et vidéo. Sept ordinateurs se trouvent dans cette pièce. Une deuxième pièce tient lieu de cuisinette, d'après son aménagement. On y retrouve également un quatrième poste de travail sans ordinateur. La troisième pièce, plus petite, semble servir à compter l'argent. Il y a une table, une machine servant à compter les billets, une calculatrice et un sac de plastique blanc contenant des élastiques. Sur cette même table se trouve un ordinateur relié au système de caméras de surveillance du 1208, rue Bergar, suite 201, peut-on lire dans un document de l'enquête Colisée, ce qui donnera au lecteur une idée des lieux où s'apprêtent à s'aventurer les policiers.

Rassurés grâce à un repérage fait les jours précédents visant à déjouer les équipements électroniques de protection et par la mise en place d'autres techniques d'enquête, les enquêteurs se présentent au local en grand nombre, flanqués de plusieurs techniciens de la section spéciale I. Ceux-ci s'affairent à installer micros et caméras pendant que les enquêteurs, qui ont apporté des photocopieuses portatives, font des doubles de tous les documents papier, CD et clés USB qu'ils trouvent et jugent pertinents. L'opération va bon train et se déroule rondement lorsqu'un technicien se présente à Michel Fortin, le front en sueur, et lui dit que les suspects ont installé des batteries permettant à leur système de fonctionner même si le courant est coupé et que des caméras fixées dans les coins de chaque pièce n'ont pu être bloquées. Elles fonctionnent par Internet et les images qu'elles captent peuvent être vues sur l'ordinateur ou n'importe quel autre écran qui se trouverait chez le responsable des paris sportifs. «En d'autres mots, s'il est réveillé et qu'il est devant son écran, il nous voit en direct», dit le technicien. Ce dernier explique qu'il existe toutefois une solution : il peut arrêter temporairement la surveillance des caméras. Les enquêteurs devront ramasser leur équipement au complet, débrancher leurs appareils, quitter les lieux, réarmer les systèmes de surveillance pour ne pas éveiller les soupçons, verrouiller la porte, descendre d'un étage et regagner leur véhicule. Le hic, c'est que le dernier qui sort a dix secondes pour tout faire.

C'est la panique parmi les policiers. S'ils sont découverts, c'en est fait de l'enquête Colisée. Les enquêteurs commencent déjà à songer aux années d'efforts gaspillés et aux millions engloutis lorsque l'espoir renaît. Un enquêteur d'une autre section, qui possède une maîtrise en électronique et en informatique, est sur place et analyse le problème froidement. «Ne vous énervez pas, on va régler ça», dit le type que les ex-enquêteurs de la cellule 8002 comparent encore aujourd'hui à un membre de l'équipe de *Mission Impossible*. On ignore comment l'enquêteur s'y est pris. On peut penser qu'il a trouvé une façon d'obtenir un délai et de repasser des images filmées antérieurement à l'intrusion des policiers. Toujours est-il que les enquêteurs et techniciens peuvent tranquillement poursuivre leur travail, y mettre le temps qu'il faut et quitter les lieux sans laisser de traces.

Enfin, presque. Durant la nuit, la neige s'est mise à tomber si bien qu'au petit matin, en ce 31 janvier, des marques de leur passage sont bien visibles dans l'entrée du 1208, rue Bergar, et sur le trottoir. Un enquêteur se rend chez un membre de sa famille habitant à proximité et revient avec des pelles. Les policiers s'en serviront pour effacer leurs traces pendant que le conducteur d'une camionnette munie d'une pelle poussera la neige dans la rue et les entrées voisines, de façon à effacer les marques des pneus des véhicules de la police et à faire croire au travail d'un déneigeur matinal.

Après la frappe du 22 novembre 2006, on a lu que les enquêteurs de Colisée s'étaient servis du propre système de caméras de surveillance du local de la rue Bergar pour espionner les employés des paris sportifs. Or, il n'en est rien. Lors de trois entrées clandestines, les policiers ont caché leurs propres caméras. «Nos fils étaient mêlés avec les leurs», décrit un enquêteur. En revanche, dans les ordinateurs des suspects, les policiers ont retrouvé des images de leur système de caméras de surveillance et ont pu remonter trois mois dans le temps et constater davantage d'infractions.

En visionnant les images au moyen des caméras et de la filature, les enquêteurs identifient Domenico Velenosi comme le convoyeur quotidien de fortes sommes, que ce soit l'argent de la collecte, de la remise des gains ou des profits des paris sportifs. Ils projettent alors de lui subtiliser une de ces sommes pour étoffer leur preuve. Mais la tâche n'est pas facile. Velenosi est très méfiant et ne laisse jamais une somme d'argent, quelle que soit son importance, sans surveillance. Depuis plusieurs jours, les enquêteurs le suivent, en vain. Ils possèdent un double de la clé de sa voiture pour s'y introduire et faire main basse sur l'argent le jour où leur cible relâchera un peu sa discipline. Mais ce moment se fait attendre jusqu'au 29 octobre 2005, à 13 h 25. Ce jour-là, grâce à une de leurs caméras cachées dans le local de la rue Bergar, les enquêteurs le voient compter de l'argent. Ils l'observent ensuite mettre des liasses de billets et des livres dans un sac. Puis, Velenosi téléphone à l'un de ses amis avec lequel il sortira casser la croûte dans un restaurant situé au sud de l'autoroute 440.

Vraisemblablement parce qu'il ne fait pas confiance aux employés du local de la rue Bergar, croient les policiers, Velenosi dépose le fameux sac dans le coffre de sa voiture. Mais, plutôt que de quitter avec celle-ci, il monte à bord du véhicule de son ami, et le duo part en direction du restaurant. La Nissan Maxima noire se retrouve seule, abandonnée, à la merci des enquêteurs qui n'entendent pas laisser passer une si rare occasion.

Il faut penser et agir vite. Des employés des paris sportifs s'activent au 2ᵉ étage et pourraient tout voir par les fenêtres qui donnent sur le stationnement, sans compter que l'une de leurs caméras est dirigée sur des véhicules qui y sont garés. Roussy demande à René Gervais de suivre le véhicule conduit par l'ami de Velenosi et d'avoir le duo constamment à l'œil. Pendant ce temps, le patron de la cellule 8002 grimpe à bord d'une camionnette et roule lentement dans les allées du stationnement du 1208, rue Bergar, vers la voiture de Velenosi.

Simultanément, un autre enquêteur marche tranquillement au milieu des voitures, comme si de rien n'était. Lorsque sa camionnette approche de la voiture du convoyeur d'argent, Roussy ouvre la porte latérale. À l'abri derrière la fourgonnette qui lui sert d'écran, l'enquêteur arrivé à pied ouvre le coffre de la voiture de Velenosi avec le double des clés, agrippe le sac d'argent et le lance dans la camionnette des policiers par la porte latérale. La fourgonnette s'arrête à peine et poursuit son chemin, pendant que l'enquêteur s'éloigne doucement dans le stationnement. L'opération n'a duré que quelques secondes. Les suspects n'y ont vu que du feu. Leur caméra ne capte que les trois quarts du stationnement. Mais, sur leur écran dans leurs bureaux de L'Île-des-Sœurs, le caporal Fortin et les autres enquêteurs de la cellule 8002 n'ont rien manqué de l'envers de la scène captée par leur caméra extérieure et applaudissent leurs collègues pour avoir réussi cette opération de commandos.

Lorsque Velenosi revient, une heure plus tard, la première chose qu'il fait est d'ouvrir le coffre de sa voiture pour prendre le sac. Massés devant leur écran dans leur bureau, les enquêteurs voient le suspect littéralement figer devant le coffre ouvert. Il ne comprend pas. Il ouvre les portières de sa voiture et cherche le sac, en vain. Il se penche de nouveau dans le coffre pour vérifier s'il a bien regardé. Il questionne une ou deux personnes qu'il croise dans le stationnement et interroge des commerçants voisins. Il monte dans les locaux des paris sportifs et en redescend deux ou trois fois, toujours aussi incrédule. Velenosi visionne à trois reprises les images captées par la caméra qui pointe vers le stationnement, sans rien y comprendre.

Grâce à leurs caméras cachées à l'intérieur du local cette fois-ci, les enquêteurs constatent que les suspects ne voient rien de la scène. Velenosi finit par aviser son patron, Francesco Del Balso, qui n'en revient pas lui non plus et qui demande à son avocat, M⁰ Gary Martin, de venir le retrouver au 1208, rue Bergar. À son tour, le criminaliste visionne les images. La mystérieuse camionnette, qui roule lentement puis s'arrête quasiment avant de repartir, l'intrigue. «C'est un travail de professionnels. Seule la police peut faire ça», conclut rapidement l'avocat, fin renard. Del Balso ne le croit pas, il pense que les policiers auraient également saisi la voiture. Mais l'avocat lui explique qu'ils ont des mandats pour effectuer ce genre d'opérations.

Sur la vidéo, les suspects croient reconnaître une plaque d'immatriculation de l'Ontario sur l'intrigante camionnette. Ils n'écarteront pas le fait que le coup puisse avoir été réalisé par la police ontarienne. Mais cela est loin de rassurer Francesco Del Balso, qui se pose des questions depuis plusieurs mois. Dans l'opération Ziploc, les policiers de la SQ ont arrêté des motards avec lesquels il faisait des affaires, mais lui n'a jamais été appréhendé. Voilà que c'est maintenant au tour de l'un de ses hommes de se faire voler 43 000 $ en devises canadiennes et américaines. Del Balso trouve qu'il commence à faire chaud. Dans un palais de justice, un avocat croise un enquêteur et lui demande quand il va arrêter Del Balso pour que le mafioso ne commence pas faussement à passer pour un délateur dans ses rangs. «Qu'est-ce que tu veux pour Noël?» demande au téléphone à Del Balso un de ses complices en décembre 2004. «J'aimerais bien me faire arrêter», répond le capitaine mafieux, qui n'en peut plus d'être rongé par l'incertitude. Mais les enquêteurs avaient encore besoin de lui et son heure n'était pas venue.

Pour étoffer davantage leur preuve, le sergent Roussy et l'un de ses hommes, Charles Blouin, se rendent à Ladyville, au Bélize, vers la fin de l'automne 2004. Ils sont obligés de s'annoncer aux autorités locales, qui leur assignent quelques policiers pour les accompagner. Les deux enquêteurs de la GRC photographient la façade des bureaux où travaillent les employés des paris sportifs de la mafia montréalaise. Le duo pousse ensuite l'audace jusqu'à cogner à la porte du local. Un homme ouvre. Les deux policiers se font passer pour des entrepreneurs à la recherche d'un local à louer dans le secteur et demandent les coordonnées de l'agent d'immeuble. Durant la brève conversation, Mike Roussy observe discrètement ce qui se passe à l'intérieur. Il remarque, fixés aux murs, de grands tableaux avec des feuilles blanches sur lesquelles sont griffonnés des noms d'équipes professionnelles de basketball avec des résultats. C'est suffisant pour confirmer ce qui se trame dans le local. Les deux policiers rencontrent également l'agent d'immeuble. Ils voudraient bien reprendre leur rôle d'entrepreneurs à la recherche d'un local à louer, mais, à leur grande surprise, l'agent d'immeuble sait déjà qu'ils sont des enquêteurs venus du Canada et leur demande même s'ils enquêtent sur la mafia. Il y a vraisemblablement eu une fuite.

Hasard ou non, la mafia montréalaise vide ses bureaux de Ladyville deux semaines plus tard et déménage ses opérations de paris sportifs dans un local de la Plaza Wolfco sur la route 138, dans la réserve amérindienne de Kahnawake, sur la rive sud de Montréal. La mafia fonde une entreprise qui a son site Internet et obtient un permis de la Commission du jeu de Kahnawake. Elle ferme son local de la rue Bergar, et ses preneurs aux livres travailleront dorénavant sur la réserve. En octobre 2005, après avoir obtenu un mandat, les enquêteurs s'introduiront dans le local de la Plaza Wolfco et copieront les contenus des ordinateurs. Les informations recueillies révéleront qu'entre le 22 décembre 2004 et le 5 novembre 2005, soit une période de 315 jours, le total des montants pariés a été de 392 millions et que les profits pour l'organisation mafieuse ont été, pour la même période, de 26,8 millions – 1,5 million par mois en moyenne – malgré le lock-out de la Ligue nationale de hockey, selon une analyse effectuée par un ancien policier devenu expert dans les enquêtes de jeu et de paris, et rapportée par le caporal Vinicio Sebastiano de la GRC devant la commission Charbonneau. En 2006, la mafia ouvrira un autre local de paris sportifs boulevard des Laurentides, à Laval. Mais les jeux étaient faits. L'enquête de la cellule 8002 sur les paris sportifs s'arrêtera là.

* * *

Revenons un peu en arrière, à l'été 2004. Après deux ans d'enquête, les paris sportifs sont les premières véritables infractions démontrées par les enquêteurs de Colisée. Le dossier est soumis aux procureurs, mais ceux-ci ne sont guère impressionnés. Ils ne sont pas certains que les paris sportifs pourront faire l'objet d'accusations de gangstérisme. Et, ailleurs, l'enquête piétine.

La haute direction de la GRC s'impatiente. Les coûts de l'enquête sont déjà exorbitants et les résultats plutôt minces. Une réunion d'urgence, à laquelle prendront part des membres de l'état-major, est convoquée dans les bureaux des enquêteurs de Colisée à L'Île-des-Sœurs. Les patrons veulent restructurer les différentes cellules d'enquête, peut-être même réduire leur nombre et réaligner les choses. Ils n'annoncent pas ouvertement leurs intentions, mais les enquêteurs de la cellule 8002 craignent que leur groupe soit dissous, qu'ils soient sacrifiés et disséminés dans les autres équipes de travail plus consacrées aux produits de la criminalité.

« Ça piétinait. Tout ce qui ressortait sur l'écoute, c'étaient des affaires telles OMG, la manipulation boursière et d'autres qui ne donnaient pas grand-chose. Au sein de l'équipe 8002, il y avait beaucoup de frustration. Les enquêteurs n'acceptaient pas la perspective que les forces soient reconfigurées. Ce sont des projets de longue haleine, on ne peut pas tout trouver au cours de la première année. Des enquêteurs étaient venus me voir pour m'en parler et certains d'entre nous avaient fait des représentations auprès d'un officier de la haute direction », se souvient Fritzler Gaillard.

Durant la réunion, le ton monte un peu. Des poings frappent la grande table de la salle de conférence. Des mines sont déconfites. Huit points sont inscrits sur un tableau. Celui tout en haut de la liste indique que la police doit absolument avoir la tête d'un membre de la famille Rizzuto à la fin de l'enquête. Michel Fortin se lève. Il égrène ses arguments point par point. La cellule 8002 a un membre de la famille Rizzuto sur son tableau de chasse. Elle peut accuser le vieux Nicolo Rizzuto pour les paris sportifs. Au début de l'année, les policiers ont installé deux caméras à l'intérieur du Consenza et ils y ont vu le patriarche hériter de liasses d'argent apportées par le commissionnaire des paris sportifs, Domenico Velenosi. Ils ont entendu Lorenzo Giordano dire à l'octogénaire que « le kid avait apporté 10 000 $ ». Grâce aux problèmes causés par les joueurs compulsifs mauvais payeurs, tels Frank Faustini et Stewart Goldstein, ils ont pu remonter jusqu'à la tête, identifier les acteurs, élaborer la structure de l'organisation et concevoir l'organigramme. Paolo Renda, le *consigliere* du clan des Siciliens, Rocco Sollecito, Francesco Arcadi, Lorenzo Giordano et Francesco Del Balso, ils sont tous là, bien à leur place. «Donnez-nous une chance, donnez-nous encore du temps. Si on enlève les paris sportifs et qu'on met la drogue à la place, on va avoir le même groupe, les mêmes têtes, mais avec des accusations beaucoup plus sérieuses», conclut l'enquêteur.

L'argument semble porter. Pierre Camiré dit à Michel Fortin que la décision ne sera pas prise immédiatement, que les officiers vont réfléchir et discuter durant le dîner et qu'il lui annoncera la décision dans le courant de l'après-midi. Les patrons de l'enquête hésitent, ils aiment la façon de travailler de l'équipe 8002. Après réflexion, ils décident non seulement de garder la cellule intacte, mais de lui donner davantage de ressources. L'écoute électronique qui ne mène nulle part sur certains individus est abandonnée. Des lignes des autres groupes de travail, dont les cibles parlent majoritairement français, sont transférées à la salle d'écoute de la GRC à Québec, ce qui permettra à la cellule 8002, dont les sujets parlent surtout anglais et italien, d'obtenir une vingtaine de lignes supplémentaires et d'écouter un plus grand nombre de personnes. Au plus fort de l'enquête, 70 individus seront écoutés simultanément.

Les membres de cellule 8002 peuvent respirer un peu mieux. Ils ont de nouveau la bénédiction pour enquêter sur les stupéfiants. Mais il y a un envers à la médaille : en même temps qu'ils bénéficient d'un nouveau souffle, ils ont une obligation de résultat. Fritzler Gaillard reprend inlassablement sa plume et rédige de nouvelles demandes d'autorisation d'écoute. Mais le papier sera de plus en plus facile à noircir en cette fin de l'année 2004. En enquêtant sur les paris sportifs et en écoutant Francesco Del Balso, les limiers de la cellule croient avoir identifié quelques importateurs de drogue potentiels. Ceux-ci ont des points en commun. Leurs revenus ne peuvent justifier leurs trains de vie et leurs somptueuses résidences. Mais, surtout, drôle de coïncidence, certains d'entre eux travaillent à l'aéroport Trudeau.

Chapitre 5

UN GRAND SOULAGEMENT

Une partie des 218 kilos de cocaïne cachés dans
le double plafond des conteneurs à bagages.

Aux premiers jours de l'automne 2004, l'enquêteur Charles Blouin de la cellule 8002 observe une BMW Z8 en train de se garer devant le bar Laennec, à Laval, quartier général de Francesco Del Balso et de Lorenzo Giordano. Le policier connaît bien l'endroit, qu'il a souvent surveillé, tapi dans un bosquet avec des jumelles. Il aurait même passé des heures, l'hiver, à geler devant le Laennec vêtu d'une combinaison blanche pour se fondre dans la neige. Un jour, il aurait même été surpris par des policiers de Laval qui, arme au poing, lui ont demandé de s'identifier. Les patrouilleurs avaient été appelés par une voisine inquiète. À l'époque, le bar Laennec est fréquenté par de jeunes mafiosi méfiants qui veillent tard pendant que le gérant, lui, arrive tôt. La fenêtre est donc toujours limitée pour les enquêteurs qui seraient tentés d'y installer micros et caméras. Au début de 2005, le problème sera toutefois réglé et le policier Blouin n'aura plus à « se les geler », selon l'expression consacrée.

Mais revenons à la BMW. Le policier Blouin identifie l'homme qui sort du véhicule pour entrer dans le bar Laennec comme étant Giuseppe Torre. Observer Torre, 33 ans, entrer et sortir d'un établissement que la police soupçonne d'être contrôlé par la mafia est une scène de la vie quotidienne pour les enquêteurs de Colisée. Selon des documents judiciaires, entre le 28 juin 2004 et le 15 mai 2006, Torre sera vu fréquenter des bars et des cafés de la région montréalaise à 223 reprises, parfois jusqu'à trois fois par jour. Durant cette période, il se rendra à 206 reprises au bar Laennec et quatre fois au Consenza, quartier général des chefs de la mafia montréalaise.

Torre, fils d'un ancien mafioso lié au clan Cotroni, n'a alors aucun antécédent judiciaire. Il a déjà été propriétaire de bars et de cafés, d'un restaurant et d'un lave-auto. Officiellement, à l'automne 2004, il est administrateur de Malts Financing inc., une entreprise de Laval qui fera parler d'elle dans *La Presse* quelques années plus tard. De 2000 à 2002, Torre a déclaré des revenus annuels moyens de 13 000 $ et, pour 2003, de 62 000 $ selon des documents. Pourtant, au début de 2004, lui et sa conjointe achètent pour 415 000 $ une maison qui en vaut presque le double dans un nouveau quartier cossu de Laval. Il se déplace constamment dans un luxueux véhicule et effectue de nombreux voyages. Il joue aussi – et perd – beaucoup : le 18 mars 2005, les enquêteurs l'entendront dire à son ami Francesco Del Balso qu'il a perdu 100 000 $ dans la journée.

Justement, des communications interceptées avec Del Balso braquent les projecteurs des enquêteurs de la cellule 8002 sur Torre qui, de surcroît, aurait été un employé de Cara, une entreprise de services située à l'aéroport Trudeau. Est-ce une coïncidence ? Frank Faustini, battu pour ne pas avoir remboursé une importante dette de paris sportifs, est bagagiste chez Air Canada. Les policiers constatent que lui aussi a un train de vie supérieur à ce que ses revenus lui permettent et qu'il est régulièrement absent de son travail. Les enquêteurs croient avoir affaire à des importateurs de cocaïne et se demandent s'ils ne se trouvent pas devant un groupe bien implanté, qui a gangrené l'aéroport Trudeau. L'avenir leur donnera raison.

Déjà, lors de la fameuse réunion d'urgence à l'issue de laquelle la survie de la cellule 8002 a été confirmée, les enquêteurs avaient évoqué quelques pistes obtenues grâce à l'écoute. « Tu le constates tout de suite lorsque les gars se parlent d'affaires louches. Ils se retiennent et font attention à ce qu'ils disent. Nous avions identifié des types qui parlaient avec Del Balso, qui, lui, s'assoyait avec les patrons de la mafia. Je me disais que c'était sûr qu'on allait attraper quelque chose », dit Michel Fortin.

Le temps que Fritzler Gaillard rédige les demandes d'autorisation et obtienne les mandats, Torre et quelques suspects sont sous écoute à compter de la fin novembre. Dès leurs premières conversations, les enquêteurs sont renversés. Torre parle avec un certain Rodolfo Ignoto, lui aussi bagagiste chez Air Canada. Ceux-ci discutent à mots couverts avec trois autres individus employés de la compagnie Cara et d'un autre sous-traitant de l'aéroport Trudeau, GlobeGround North America. Tous ont accès aux secteurs sécurisés de la zone aéroportuaire. Les enquêteurs sont tombés sur un guêpier et ils devront faire vite. Lorsqu'ils commencent l'écoute, les trafiquants ont déjà un projet d'importation sur le point d'aboutir. Le 29 décembre 2004, ils captent une conversation entre Torre et Ignoto. Ce dernier, qui se trouve à Cancún, au

Mexique, dit que « sa date de retour à l'école est prévue pour le 15 », un langage codé signifiant que la drogue arrivera vraisemblablement le 15 janvier. Des conversations subséquentes laissent entendre qu'elle arrivera le 22 janvier, un délai providentiel pour les enquêteurs et leurs collègues douaniers qui ciblent le vol 951 d'Air Canada en provenance d'Haïti comme le plus susceptible d'être utilisé par les trafiquants pour leur projet. Débute alors une véritable course contre la montre. Fritzler Gaillard rédige d'urgence des affidavits pour placer d'autres suspects sous écoute. Un juge signe les mandats le 21, la veille de l'arrivée anticipée de la drogue. Plus qu'une saisie possible de stupéfiants, la mission des enquêteurs, s'ils réussissent, pourrait être le coup de filet le plus important de l'opération Colisée, qui dure depuis trois ans.

L'appareil utilisé pour le vol 951 d'Air Canada doit faire la navette entre Montréal et Port-au-Prince dans la journée du 22 janvier 2005. Le décollage pour le vol à destination d'Haïti, dont le numéro est 950, est prévu à 9 h 50 à l'aéroport Trudeau. Il est convenu que le sergent Roussy et la gendarme Julie Lachance effectueront les deux envolées, le but étant de revenir à bord du vol suspect. Puisqu'il s'agit du même appareil, à l'aller les policiers effectueront du repérage pour tenter de savoir où la drogue pourrait être dissimulée. Lors du voyage de retour, ils tenteront de la trouver. Les deux policiers sont déjà un peu stressés par l'importance de leur mandat lorsque la neige qui tombe à gros flocons ce matin-là n'aide en rien leur situation. La tempête nuit à l'arrivée de trois voyageurs que l'équipage de l'avion décide d'attendre, ce qui retarde le départ d'environ deux heures.

L'appareil s'envole enfin. Aussitôt le clignotant indiquant que les passagers peuvent détacher leur ceinture de sécurité, le sergent Roussy et sa collègue commencent à examiner l'appareil avec l'approbation des membres d'équipage, qui sont de mèche. Les enquêteurs se posent des questions. Où sera la drogue? Dans des conteneurs de nourriture? Dans les bagages d'un passager? Dans les effets d'un agent de bord? Les policiers, qui soupçonnent les trafiquants d'avoir des complices à l'aéroport de Port-au-Prince, nagent dans l'inconnu et tentent de se mettre à la place des importateurs. S'enfermant dans les toilettes, le colosse Roussy retire des compartiments, fouille dans les sacs de serviettes souillées et se penche tant bien que mal à la recherche de la moindre cavité. Marchant dans les allées, il inspecte les espaces où sont placés les bagages à main des voyageurs, qui le fusillent du regard. Il questionne les agents de bord et même le commandant et ses adjoints. Il ne sera toutefois pas plus avancé lorsque l'avion touchera le sol d'Haïti. Une fois sur le plancher des vaches, les deux policiers n'ont pas le temps de relaxer. Le vol 951 doit décoller plus vite que prévu pour récupérer le retard causé par la tempête de neige à Montréal. Une fois les douanes franchies, les enquêteurs doivent déjà se présenter pour l'embarquement. La plupart des passagers sont assis et attendent. Les policiers courent et se heurtent à un employé qui leur réclame le versement de la taxe aérienne de 50 $ US. C'est justement tout ce que Mike Roussy a en poche. Il enfonce les billets dans la main du préposé et les deux enquêteurs se présentent les derniers dans l'avion, essoufflés, les cheveux en bataille.

Le scénario est le même sur le vol de retour. Le sergent et sa collègue fouillent les moindres recoins de l'avion auxquels ils ont accès, en vain. Trois fois durant le vol, Roussy saisit le téléphone public satellite de l'appareil, à quelques dizaines de dollars la minute, et appelle le caporal Fortin qui, lui, bien installé dans la salle d'écoute, est à l'affût de tout ce que les suspects, qui attendent impatiemment la drogue, se disent entre eux. «Je lui dis: "Michel, on a tout fouillé, on n'a rien trouvé!" Il me répond: "Mike, ils le disent sur les lignes, il y a quelque chose qui s'en vient!"» raconte Roussy.

Les doutes augmentent du fait que le soir de l'atterrissage de l'avion, trois des suspects – Rodolfo Ignoto, Manuel Cacheiro et Marco Cerone – sont en service à l'aéroport. Les policiers fileurs voient Ignoto, sur le tarmac, en train d'observer ce qui se passe autour de l'appareil. Dès que l'avion s'est posé, il s'est dirigé vers la porte 73 où les douaniers, appuyés par un maître-chien, ont immédiatement commencé une fouille, ce qui n'a pas échappé aux trafiquants qui commencent à s'inquiéter et qui n'attendent que le moment où les limiers auront quitté la scène, bredouilles, espèrent-ils, pour récupérer la drogue. Mais, à 23 h 30, sept heures environ après l'atterrissage, les policiers et douaniers bourdonnent toujours autour et à l'intérieur de l'avion. «Ils sont partout», dit Marco Cerone à Rodolfo Ignoto. «Ils sont dix, dont trois "chevaux"», confie Ignoto à Giuseppe Torre, le mot «chevaux» étant un code pour désigner les policiers de la GRC. À un certain moment, la voix d'Ignoto devient plus chevrotante lorsqu'il observe le maître-chien s'approcher de l'endroit où est cachée la drogue, puis il se calme lorsque l'animal s'éloigne.

Deux des suspects étant des employés de Cara, les policiers croient donc que la drogue sera cachée dans des conteneurs de nourriture. Ils ignorent quelle sera la quantité, mais ils s'attendent à une trentaine de kilos tout au plus. Les policiers et les douaniers fouillent tout, y compris les bagages des passagers, qui sont également soumis aux rayons X. Ils mettent l'avion sens dessus dessous, démontant même le plancher de la carlingue. Ils passent au peigne fin, deux fois plutôt qu'une, tous les conteneurs de nourriture de la compagnie Cara. Mais, après des heures de recherches, ils n'ont toujours rien. Ils commencent à croire que l'importation n'a pas eu lieu, mais Michel Fortin les encourage à continuer, car il entend toujours sur les lignes les suspects qui surveillent de près l'opération policière, notamment Ignoto, qui est sur place et qui affirme qu'il voit les «deux mariés», mais qu'il ne peut pas les atteindre. La nuit tombante mettra fin temporairement aux recherches. L'avion est sécurisé et interdit d'accès jusqu'à ce que les policiers fassent le point, le lendemain matin. Le caporal Fortin doit retourner à la maison. Il est en colère, car il craint de rater une occasion qu'il croit bien réelle.

Le 23 janvier 2005, debout avec les premiers rayons du soleil, il se rend dans la salle d'écoute, où les appels faits par les suspects durant la nuit ont été enregistrés. Certains n'ont vraisemblablement pas dormi et ont poursuivi leurs efforts pour mettre la main sur ce que les policiers n'ont toujours pas trouvé. Mais, en cette matinée qui avance, la drogue n'a peut-être pas encore quitté l'aéroport puisque Michel Fortin entend Giuseppe Torre faire des appels pour louer deux camions de type cube, l'un de 16 pieds et l'autre de 20 pieds, dans le but probable de la transporter. Il entend également un complice et associé de Torre, Ray Kanho, discuter avec un individu en République dominicaine. «Comment ça va?» demande l'inconnu. «Il y a beaucoup de stress, mais tout est OK», répond Kanho. Il a fait -25 degrés Celsius cette nuit-là et des suspects parlent également sur les lignes d'«antennes» et d'objets fraîchement achetés qui doivent rester à la chaleur. L'un d'eux ajoute, toujours en langage codé, que «papa et maman» ont été mis à l'écart.

Une des tâches d'un des suspects, Manuel Cacheiro, est de déneiger le tarmac après une tempête comme celle de la veille, et les policiers croient comprendre qu'une fois les douaniers partis, vers 2 h, les trafiquants auraient réussi à récupérer les contenants dans lesquels la drogue est dissimulée et à les cacher derrière un banc de neige, quelque part sur le tarmac. Mais, surtout, Michel Fortin entend sur l'écoute Cacheiro dire trois chiffres : 557. «Tais-toi», lui dit aussitôt Rodolfo Ignoto en lui coupant sèchement la parole. «C'est là que j'ai cliqué. J'ai appelé Mike Roussy et je lui ai demandé s'il y avait des numéros sur des conteneurs dans l'avion. Il m'a répondu oui. Je me suis exclamé : "La drogue est cachée dans deux conteneurs et l'un des numéros contient les chiffres 557"», poursuit le caporal Fortin.

Le temps presse. Les trafiquants sont peut-être en train de récupérer la drogue, peut-être même est-ce déjà fait. Le sergent Roussy, qui réside à Dorval à l'époque, appelle le sergent-détective Iannantuoni et lui demande de passer le chercher le plus vite possible. Les deux hommes se dirigent vers l'aéroport. En chemin, Roussy appelle des contacts dans le milieu du transport aérien. Dans le passé, le sergent a été affecté durant plus de quatre ans au profilage des conteneurs maritimes avec Douanes Canada, il est déjà rompu aux recherches par numéros. Il demande si le vol 951 transportait du cargo, mais on lui répond qu'il transportait seulement des passagers. Mike Roussy se gratte la tête, il se demande bien de quels conteneurs il peut bien s'agir.

Michel Fortin rappelle et insiste. Il est certain que la drogue a été dissimulée dans des conteneurs. À son arrivée à l'aéroport, Roussy appelle le gendarme de la Section des enquêtes fédérales aéroportuaires, Daniel Marquis, qui monte à bord de son véhicule et le guide sur le périmètre. Près de la barrière 82, leur camionnette passe devant une rangée de conteneurs à bagages. Mike Roussy les regarde machinalement lorsque soudain son visage s'illumine. Chaque caisse métallique a un numéro. L'enquêteur vient de comprendre. Il appelle au Centre des opérations d'Air Canada à l'aéroport Trudeau et demande s'il y avait, à bord du vol 951, des conteneurs à bagages portant des numéros. Oui, répond l'employé. Le cœur battant, Roussy lui demande s'il a une liste des numéros des conteneurs qui étaient à bord de l'appareil. Son interlocuteur répond qu'il y en avait dix et se met à les énumérer. Le sergent Roussy note fébrilement les numéros dans son calepin jusqu'à ce que son crayon s'arrête à la fin sur une série de chiffres : 557. Le préposé ajoute que deux des conteneurs sont déjà repartis sur un autre vol et que cinq des conteneurs d'Haïti seraient toujours dans le secteur de la barrière 73, où le vol 951 s'est immobilisé la veille.

Le duo redémarre en trombe vers la porte 73. Les policiers sortent du véhicule et repèrent chacun des conteneurs à bagages qui ont fait le voyage d'Haïti et qui sont maintenant dispersés dans le secteur. Roussy les raye de sa liste au fur et à mesure. À la fin de l'exercice, il en manque trois, dont celui affichant les chiffres 557. Les deux hommes remontent à bord de leur véhicule et arpentent le tarmac, sans succès. Le gendarme Marquis conduit le sergent Roussy près d'un enclos dans lequel on retrouve d'autres conteneurs à bagages. Mais l'attention de Roussy est attirée par une montagne de neige fraîchement poussée, au fond de la cour. Il s'approche, contourne le monticule et aperçoit derrière trois conteneurs. L'un d'eux porte les chiffres 557. Il est 16 h. Cela fait environ 24 heures que l'avion a atterri. Le sergent Roussy saisit son téléphone et appelle au bureau. «J'ai dit: "J'ai trouvé le 557." Les gars criaient à l'autre bout. Ce n'était pas la première saisie de conteneurs que j'avais faite dans ma vie, mais disons que celle-ci a fait du bien», se rappelle l'ex-enquêteur.

La réaction est tout autre à l'intérieur d'une camionnette de la compagnie Cara, garée discrètement à proximité. À bord, Manuel Cacheiro assiste à la découverte et hoche la tête de déception. Il appelle Rodolfo Ignoto et lui décrit en direct ce qu'il voit.

«Le gendarme Fortin m'a appelé et m'a dit que j'étais repéré. Les suspects me décrivaient sur les lignes comme un grand, avec un long manteau, près d'un véhicule de police noir. Je voyais Cacheiro à environ 25 pieds de moi. Il a dit trois chiffres de trop dans sa vie», dit Roussy.

Ignoto communiquera ensuite avec Giuseppe Torre, qui appellera à son tour Francesco Del Balso. Les deux hommes conviendront de ne pas se parler au téléphone et de se rencontrer au bar Laennec.

Les trois conteneurs, et deux autres pris au hasard pour mystifier les trafiquants qui observent les policiers, sont aussitôt transportés dans un entrepôt des douanes pour la fouille. Un maître-chien est dépêché, mais l'animal renifle les caisses métalliques sans rien déceler. Mais où est la drogue? se demandent les enquêteurs. Ceux-ci commencent par examiner le 557 et un technicien perce un trou dans la paroi supérieure. Le chien réagit. Le technicien insère une minicaméra dans le trou fraîchement percé et l'appareil révèle la présence de plusieurs petits paquets couchés, qui semblent enduits d'une matière huileuse. Roussy cogne sur la paroi du conteneur et constate que le son n'est pas celui de la tôle et est beaucoup plus sourd. Un deuxième conteneur suspect laissera ensuite échapper un son identique. Étant cachée dans le haut des conteneurs et étant couverte d'une épaisse couche de graisse pour masquer l'odeur, la drogue a échappé au redoutable odorat canin. Lorsqu'est venu le temps de libérer la drogue de la cloison, les policiers ont compris ce que les suspects voulaient dire par «antennes» et pourquoi des objets nouvellement achetés ne devaient pas rester au froid en cette température sibérienne de janvier: les «antennes» étaient en fait un nom de code pour désigner les mèches des perceuses devant servir à retirer les rivets, pour pouvoir ensuite ouvrir le double plafond du conteneur. Les objets qui ne devaient pas rester au froid étaient les batteries des perceuses qui auraient été utilisées pour ce faire.

Les douaniers libèrent un premier conteneur et découvrent 108 paquets enveloppés dans un papier transparent enduit d'huile industrielle dans deux doubles plafonds. Un test effectué dans les minutes suivantes révèle qu'il s'agit de cocaïne. Ils attaquent le deuxième conteneur et y trouvent 110 paquets semblables aux premiers. Chacun des 218 paquets pèse 1 040 grammes, soit une saisie totale d'un peu plus de 218 kilos de cocaïne. Des tests plus poussés indiqueront plus tard que la drogue était pure dans une proportion de 79 % à 83 %. La valeur de la drogue saisie s'élève à 27 millions.

Dans la tour de la police fédérale, boulevard Dorchester à Westmount, la nouvelle monte rapidement jusqu'aux bureaux de la haute direction, qui pousse un soupir de soulagement, tout comme les soldats de la base d'ailleurs. Mis à part une vingtaine de kilos de cocaïne liés à Francesco Del Balso saisis en parallèle par les enquêteurs du projet Ziploc, c'est la principale infraction démontrée depuis que l'enquête Colisée a débuté, en septembre 2002. Nous sommes maintenant en janvier 2005. «Je peux te dire que plusieurs officiers étaient contents, la pression venait de baisser», se rappelle Michel Fortin. «Après la saisie, j'ai reçu un appel d'un officier de la haute direction. Il m'a dit qu'il était temps», renchérit le sergent Roussy.

«Ce fut un moment de joie. La tension est tombée. On a vu que le travail portait fruit et qu'on allait dans la bonne direction. La découverte des 218 kilos confirmait que le groupe qu'on soupçonnait était impliqué dans les importations et le trafic de stupéfiants. Les autres projets d'importation ont commencé à prendre forme, comme si les enquêteurs avaient trouvé la clé. À partir de là, la cellule 8002 a montré le chemin et on a mis l'accent sur les stupéfiants», dit Fritzler Gaillard.

La saisie est médiatisée quatre jours plus tard. «Saisie record de coke à Dorval», titre à la une *Le Journal de Montréal*. Les autorités annoncent que ce sont les douaniers qui ont trouvé la drogue – et non pas la GRC –, que l'enquête est toujours en cours et que des arrestations sont à venir. Il s'agit de ne pas ébruiter l'existence de l'enquête Colisée. La police fédérale veut tellement garder le secret qu'elle fait même des cachotteries à d'importants partenaires. L'agence antidrogue américaine (DEA) a des agents de liaison à Montréal. Normalement, la GRC les avise de toutes les saisies importantes qu'elle réalise. Or, c'est en lisant le journal que les agents de la

DEA apprennent la saisie des 218 kilos. L'un d'eux appelle Roussy pour avoir de l'information. Le sergent répond qu'il n'est plus aux stupéfiants, mais rattaché à un projet spécial contre le crime organisé et qu'il ne peut rien lui dire. Le représentant de la DEA monte plus haut et appelle un officier. Là encore, il essuie une fin de non-recevoir.

Mais cette affaire met au jour un autre secret, celui-là au sein même de la mafia. En lisant le journal, les chefs mafiosi s'interrogent : ils attendaient 120 kilos de cocaïne, et non 218. Certains de leurs propres trafiquants ont donc, à leur insu, fait ajouter 98 kilos à la commande, vraisemblablement pour ne pas avoir à payer une taxe à l'importation imposée par les dirigeants de l'organisation.

Selon certaines sources, 120 kilos de cocaïne sur les 218 devaient aller à la mafia et les autres 98 kilos devaient être remis à un membre influent des gangs de rue de Montréal proche du chef des Rouges, Chénier Dupuy, assassiné à l'été 2012. Ce sont ces 98 kilos qui n'auraient pas été déclarés aux dirigeants de la mafia. Les enquêteurs ont fini par savoir où cette drogue devait être cachée en attendant d'être livrée et écoulée, soit chez un ami de l'un des importateurs.

Le 31 janvier 2005, une semaine après la saisie, Francesco Arcadi, Lorenzo Giordano et Francesco Del Balso convoquent les responsables de l'importation des 218 kilos au Consenza pour s'expliquer. Parmi eux, Giuseppe De Vito, un jeune mafioso ambitieux ayant la réputation de ne reculer devant rien pour parvenir à ses fins. La discussion au quartier général de la mafia est houleuse. De Vito est en colère. Les policiers comprennent en visionnant les images et en écoutant les conversations captées par leurs caméras et micros cachés que c'est lui qui aurait mis au point le système de conteneurs pour faire entrer la drogue à l'aéroport. Visiblement, De Vito considère qu'en se faisant saisir la cocaïne par la police et en se faisant prendre à importer plus de drogue que prévu, les comploteurs des 218 kilos ont « brûlé » son système d'importation de cocaïne, l'ont abusé et compromis.

Il ne croit pas si bien dire. Giuseppe De Vito n'était pas l'un des principaux sujets visés dans l'enquête Colisée. Il n'a pratiquement jamais été observé par les policiers, qui n'avaient rien contre lui. Mais, pour cette seule conversation au Consenza, il sera accusé de gangstérisme et de complot pour importation de stupéfiants. Le jour de la frappe policière du 22 novembre 2006, les enquêteurs ne le trouveront pas chez lui. Giuseppe De Vito entamera plutôt une cavale de quatre ans qui sera lourde de conséquences. C'est par ailleurs après cette convocation au Consenza que De Vito aurait été avisé de l'enquête par une taupe, croient des policiers. Nous y reviendrons.

De Vito en a voulu énormément à ceux qui l'ont compromis, mais le problème se réglera par la négociation. Deux trafiquants fautifs ont dû verser une importante pénalité financière aux chefs de l'organisation pour avoir omis de déclarer des dizaines de kilos de cocaïne dans des importations antérieures à celle du 22 janvier. Quant à Giuseppe Torre, il a été convenu, à la suite d'une intervention de son père auprès de Francesco Arcadi, qu'il rembourserait sa dette lors d'importations futures. Car il y en aura d'autres, croient les enquêteurs, qui entendent l'un des suspects dire qu'en Haïti, la « saison des bananes » se termine en mai et recommence en septembre.

Chapitre 6

« TA MARCHANDISE EST BRÛLÉE »

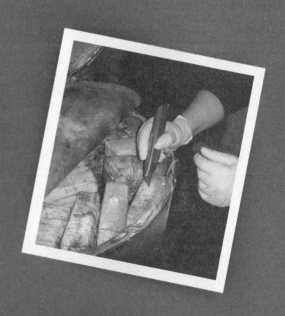

Les 300 kilos de cocaïne dissimulés dans des barils d'huile.

«Clac», fait la balle sur le bâton, avant de franchir la clôture du champ gauche. «Clac», fait le tir suivant, catapulté dans les estrades du champ droit. «Clac», fait une autre balle, parachutée au-delà des limites du champ centre. Au marbre, un jeune homme d'origine latine enchaîne les circuits à un rythme effréné.

«Je t'avais dit qu'il était bon», dit un ami d'Angelo Follano à ce dernier. Les deux sont accoudés à une clôture et n'ont rien manqué de la séance. L'Italien sourit, il voit déjà le joueur de baseball à l'essai permettre à son équipe de balle molle de remporter le championnat de sa ligue amateur. La séance d'entraînement terminée, le duo se dirige vers le jeune athlète, qui fouille dans sa boîte à lunch. À la suite d'une courte discussion, le sportif accepte de jouer pour l'équipe de Follano. Pour montrer que le marché est conclu, il lance à Follano la pomme qu'il vient de tirer de sa collation. Ils se serrent la main. En souriant, Follano croque à belles dents.

Il ne s'en doute pas, mais il y a un ver dans le fruit.

* * *

En cette fin de printemps 2005, le jeune et talentueux joueur de baseball est une taupe de la police. Dominicain d'origine, il est venu au Québec deux ans plus tôt dans l'espoir de jouer pour une équipe semi-professionnelle et de faire un peu d'argent pour faire vivre sa famille. Mais ses services n'ont pas été retenus.

Follano, lui, a été identifié par les enquêteurs de la cellule 8002 qui l'ont mis sous écoute dans le cadre de l'enquête Colisée, qui dure depuis maintenant près de deux ans. L'homme de 33 ans est soupçonné d'être un importateur de cocaïne à la solde de Lorenzo Giordano et de Francesco Del Balso. Durant l'été 2003, les enquêteurs ont secrètement fouillé un entrepôt qu'ils croyaient sous son contrôle, rue Vanden-Abeele dans l'arrondissement Saint-Laurent, et y ont saisi de la marijuana, de la cocaïne et de l'argent.

Un jour, les policiers apprennent que Follano a nolisé un avion au coût de 56 000 $ pour se rendre dans un pays du sud, et ils se demandent pourquoi leur suspect n'a pas utilisé un vol régulier. À son retour à Montréal, des douaniers l'ont fouillé et questionné, en vain.

Le présumé trafiquant est devenu très méfiant et les enquêteurs également, d'autant plus que Follano et trois autres individus ont été arrêtés un an et demi plus tôt à l'issue d'une petite enquête du SPVM. Dans un logement, rue Tillemont, les policiers avaient trouvé deux kilos de cocaïne et 30 000 $ en novembre 2003. Follano a été accusé, mais les chefs d'accusation finiront par être retirés. En 2005, lorsque les enquêteurs de la cellule 8002 commencent à écouter Follano et son groupe, ils soupçonnent qu'un projet d'importation est déjà en marche. La présence parmi les suspects d'un certain Richard Griffin, alias «Slick», laisse croire que le gang de l'Ouest, comme on l'appelait encore à l'époque, est également partie prenante au projet. Mais Follano est très prudent et rusé depuis l'épisode du vol nolisé. Les enquêteurs de la cellule 8002 ont de la difficulté à connaître ses projets et à se rapprocher de lui. Question de mettre toutes les chances de son côté, le sergent-détective Antonio Iannantuoni a émis un avis de guet informatique sur Angelo Follano, c'est-à-dire que l'enquêteur sera averti aussitôt qu'un policier, peu importe sa section, fera une recherche quelle qu'elle soit sur le présumé importateur dans les banques de données de la police.

Les semaines passent lorsqu'un jour de l'automne 2004, Iannantuoni reçoit un message d'alerte. Un enquêteur des stupéfiants de la région nord du SPVM vient d'effectuer des vérifications sur Follano. Avare de détails sur sa démarche, le sergent-détective rencontre l'enquêteur et lui demande pourquoi il a consulté le système informatique concernant Follano. Le policier répond qu'une nouvelle source a communiqué avec lui pour dénoncer les activités de présumés trafiquants qui sévissent dans le nord de la métropole et qui semblent obéir à un certain Angelo. Cette nouvelle source est fiable, dit-il, elle a déjà fourni des renseignements sur des vols qualifiés, de stupéfiants et d'armes ainsi que sur des immigrants illégaux. Jusqu'à maintenant, elle a permis la saisie de plus d'un kilo de cocaïne, de 20 grammes de crack, de 40 grammes de marijuana et de 20 000 $.

L'enquêteur Iannantuoni remet au policier des stupéfiants une «parade» de huit photos de suspects, dont celle d'Angelo Follano. Il demande à son homologue de montrer les photos à sa source pour qu'elle identifie qui est Follano parmi eux. Quelques jours plus tard, l'enquêteur revient avec la réponse : la source s'est arrêtée devant l'une des photos, celle d'Angelo Follano. Toujours très discret sur sa démarche, Iannantuoni demande à l'enquêteur de rencontrer sa source. Le conciliabule a lieu dans une chambre d'hôtel. L'enquêteur des stupéfiants présente l'inconnu au sergent-détective Iannantuoni et au gendarme René Gervais : c'est le joueur de la République dominicaine.

Ce dernier raconte en espagnol son histoire aux enquêteurs de la cellule 8002 : sa venue au Québec, son souhait de jouer dans les rangs semi-professionnels, son camp d'entraînement avec Baseball Québec puis son échec. Vivotant depuis, incapable de trouver du travail et son permis de séjour sur le point d'expirer, il a communiqué avec l'enquêteur des stupéfiants de la région nord du SPVM pour dénoncer les activités de présumés trafiquants, espérant ainsi améliorer un peu son sort. Selon lui, Angelo Follano est à la tête d'un réseau de distribution de drogue. Il possède un logement, rue Saint-Laurent, qui sert à compter l'argent et à empaqueter les kilos de cocaïne. Ces paquets de quatre ou cinq kilos sont ensuite cachés dans des portières de voitures pour être livrés. La source, qui dit avoir vu elle-même les kilos de cocaïne, affirme que Follano est constamment à la recherche de courriers pour effectuer le transport de la drogue entre Montréal et Toronto. Les propos du joueur dominicain semblent crédibles, d'autant plus qu'au mois de mars précédent, Follano a été intercepté par des patrouilleurs à Sherbrooke. Il a décliné une fausse identité et les policiers ont découvert un sac en papier brun contenant 16 000 $, principalement des coupures de 100 $, dans la Jeep Cherokee qu'il conduisait.

Tout en l'écoutant avec intérêt, le sergent-détective Iannantuoni réalise tout ce que le jeune Dominicain pourrait apporter à la cellule 8002 : «Je me suis dit : "C'est une occasion rêvée et on n'a rien à perdre. Follano, plus on s'intéresse à lui, plus on constate qu'il est maniaque de baseball. Il a son équipe et il est compétitif. Le type vient d'un autre pays, ils ne penseront jamais que c'est un agent double. Il n'est pas criminalisé et ne connaît pas le milieu. Il n'y a pas de préparation à faire, il est prêt. Je vois ça comme un plateau d'argent. Ce n'est pas comme infiltrer un autre agent pour lequel tu dois créer un historique. Lui, son histoire est déjà toute prête. Il ne parle ni français ni anglais. Ils ne verront rien venir. On va les endormir"», décrit Antonio Iannantuoni.

Après sa rencontre avec les enquêteurs de Colisée, le joueur signe un contrat probatoire d'agent source. Iannantuoni devient l'un des policiers auxquels il devra constamment se rapporter – il est ce qu'on appelle dans le milieu un contrôleur de sources. L'agent d'infiltration devra d'abord faire ses preuves et démontrer qu'il est en mesure d'approcher Follano. Ce dernier a déjà quelques joueurs d'origine dominicaine dans son équipe. C'est dans ce contexte qu'il est invité un jour à voir ce que le jeune athlète sait faire. Pour ce premier contact, l'enquêteur Iannantuoni lui conseille de ne rien faire pour provoquer la relation et de se contenter de jouer à la balle molle et de laisser Follano venir à lui, sinon il se fermera comme une huître. Pour ne pas contaminer la source et risquer qu'elle fasse une erreur, il ne lui souffle mot sur l'enquête Colisée. L'agent d'infiltration ignore que celle-ci est avancée et que Follano est sous écoute. Le Dominicain ne sait même pas quelles sont les raisons pour lesquelles la police s'intéresse à Follano. Ce dernier est à ce point conquis après avoir vu le joueur à l'essai qu'il fait réchauffer le banc à un coéquipier pour faire de la place à sa nouvelle sensation, alors que la saison est commencée.

La première étape est franchie. Il faut maintenant que la chimie s'installe entre le Dominicain et le présumé importateur de cocaïne. La deuxième étape consistera ensuite à provoquer un peu plus les choses. La GRC loue alors un logement à l'agent d'infiltration, un trois et demi à 400 $ par mois, rue Saint-Dominique près de la rue Beaubien, dans le nord de Montréal. L'endroit est stratégique, car il n'est pas très loin d'un établissement fréquenté par Follano, le bar Goodfellas, rue Saint-Zotique. L'objectif est de provoquer des rencontres. Pour des raisons de sécurité, l'agent ne sait même pas que sa cible contrôle un bar à sept coins de rue de son nouveau logement. Plus tard, la police lui achètera, au coût de 2 000 $, une vieille Chevrolet Cavalier qui ne payera pas de mine, conformément au rôle qu'on veut donner à l'agent infiltrateur.

«Je viens moi-même d'une famille d'immigrants. Il ne fallait pas lui fournir une Porsche et un penthouse! Dans ce genre d'opération d'infiltration, la police a toujours des procédures déjà établies. J'ai dit à mes patrons: "Oubliez ça, il faut casser ça. Je ne voulais pas qu'on lui donne un téléavertisseur ou un portable même si cela aurait été facile d'avoir tout ça. On lui a trouvé un logement où il y avait même des coquerelles. C'était un taudis, mais c'était parfait" », raconte Antonio Iannantuoni.

Pendant ce temps, l'agent d'infiltration multiplie les beaux jeux dans l'équipe de Follano, qui jubile sur les lignes d'écoute. Mais le trafiquant tarde à ouvrir son autre jeu – celui du trafic de drogue – à son nouveau joueur. Sur les conseils de ses contrôleurs, le Dominicain, qui porte régulièrement un dispositif d'enregistrement portatif, partage une bière ou deux avec ses coéquipiers dans les gradins après chaque partie, question de fraterniser et de gagner leur confiance. Il retourne chez lui en autobus jusqu'à ce que ses coéquipiers décident de le reconduire. Des liens se créent. Follano invite l'agent d'infiltration à jouer aux machines de vidéopoker dans son bar. Il lui offre même un portable.

Mais les choses ne vont pas assez vite au goût des enquêteurs, qui poussent un peu plus loin le scénario. Un jour, le Dominicain fait croire à Follano qu'il a besoin d'argent, qu'il doit dénicher un emploi et qu'il risque dorénavant d'arriver en retard aux parties. Cette situation fait bondir Follano, qui voit déjà son équipe perdre quelques positions au classement. Le trafiquant décide alors de payer son joueur. Le plan commence à se mettre en place, mais le piège se refermera encore un peu plus à la fin du printemps 2005.

Au début du mois de juin, l'agent d'infiltration avise ses contrôleurs que Follano lui a demandé d'effectuer un travail pour lui et de transporter « un sac de matériel ». Pour ce faire, il devra être armé, et Follano se serait engagé à lui fournir l'arme. L'agent raconte que le 10 juin, Follano l'a conduit avec un complice au Centre Rockland et leur a donné les clés d'une Mazda MPV garée dans le stationnement du centre commercial. Suivis par Follano au volant d'un autre véhicule, l'agent et le complice ont livré deux sacs de nylon noir à deux individus dans un restaurant de Sherbrooke. Un peu désemparé, ne connaissant à peu près rien du Québec et ne sachant pas où il se trouvait, l'agent a, durant le trajet, téléphoné en catimini au sergent-détective Iannantuoni à partir d'une cabine téléphonique d'une station-service en bordure de l'autoroute 10. Les policiers soupçonnent Follano d'avoir fait livrer quelques kilos de cocaïne dans la capitale de l'Estrie. Mais il ne sera pas arrêté : les enquêteurs sont satisfaits de cette première expérience et veulent porter un bien plus grand coup. Follano, qui a commencé à ouvrir son jeu, a confié à l'agent source qu'il prépare actuellement un «gros travail» et qu'il attend «beaucoup de matériel» destiné à des gens de son entourage. Les policiers soupçonnent qu'il s'agit d'une grosse importation. Ils ont capté quelques conversations en ce sens, mais Follano continue d'être très discret au téléphone. Lui et des complices se rendent régulièrement dans des cafés Internet pour échanger avec un certain Juan, un Dominicain que la police croit être un intermédiaire du pays producteur ou exportateur.

Mais, en ce début d'été 2005, trois événements viennent retarder le projet. D'abord, les discussions piétinent entre la mafia et les fournisseurs de cocaïne. Visiblement, les parties ne s'entendent pas sur une somme de 200 000 $ qui doit être envoyée et qui constituerait une avance. Cette mésentente provoque un bras de fer qui dure un certain temps entre les deux camps. Deuxièmement, un complice, soit celui qui possède le contact dans le pays exportateur, est victime d'un grave accident de la circulation, à Montréal, qui occasionne son hospitalisation. C'est alors que le neveu du blessé, un certain Domingo Lecompte, est sollicité par le groupe de Follano pour prendre la relève. Lecompte connaît le contact, et le représentant du pays exportateur lui fait confiance. De plus, il parle et écrit parfaitement l'espagnol. Le troisième incident aurait pu avoir de graves conséquences. Chaque fois que l'agent source est en compagnie des suspects, une équipe de filature est dépêchée sur les lieux en cas de problème. Un soir, après un match dans Parc-Extension, deux policiers fileurs sont assis dans leur auto banalisée, garée près du terrain de balle, lorsque Follano, qui les a repérés, ouvre la portière du véhicule des deux policiers et leur demande s'il peut les aider. Dans la même semaine, Richard Griffin et un autre complice constatent eux aussi qu'ils sont suivis. Ordre est immédiatement donné à tous les suspects de jeter leurs téléphones portables à la poubelle et de s'en procurer d'autres. Les enquêteurs de la cellule 8002 écoutaient depuis quelques semaines les conversations d'une demi-douzaine d'individus liés à Angelo Follano, qui faisaient environ 500 appels par jour. Du jour au lendemain, le nombre de conversations interceptées tombe à zéro. Le temps passe. L'automne approche. Les enquêteurs sont dans le brouillard, mais ils ne sont pas du genre à se laisser abattre.

Domingo Lecompte prend de plus en plus de place dans l'entourage de Follano. Les enquêteurs constatent qu'il assiste aux parties de balle molle du groupe, mais, surtout, qu'il se rend régulièrement dans des cafés Internet, flanqué de quelques complices. Les policiers croient que la langue aidant, il est devenu l'«outil» pour correspondre par courriel avec des représentants du pays fournisseur. La décision est alors prise de mettre l'agent source sur son chemin. Mais comment faire? Les deux hommes ne se croisent que les soirs de match et leurs conversations se limitent à quelques politesses.

Vers 9 h, un matin de filature, une occasion se présente. Les enquêteurs attendent déjà Lecompte, qui n'a pas dormi chez lui, et réalisent qu'au moment de monter à bord de son véhicule, il a oublié ses clés dans sa voiture. Il repart puis revient avec un cintre pour tenter d'ouvrir une portière. Lecompte n'y parvenant pas, le sergent-détective Antonio

Iannantuoni appelle le sergent Roussy et lui suggère d'envoyer à la rescousse l'agent source, qui habite à proximité. Le sergent approuve et l'enquêteur Iannantuoni réveille immédiatement l'agent. « Passe sur telle rue, à telle hauteur. Tu verras Lecompte qui a oublié ses clés et qui tente d'entrer dans sa voiture. Fais comme si tu passais là par hasard et offre-lui de l'aider », lui ordonne Iannantuoni.

Moins de 15 minutes plus tard, la vieille Cavalier de l'agent civil s'immobilise près de Lecompte. Surpris, ce dernier salue le joueur et monte dans sa voiture. Celui-ci conduit Lecompte chez lui récupérer son deuxième trousseau de clés et le ramène à son véhicule. La glace est maintenant brisée et le lien de confiance établi. Ils échangent leurs numéros de téléphone et deviendront amis. Ils feront même ensemble de petites magouilles sanctionnées par les enquêteurs, toujours dans le but de raffermir leur lien de confiance, de monter plus haut et de porter un plus grand coup. La relation est telle que les enquêteurs peuvent maintenant court-circuiter Follano. L'agent est en effet dorénavant branché sur celui qui échange directement avec les représentants du pays fournisseur. Lecompte l'emmène même lorsqu'il se rend dans les cafés Internet pour communiquer avec l'Amérique du Sud. Les enquêteurs aimeraient bien connaître la nature de ces échanges. C'est sur ce front qu'ils mèneront leur prochain assaut.

Durant plusieurs semaines, les suspects effectuent une rotation entre quelques cafés Internet. Mais, à l'automne 2005, ils paraissent en avoir adopté un en particulier, rue Saint-Hubert dans le nord de Montréal. Les enquêteurs observent que les suspects utilisent la plupart du temps le même ordinateur, le B-3, qui leur permet de s'asseoir dos au mur et, donc, de mener discrètement leurs communications compromettantes. Ils échangent durant une quinzaine de minutes avec «Juan» ou «Luis», en Colombie, et puis s'en vont. Immédiatement après, les techniciens de la police entrent dans le café et se branchent sur l'ordinateur pour récupérer l'échange entre les suspects, mais ils n'ont que la moitié de celui-ci.

Les enquêteurs voudraient bien intercepter la totalité des fameux courriels, mais pour ce faire, ils devront se brancher directement sur les serveurs du café Internet et, donc, impliquer le jeune propriétaire. Comment amadouer ce dernier et, surtout, comment ne pas lui faire peur en l'informant de la vraie nature des individus sur lesquels ils enquêtent, des trafiquants à la solde de la mafia montréalaise? Les policiers trouvent alors un stratagème: ils diront qu'ils enquêtent sur un réseau international de pédophiles.

«Allez-y, faites ce que vous voulez, il faut protéger la société contre ces gens-là», acquiesce le commerçant, qui, en contrepartie, recevra un dédommagement de la GRC. Le propriétaire confie la clé de son commerce aux policiers. Durant quelques nuits, les techniciens de la section spéciale I investissent le café et branchent la plupart des ordinateurs. Les policiers intercepteront ensuite des messages des suspects laissant entendre que la marchandise arrivera bientôt, mais ils sont incapables de savoir par quel chemin elle passera, ni où et quand elle arrivera. Leur inquiétude monte d'un autre cran lorsque l'agent civil finit par dire, au début du mois de novembre, qu'un complice lui a confié que la drogue était arrivée à Montréal.

Les enquêteurs de la cellule 8002 sont persuadés que des kilos de cocaïne sont arrivés dans un ou des conteneurs d'un bateau amarré dans le port de Montréal ou dans un autre grand port canadien. Des jours durant, le sergent Roussy, un expert dans ce genre d'importations, épluche les registres de tout ce qui arrive par bateau ou par train à Montréal, à Halifax et à Vancouver. Il multiplie les contacts avec les douaniers et les policiers du CN, qui sont aux aguets dans les gares de triage et examinent les conteneurs. En vain, Roussy envoie ses enquêteurs à plusieurs reprises dans la gare de triage Taschereau du CN, où sont entreposés les conteneurs, dans les bureaux du Canadien Pacifique ou dans ceux de la Mediterranean Shipping Company, à Montréal, pour scruter des documents. Au moins une fois, à sa demande, les douaniers déplacent un conteneur dans leur entrepôt secret de la métropole pour le fouiller, sans résultat. Durant cette longue période de recherches aussi intenses qu'ardues, le patron de la cellule 8002 appelle tellement souvent la compagnie de transport de conteneurs Maersk qu'il finit par développer une relation amicale avec le directeur des opérations. «Je me souviens que je ne tombais jamais sur sa boîte vocale et qu'il répondait toujours au téléphone. J'étais impressionné. Il me répondait que c'était son travail», se souvient Roussy.

Les policiers commencent à être désespérés et craignent qu'après des mois d'efforts, les kilos de cocaïne leur passent sous le nez. Contrairement aux enquêteurs, Follano, lui, semble au-dessus de ses affaires. Fidèle à lui-même, il ne dit rien de compromettant au téléphone et c'est une question de jours avant que ses hommes mettent la main sur la précieuse cargaison. Il vaque à ses occupations, sourire en coin, se demandant sûrement ce qu'il fera avec tout l'argent qu'il touchera bientôt. Il se dit peut-être qu'il a gagné et que les policiers le surveillant ont perdu.

Le présumé importateur déambule tranquillement dans la Petite Italie lorsque la sonnerie de son portable retentit.

— Allo, répond Follano.

— *La vostra merce è bruciata*, dit une voix, en italien.

— Quoi ? demande Follano, surpris.

— Ta marchandise est brûlée, répète la voix en français.

— Qui… qui parle ? bafouille le suspect.

Le mystérieux interlocuteur raccroche.

Au même moment, dans son bureau de L'Île-des-Sœurs, Michel Fortin écoute la conversation de Follano. Bouche bée, il laisse tomber le cure-dents qu'il mâchouille depuis une bonne demi-heure. Les enquêteurs de la cellule 8002 sont subjugués. Qui vient d'appeler Follano ? Un troisième joueur, inconnu jusqu'ici, était-il au courant de l'importation et veut-il couper l'herbe sous les pieds de Follano et de son groupe ? se questionnent les policiers.

Il n'en est rien. Sans aviser ses collègues ni même le sergent Roussy, Antonio Iannantuoni a appelé Follano directement sur son portable. « Nous étions découragés. Je ne l'ai pas dit à Mike, mais je savais qu'il allait m'appuyer dans ma démarche. Il n'y avait plus une minute à perdre. Le but était que les trafiquants hésitent à récupérer la marchandise et qu'on gagne du temps. C'est exactement ce qui est arrivé », dit l'ancien sergent-détective. Après ce mystérieux coup de fil, les suspects sont en effet paralysés, ils se demandent si l'appel a été fait par la police. Il n'est plus question de bouger et plus rien ne se passe sur les lignes d'écoute durant au moins une semaine. Angelo Follano sait qu'il est filé. Il défie les policiers qui le poursuivent en effectuant des virages en U dans les zones interdites ou en roulant à la vitesse minimale permise sur les autoroutes.

Mais, entre-temps, les enquêteurs de la cellule 8002 reçoivent les transcriptions des derniers échanges par courriel entre les fournisseurs de la cocaïne et les suspects, qui tentent toujours d'obtenir les documents leur permettant de récupérer la cargaison. Les transcriptions donnent certains indices aux enquêteurs. Il est notamment écrit que la drogue arrivera sur une palette sur laquelle un cercle noir a été tracé. Les suspects font également référence aux « compagnies M et O ».

Lors d'une conversation enregistrée avec l'agent civil, un complice s'est échappé et a mentionné que les Américains avaient inspecté la marchandise, sans rien repérer. Les enquêteurs de la cellule 8002 apprennent dans cette même discussion que la drogue est arrivée le 3 novembre. Ils savent qu'elle n'a toujours pas été réclamée et qu'elle se trouve donc dans une cour de triage depuis plusieurs jours. C'est sur cette piste qu'ils vont concentrer leurs efforts. Les enquêteurs savent que la cocaïne provient d'Amérique du Sud et ils réalisent que les navires de la compagnie Maersk se rendent dans cette partie du monde. La « compagnie M » signifie peut-être Maersk, après tout ? Le sergent Roussy ne fait ni une ni deux et appelle son nouvel « ami » chez l'entreprise de transport de conteneurs.

— Avez-vous de la marchandise que vous avez transportée, arrivée vraisemblablement des États-Unis le 3 novembre, pour laquelle on n'a toujours pas payé les frais d'entreposage et qui ne vous a pas encore été réclamée ? demande-t-il.

Roussy entend les doigts de son interlocuteur courir sur le clavier de son ordinateur. Quelques secondes s'écoulent.

— Oui, répond finalement le chef des opérations de Maersk.

— Quelle est la marchandise ? demande Roussy.

L'employé de Maersk consulte le registre.

— C'est de l'huile 10W30, réplique-t-il.

— Quel est le destinataire ? demande encore le sergent.

— La compagnie Olco, répond le représentant de la compagnie.

Le sergent Roussy vient de comprendre. Les mots « compagnie O » dans les courriels des trafiquants signifient Olco. La compagnie de Montréal a importé 216 barils d'huile. La marchandise, disposée dans deux conteneurs, a quitté le port de La Guaira, au Venezuela, sur le bateau Maersk Rio Grande le 7 octobre. Mais, plutôt que d'arriver directement au Canada, la cargaison a été déchargée au port de Newark, au New Jersey, où les douaniers ont irradié les barils sans rien déceler d'anormal. La marchandise a ensuite été chargée à bord de camions semi-remorque et a franchi la frontière canadienne par la route. C'est pour cette raison que les enquêteurs, qui privilégiaient la piste du bateau ou du train, ne trouvaient rien.

Roussy demande à son interlocuteur si la marchandise est toujours sur place. Le chef des opérations fait un appel sur une autre ligne pour joindre un employé de la compagnie. Fébrile, le sergent entend les deux hommes se parler. « Oui, lui dit son contact. Les conteneurs sont dans la cour d'une compagnie de transport de conteneurs à Boucherville. » La marchandise est arrivée depuis deux semaines. Nous sommes le vendredi 18 novembre, en pleine heure de pointe. Le patron de la cellule 8002 remercie son interlocuteur et raccroche. Il joint aussitôt deux nouveaux enquêteurs dans l'équipe occupés à surveiller une douanière soupçonnée de corruption. «Lâchez votre surveillance et rendez-vous chemin Du Tremblay, à Boucherville. Une fois rendus, gelez la place, ça presse», ordonne le sous-officier.

«C'est mon ancien territoire de patrouille», répond l'un des nouveaux enquêteurs, un policier de la SQ prêté à la cellule 8002. «Bon alors, n'y va pas vite, vas-y très vite», rétorque le sergent Roussy. Le chauffeur et son partenaire vident le contenu de leur gobelet de café et se lancent aussitôt dans le trafic du pont Champlain. Ils arriveront sur place... huit minutes plus tard!

Lorsque les deux policiers arrivent dans la cour de la compagnie de transport, ils sont confrontés à la boue, au froid et à des centaines de conteneurs. Ils auraient bien aimé avoir le genre de plans que les frères Matticks (autrefois les chefs du Gang de l'ouest) possédaient à une certaine époque, mais ils finissent tout de même par trouver les deux conteneurs suspects de 40 pieds portant les numéros INBU5121874 et MSKU6487247.

Il est passé 17 h, tous les bureaux sont fermés. Roussy communique avec le patron d'une compagnie de transport de conteneurs qu'il connaît bien, et celui-ci accepte d'envoyer des chauffeurs pour déplacer les deux monstres dans un entrepôt de l'Agence des services frontaliers, dans l'est de Montréal, où ils seront vidés et la marchandise inspectée. Mais, le surintendant de l'Agence se fait tirer l'oreille. Il n'est pas convaincu que les conteneurs renferment de la marchandise illicite et hésite à rappeler des agents en heures supplémentaires un vendredi soir pour une opération d'inspection qui durera des heures. Selon la procédure établie, les douaniers doivent en effet examiner les palettes l'une après l'autre, c'est-à-dire inspecter d'abord la marchandise que contient la plate-forme qui vient d'être extraite du conteneur avant de passer à la prochaine. Bref, ils ne videront pas les deux conteneurs d'un coup pour s'attaquer directement à la palette marquée d'un cercle. Le sergent Roussy se rend dans l'entrepôt et argumente avec les responsables de l'Agence. Ceux-ci ne veulent rien entendre mais, durant la conversation, l'un d'eux demande si c'est la première fois qu'une telle route est utilisée lors d'une importation de drogue. Les policiers répondent que oui. Puisque les douaniers sont toujours très à l'affût des nouveaux trajets potentiels d'importation de drogue, le responsable accepte finalement de faire entrer une équipe pour procéder à la fouille.

La soirée est déjà avancée lorsque les monte-charges commencent à s'activer dans l'entrepôt. Les palettes sont sorties des conteneurs l'une après l'autre. Chaque baril est retiré, examiné et photographié. L'opération est interminable et fastidieuse pour les enquêteurs chez qui l'excitation des dernières heures fait maintenant place à la fatigue accumulée. Des policiers, dont le sergent Roussy, s'assoupissent sur les piles de boîtes de carton entreposées dans un coin. Vers 7 h du matin, les policiers sont réveillés : les douaniers viennent de sortir la dernière palette qui était au fond d'un conteneur et sur laquelle un cercle noir est tracé. L'excitation revient. Roussy suit le monte-charge jusqu'à l'endroit où la palette sera examinée. Trois barils projettent une image différente des quelque 200 autres examinés auparavant et sont séparés des autres. Enquêteurs et douaniers s'attroupent autour de ces trois barils.

« Les barils réglementaires avaient sur leur dessus un bouchon que tu peux normalement ouvrir avec un outil spécial. Mais, sur les barils suspects, il y avait des bouchons factices, impossibles à ouvrir. Les techniciens ont utilisé une petite scie pour ouvrir les barils. Je me souviens des flammèches que cela faisait. Lorsqu'ils ont eu fini de faire le tour du premier couvercle, ils l'ont soulevé », décrit Roussy.

« Le couvercle et la paroi complète du baril étaient recouverts d'une couche de plomb pour déjouer les appareils de détection. Les douaniers ont retiré le plomb sous le couvercle et c'est là qu'on a vu les kilos recouverts de goudron pour éliminer l'odeur et déjouer les chiens renifleurs. Chaque kilo était entouré de ruban gommé et emballé dans une espèce de ballon imperméable à l'eau », ajoute l'enquêteur Iannantuoni.

Pendant que les douaniers jubilent, les enquêteurs de la cellule 8002, soulagés et satisfaits, immortalisent ce moment en prenant des photos. Les policiers comptent les paquets et n'en reviennent pas. Les barils contiennent 300 kilos de cocaïne dont la pureté varie entre 71 % et 80 %, révéleront des tests. La drogue, évaluée à plusieurs millions par la GRC, est saisie. Les trois barils et leur contenu sont saisis par les enquêteurs. Tous les autres sont replacés dans les conteneurs qui sont à leur tour rapportés dans la cour de la compagnie de Boucherville, comme si rien ne s'était passé. Un avis de guet est lancé pour identifier quiconque viendra récupérer les conteneurs. La saisie n'est pas médiatisée immédiatement, encore une fois pour provoquer des réactions parmi les trafiquants.

Et ces réactions ne tarderont pas à venir. Le soir du 25 novembre, les policiers observent Lorenzo Giordano, Angelo Follano, Richard Griffin, Domingo Lecompte et d'autres individus dans un café Internet de l'avenue du Parc. On peut penser que les suspects ont échangé avec un intermédiaire ou un représentant du pays fournisseur avec lequel les relations, qui étaient déjà difficiles, s'envenimeront davantage, car les deux camps s'accuseront mutuellement. En cas de transaction avortée, les cartels ont l'habitude d'exiger une preuve de saisie, tel un communiqué de la police ou un article de journal, et des garanties – parfois mêmes humaines – en demandant que des membres de l'organisation cliente se rendent dans leur pays jusqu'à ce que le litige soit résolu.

Le lendemain, les policiers entendent Del Balso dire au téléphone à Angelo Follano que son groupe est en train de le rendre fou. Vers midi le même jour, les enquêteurs entendent Lorenzo Giordano affirmer que «des individus ont investi 1,5 million de dollars», que lui en a investi 800 000 et qu'«ils sont ruinés».

Durant l'après-midi du 29 novembre, deux des principaux lieutenants de la mafia, Francesco Arcadi et Rocco Sollecito, discutent de la disparition des barils avec Francesco Del Balso et Giuseppe Torre au bar Laennec. Durant la conversation, Del Balso dit qu'un Colombien menace une tierce personne. Arcadi dit croire que la police pourrait être derrière la disparition des barils.

L'après-midi du 1er décembre, une rencontre au sommet a lieu au quartier général du Consenza entre cinq des principaux chefs – le patriarche Nicolo Rizzuto, Francesco Arcadi, Rocco Sollecito, Lorenzo Giordano et Francesco Del Balso. Durant la discussion, Giordano répète qu'ils sont ruinés et menace de «prendre quelques gars et de se rendre là-bas après Noël», «là-bas» étant vraisemblablement le pays du cartel fournisseur.

Le litige dure encore le 28 janvier 2006 : au téléphone, «Luis», de la Colombie, blâme la mafia montréalaise tandis que Domingo Lecompte lui répond que son organisation ne peut avoir volé l'argent qu'elle a investi. Puisque la tension continue de monter et pour éviter que le conflit se transforme en bain de sang, la GRC, après avoir obtenu les réactions qu'elle espérait, annonce publiquement le 27 mars 2006, soit plus de quatre mois après l'événement, la saisie des 300 kilos de cocaïne. Toujours pour ne pas compromettre l'enquête Colisée, la police fédérale indique que c'est l'Agence des services frontaliers du Canada qui a découvert la drogue dans des barils d'huile le 19 novembre précédent, après avoir reçu des informations des autorités américaines. La mafia et le cartel ont enfin des réponses à leurs questions. Des coupures de journaux annonçant la saisie auraient ensuite été envoyées dans le pays fournisseur pour prouver les faits. Les organisations criminelles auraient assumé chacune une partie des pertes.

Les choses se calment, mais pas pour tous.

Au beau milieu de la nuit, à 2 h 30 le 12 juillet 2006, Richard Griffin sera la cible d'une quarantaine de projectiles tirés d'un pistolet mitrailleur de type UZI alors qu'il était sur son terrain, près de sa résidence, rue de Terrebonne dans le quartier Notre-Dame-de-Grâce. En plus d'avoir été l'un des investisseurs de l'importation des 300 kilos de cocaïne saisis par la police, il est celui qui a insisté pour utiliser la route du port américain de Newark et il l'a payé de sa vie, croient les enquêteurs. Le fait que Griffin se serait également mêlé de la dette de 800 000 $ des paris sportifs de Frank Faustini aurait également pesé dans la balance.

Les policiers croient que Griffin aurait eu un contact chez la compagnie Olco et que la chose aurait été impossible sans cette carte dans son jeu, en raison de la difficulté à importer une telle quantité. Après une quarantaine à Boucherville, les deux conteneurs devaient être livrés chez Olco, mais les enquêteurs de la cellule 8002 soupçonnaient que Griffin avait prévu envoyer des barils contenant de la cocaïne dans l'entrepôt de l'un de ses associés, sur Côte-de-Liesse. Alors qu'ils surveilleront les trois barils, ce serait effectivement un homme de Griffin qui tentera de récupérer la drogue. Les enquêteurs de la cellule 8002 pousseront plus loin leur investigation. L'un d'eux, à l'allure un peu latino et parlant parfaitement espagnol, se fera passer pour un colonel du Venezuela venu à Montréal pour enquêter sur cette affaire. Une rencontre sera organisée avec un suspect. Le faux colonel, vêtu en civil, sera même aussi flanqué d'un faux traducteur pour rendre la chose encore plus réelle. Mais les policiers manqueront de temps et ce nouveau volet d'enquête n'ira pas plus loin.

L'agent civil d'infiltration joueur de baseball sera pour sa part renvoyé dans son pays, la République dominicaine, sous un faux prétexte, pour une question de sécurité et pour soulager ses contrôleurs qui commençaient à s'arracher les cheveux afin de protéger sa double vie.

Même s'il a été question que ces 300 kilos aient fait partie d'un complot d'importation beaucoup plus important de 1 300 kilos, des enquêteurs doutent que les conspirateurs se soient risqués à une telle quantité de cocaïne en raison des coûts de l'opération et des importantes pertes financières encourues en cas de saisie.

Les membres de la cellule 8002 concluent que le complot pour l'importation des 300 kilos s'est fait à l'insu des patrons de la compagnie Olco, qu'ils ont rencontrés après la saisie. En examinant les registres du groupe pétrolier, les policiers ont constaté que la compagnie avait importé de l'huile par la même route dans le passé et ils n'excluent pas que les suspects aient utilisé le même stratagème pour faire entrer la cocaïne au pays. Pour le moment, ils doivent terminer leur enquête et ils préfèrent regarder devant plutôt que derrière.

Chapitre 7

SUR LE PREMIER TRIO

Ray Kanho (en noir) devant le bar Steve.

— Cheveux trempes, viens *icitte* !

Penché sur ses documents, Simon Godbout relève la tête et se tourne, grimaçant et affichant un regard interrogateur, vers son collègue Alain Ouellette pour s'assurer que c'est bel et bien à lui que le sergent Roussy s'adresse.

Simon Godbout, 27 ans, s'est joint à la cellule 8002 il y a quelques jours à peine. Le policier, qui arrive de l'Escouade régionale mixte (ERM) de la SQ, vient de mettre un terme à une enquête contre les motards qui n'a jamais abouti. En ce mois de juin 2005, il croyait bien pouvoir bénéficier de quelques semaines de vacances durant l'été, mais son patron, Louis Vincent, l'a fait venir dans son bureau pour lui faire une offre, le genre de proposition qu'un jeune enquêteur, amateur de sensations fortes, ne peut pas refuser.

— J'ai reçu une demande de la GRC. Ils sont en fin d'enquête contre les Italiens. Ils enquêtent sur plusieurs projets d'importation de cocaïne et ils sont en phase de saisies de drogue et de biens avant la frappe. Ils ont besoin de quelqu'un pour le dernier blitz. Tu en aurais pour deux ou trois mois, ça t'intéresse ? demande Louis Vincent.

Godbout répond par l'affirmative. Mais, en ce matin du début de l'été, dans les bureaux de la cellule 8002 sur L'Île-des-Sœurs, il n'est pas encore certain d'avoir pris la bonne décision. On lui a dit de s'asseoir « là ». Et, depuis, il se tourne les pouces et observe la trotteuse de l'horloge accrochée au mur. Il ne connaît personne sauf Alain Ouellette, un policier de la GRC qui a passé plusieurs années à l'ERM. Ils ont des affinités et deviendront partenaires. En attendant, les locaux sont pratiquement déserts. La plupart des autres enquêteurs sont sur la route, aux trousses des mafiosi. À la SQ, on a toujours encouragé Simon Godbout à vivre ce qui se fait dans les autres organisations policières. Mais on lui a également dit que s'il n'était pas heureux là où on l'avait envoyé, il n'avait qu'à en faire la demande et il serait rapatrié. C'est une loi non écrite. Mais le jeune policier n'en est pas rendu là. Pour connaître les détails de l'enquête, il veut lire les affidavits et les demande à son chef d'équipe, Mike Roussy.

Le visage de son nouveau patron est le premier qu'il a vu en arrivant à la GRC. Roussy n'a pas été très chaleureux avec lui, tout comme avec d'autres recrues d'ailleurs. Depuis que l'enquête Colisée a commencé, il y a maintenant presque quatre ans, plusieurs enquêteurs n'y ont fait qu'un petit tour et puis s'en sont allés. Ce n'était pas la faute du sergent Roussy, mais ces passages éphémères l'ont rendu un peu bougon à l'égard des nouveaux visages. Il aime que les enquêteurs qui arrivent finissent ce qu'ils ont commencé. Il y a toujours aussi, même si la police ne l'avouera jamais officiellement, ce petit fond de méfiance entre enquêteurs de la GRC, de la SQ et du SPVM. Un nouveau policier qui arrive dans une équipe d'enquête mixte est souvent regardé un peu de travers, les anciens se demandant s'il sera bon. Les corps policiers s'échangent parfois des problèmes. Si les nouveaux sont « des gars de troisième ou de quatrième trio », comme le dit Simon Godbout, on leur donne « des tâches de troisième et de quatrième trio – et c'est correct », poursuit-il. Mais Roussy a peut-être trop vu passer de ces plombiers. Il espère que ce n'est pas le cas du jeune nouveau.

Simon Godbout a l'habitude de mettre du gel dans ses longs cheveux qui lui tombent jusqu'aux épaules et de les peigner vers l'arrière, d'où le surnom de « cheveux trempes » que lui a donné Roussy au début. Ce matin-là, le sergent le fait donc venir dans son bureau pour lui donner sa première affectation.

Lorsque le policier de la SQ plonge dans l'enquête Colisée, « ça roule en *tabarouette* », comme il dit. La cellule 8002 a terminé son volet sur les paris sportifs et effectué la saisie des 218 kilos de cocaïne à l'aéroport Trudeau, mais n'a pas encore mis la main sur les 300 kilos. La cellule 8002 mène de front des enquêtes sur plusieurs projets d'importation de cocaïne, dont la porte d'entrée est, dans plusieurs cas, l'aéroport. Les trafiquants Giuseppe Torre et son groupe d'employés n'ont pas été échaudés par la perte des 218 kilos cachés dans des conteneurs à bagages, au mois de janvier précédent. Ils tentent encore le diable, mais, surtout, ils essaient de se « refaire ».

Des semaines se sont écoulées et un associé de Torre, Ray Kanho, est devenu une autre cible importante des enquêteurs. En fait, Kanho est plus qu'un associé de Torre, c'est un ami qui habite à quelques pas de celui-ci dans une somptueuse maison, rue de l'Empereur à Laval. Canadien d'origine libanaise, Kanho est, à seulement 29 ans, l'un des rares non-Italiens, du moins à cette époque, à frayer avec les hauts gradés de la mafia montréalaise. La raison en est simple : il a des contacts dans des pays fournisseurs de cocaïne, le Venezuela, la Colombie, la République dominicaine, la Jamaïque et même l'Inde. Il est également entouré d'individus liés aux gangs de rue d'origine haïtienne avec lesquels il parle même en créole. Véritable chef d'orchestre, Kanho est impliqué dans plusieurs importations à la fois, des grosses comme des petites. Ces dernières, généralement en provenance d'Haïti, se font surtout par des « mules », c'est-à-dire des voyageurs au-dessus de tout soupçon auxquels on confie quelques kilos qu'ils dissimulent sur eux ou dans leurs bagages. Mais, pour la mafia, Kanho est capable du meilleur comme du pire. L'affaire des 218 kilos a permis aux chefs d'apprendre qu'il leur avait caché quelques importations dans le passé, et il a été obligé de rembourser plus de 100 000 $ en taxes impayées à l'organisation.

À l'été 2005, la cellule 8002 est également au plus fort de son enquête sur l'importation des 300 kilos dissimulés dans des barils d'huile. La première affectation qui sera donnée à Simon Godbout sera de se joindre aux enquêteurs qui surveillent et contrôlent le joueur de baseball et agent source, une mission qui se déroulera sans histoire. À la SQ, le jeune policier a fait deux ans de filature et ses nouveaux collègues remarquent rapidement en lui certaines aptitudes dans ce domaine. Le moment est propice pour le démontrer. Durant l'été 2005, il se trame tellement de complots à la fois que les enquêteurs de la cellule 8002 enfilent leurs jeans et mettent sur pied leur propre équipe de filature. Plutôt que de suivre systématiquement les sujets et de courir le risque d'être «brûlés», ils ne couvrent plus que les rencontres entre suspects. À l'écoute, le caporal Fortin est à l'affût des rendez-vous organisés par les trafiquants, prend en note l'heure et le lieu et transmet les informations à ses collègues, qui se chargeront du reste sur le terrain. Simon Godbout est du groupe, son éternelle caméra vidéo à la main.

«La filature, oui, ça se fait en voiture, mais si tu veux *scorer* et que ça fasse mal, il faut que tu sortes du char. Si les cibles, par exemple, entrent dans un restaurant et que tu les vois entrer à partir de ta voiture, c'est correct, mais si tu ne pousses pas plus loin, tu vas passer quatre heures dans la boîte lors du procès pour dire qu'ils sont entrés dans le restaurant. Mais si tu leur mets une vidéo dans la face, tu n'auras pas besoin de témoigner. C'est la façon dont j'ai été élevé à la filature: toujours avoir avec soi une caméra», explique le policier, aujourd'hui dans une section d'enquête à l'extérieur de Montréal.

Un soir du début du mois de septembre, alors qu'il met en pratique l'enseignement reçu et l'expérience acquise sur le tas, Godbout entre à la cellule 8002 par la grande porte. Depuis quelques semaines, les policiers observent dans l'entourage de Torre et de Kanho une certaine Marilyn Béliveau. Cette dernière, une amie d'enfance de Kanho, est douanière et travaille dans les bureaux de l'Agence des services frontaliers au 400, place D'Youville, à Montréal. Outre répondre aux clients au comptoir, la femme de 25 ans a également comme tâches d'examiner des documents d'expédition, de fouiller la marchandise en attente dans différents entrepôts et de donner, ou non, le feu vert à ladite marchandise. C'est peut-être ce dernier aspect qui pousse les trafiquants à courtiser la jeune douanière un peu naïve et fragile. Torre et Kanho sont en effet soupçonnés de vouloir importer de l'Inde une importante quantité d'éphédrine, un produit servant à la fabrication de la méthamphétamine.

Sur les lignes d'écoute, Michel Fortin entend que Torre et Kanho se rendent rencontrer la douanière chez les parents de cette dernière, dans l'est de Montréal. Simon Godbout est dépêché d'avance sur les lieux et attend. Soudain, son attention se porte sur les phares d'un rutilant VUS qui se gare à proximité. Deux hommes en sortent : l'un, baraqué, portant une casquette et un autre, plus petit. Le policier reconnaît Ray Kanho et Giuseppe Torre. Il sort discrètement de sa voiture banalisée et marche tranquillement vers la devanture de la maison, où Marilyn Béliveau a rejoint les deux hommes. Le trio discute à l'extérieur durant une dizaine de minutes. Tapi derrière une haie de cèdres, à une vingtaine de pieds, Simon Godbout ne rate rien de la scène. Il ne peut entendre la discussion, mais la caméra capte le son régulier de sa respiration. Sa mission accomplie, le policier revient au bureau et projette les images. On voit clairement les deux hommes et la douanière, qui rencontrait Torre pour la première fois. Impressionnés par son audace, ses collègues le tapent sur l'épaule. Devant la porte de son bureau, le sergent Roussy affiche un premier sourire : entre les deux policiers vient de s'établir un respect devenu avec les années une amitié qui dure encore aujourd'hui. Dorénavant, ce ne sera plus « cheveux trempes », mais Simon. « Ce soir-là, il a gagné mon respect. J'ai toujours pensé qu'une image valait plus que mille mots. À la filature, il prenait de bonnes photos. En revenant avec cette vidéo, il a démontré qu'il était le gars à qui tu pouvais demander quelque chose. Il est devenu une ressource inestimable », dit aujourd'hui Roussy.

Le sergent-détective Godbout filmera au moins une autre fois la douanière au bar Steve, rue Jarry, que les enquêteurs considèrent à l'époque comme le quartier général de Torre et de Kanho. Au moins deux fois par semaine, les enquêteurs s'y rendront pour épier des rencontres entre les suspects. Mais il n'est pas facile de se garer et de surveiller l'endroit sans se faire repérer. Après y être allé à quelques reprises, Godbout remarque un édifice à condos en construction en bordure de l'autoroute Métropolitaine et décide d'en faire son « poste d'observation ». Les fondations et le squelette de l'édifice viennent d'être coulés et tout est ouvert. Il est facile pour l'enquêteur, en ce premier soir d'observation à cet endroit, d'entrer sur le chantier, de monter les escaliers et d'atteindre le toit, un balcon ou une fenêtre des étages supérieurs, avec vue en plongée directement sur la façade du bar où les suspects sortent régulièrement pour fumer une cigarette et discuter. Ceux-ci ne peuvent voir le policier à l'endroit où il est. Le zoom de la caméra de Godbout permet des plans étonnamment rapprochés. Le policier n'entend évidemment pas les conversations, mais il décrit ce qu'il voit à ses collègues, qui se demandent bien où il peut être juché.

Les semaines passent. Les feuilles des arbres tombent pendant que les « feuilles » de gypse commencent à habiller les murs de l'édifice en construction. Des appartements sont peu à peu habités, et la porte principale de l'immeuble est maintenant verrouillée. Rien n'arrête l'enquêteur Godbout, qui arrive avec une camionnette, la gare près d'un mur de l'édifice, monte sur le toit du véhicule, s'agrippe aux barreaux d'un balcon et vérifie une première porte-patio. Celle-ci est bloquée. Il s'accroche à un autre balcon et s'y hisse encore : cette fois, la porte est désarmée, et il peut entrer pour effectuer sa surveillance de la fenêtre d'un appartement, bien au chaud. Lorsque l'observation se fait de jour et que le chantier grouille de travailleurs, le policier a toutes les apparences d'un inspecteur de la CSST pour les ouvriers qui le croisent dans les escaliers. Une autre fois, alors qu'il sait qu'une rencontre entre des suspects ne durera que quelques minutes devant le bar Steve, il peut frapper à la porte d'un propriétaire et se faire passer pour un inspecteur d'Hydro-Québec même si, l'admet-il un peu gêné, les policiers sont les premiers à conseiller aux citoyens de ne pas ouvrir leurs portes à des inconnus.

Au cours d'une de ses observations du bar Steve, Simon Godbout parvient à filmer, à travers le pare-brise de la voiture d'un suspect garée devant l'établissement, une carte de Douanes Canada maladroitement dissimulée entre des revues. Les policiers soupçonnent que cette carte a été fournie au groupe de Ray Kanho par une autre agente corrompue de l'Agence des services frontaliers, Nancy Cedeno. La douanière de 30 ans travaille à l'aéroport Trudeau. Elle a été formellement identifiée par les enquêteurs auparavant à l'aéroport même alors que Godbout, déguisé en vacancier portant bermudas et sandales, a demandé à une jeune femme choisie au hasard de poser pour lui sous prétexte qu'il avait quelque chose à filmer. En réalité, il voulait photographier la douanière qui rencontrait un suspect, en arrière-plan. « Il faut juste que tu sois convaincant et que tu fasses ça vite. Les gens n'ont pas le temps de réfléchir », explique simplement le policier.

La carte que ce dernier a filmée sur le tableau de bord de la voiture est une déclaration douanière de type E311, que les voyageurs remettent aux agents des services frontaliers lors de leur retour au pays. La douanière est soupçonnée de pré-estampiller les cartes de façon à ce que les voyageurs acoquinés avec les trafiquants ne soient pas fouillés à leur arrivée à Montréal. Dans ce cas-ci, la carte doit servir pour une importation de neuf kilos de cocaïne qui seront cachés dans les bagages d'un jeune homme revenant d'Haïti. Les suspects avaient reçu une première carte plus tôt à la fin de l'été, mais le temps a passé et la carte est devenue périmée. Les trafiquants ont alors multiplié les démarches pour s'en procurer une deuxième auprès de la douanière. C'est dans ce contexte que Godbout et les enquêteurs de la cellule 8002 ont pu reconstituer cette affaire. La nouvelle carte sera apportée d'urgence à Ray Kanho, qui la remettra à des courriers qui prendront l'autobus jusqu'à Newark, au New Jersey, et s'envoleront vers Port-au-Prince pour finalement la donner à une « mule » qui reviendra avec la drogue. Cette mule et deux autres complices doivent revenir avec les neuf kilos de cocaïne à Montréal le mardi 27 septembre. Quelques jours auparavant, le sergent Roussy demande à Simon Godbout et à deux de ses collègues de se rendre en Haïti et de revenir sur le même vol que les suspects.

— Mike, es-tu bien certain? Je viens de magasiner les billets et il reste juste des places en première classe. C'est presque 4 000 $ chaque billet et…

Le sergent-détective Godbout n'a pas le temps de finir sa phrase. Le patron de la cellule 8002 cesse de lire le document qui repose sur son bureau, lève les yeux et dirige vers le policier un regard qui en dit long.

— OK, j'achète les billets, dit Simon Godbout, qui n'en revient toujours pas, dix ans plus tard, des moyens mis à la disposition des enquêteurs.

Une fois à Port-au-Prince, lui et ses collègues embarquent dans l'avion dans lequel s'apprêtent aussi à monter les suspects. Les enquêteurs montrent leurs plaques à l'équipage, obtiennent les numéros des sièges des trois voyageurs et s'assoient à proximité de façon à entendre leurs conversations. Un passager s'arrête soudainement devant l'enquêteur Godbout et lui dit qu'il occupe son siège. Le passager sera emmené en première classe par un agent de bord de mèche avec les policiers, qui prétextera une erreur de billets et se confondra en excuses.

L'heure du décollage approche. Les trois suspects ne se sont toujours pas présentés dans l'appareil, et les policiers commencent à se poser des questions. Un premier suspect se présente enfin, l'air inquiet. Puis un deuxième, en pleurs. Le troisième suspect n'est toujours pas arrivé lorsque l'avion décolle. Les enquêteurs s'interrogent davantage. Juste avant l'atterrissage, Godbout communique avec le bureau et on lui apprend que les neuf kilos ont été saisis par la police haïtienne et que le troisième passager a été arrêté sur place. Diplomatie oblige, les autorités haïtiennes avaient été avisées du complot d'importation et de la présence de policiers canadiens sur leur territoire. Visiblement, elles ont décidé d'agir sans le dire à leurs collègues canadiens. Les enquêteurs de la cellule 8002 auraient préféré mettre eux-mêmes la main sur la marchandise convoitée, mais ce revirement de situation aura tout de même un bon côté : les trafiquants mettront le blâme sur la police haïtienne et l'existence de Colisée sera encore une fois protégée.

Huit mois plus tard, les enquêteurs retourneront en Haïti dans le but de récupérer au moins une partie des neuf kilos pour étayer leur preuve. La remise sera digne d'un film de Quentin Tarantino. «Les importations de cocaïne, autant c'est planifié, autant c'est désorganisé. Dans 90% des fois, ça ne se passe pas comme prévu», dit l'enquêteur Godbout. Le policier est bien placé pour le savoir. À une autre occasion, se fondant dans le décor de l'aéroport Trudeau, il sera à quelques mètres d'une suspecte censée récupérer de la cocaïne. Mais celle-ci tournera finalement les talons en jetant un contenant de croustilles Pringles dans une poubelle. Le policier s'en emparera et trouvera une carte E311 déchirée en morceaux.

Mais la perte de kilos de drogue et les échecs qui s'accumulent ne ralentissent pas le duo Torre-Kanho, qui continue à planifier d'autres importations. À la fin de l'hiver 2005-2006, on ordonne à Simon Godbout de se rendre de toute urgence à une rencontre au cours de laquelle Kanho doit s'entretenir avec un suspect qu'on cherche désespérément à identifier depuis trois semaines. Le policier se trouve dans ses bureaux de L'Île-des-Sœurs, et la rencontre doit avoir lieu dans peu de temps à l'angle des rues Jean-Talon et Papineau. Il est 16 h et il neige. L'enquêteur Godbout décide de prendre le chemin le plus rapide: l'autoroute Décarie. Le policier appuie sur l'accélérateur et lance sa puissante voiture banalisée, sans gyrophare ni sirène, dans une course contre la montre. Une fois près de Décarie, ses craintes sont confirmées: tout est bloqué. Le policier de la SQ roule sur l'accotement jusqu'à ce qu'il n'y en ait plus, puis s'insère dans la voie à sa gauche en klaxonnant comme un déchaîné. Les automobilistes, qui croient avoir affaire à un conducteur victime d'une crise de rage au volant, le laissent passer. L'enquêteur peut de nouveau rouler sur l'accotement et accélère. Mais, encore une fois, sa course folle est entravée par un banc de neige qui se dresse devant lui. «Lorsqu'on effectue une filature et qu'on nous demande de traverser la ville de Montréal en plein trafic, il faut qu'on traverse. Tu ne peux pas imaginer ce qu'on peut faire. On se dit : "Ça va passer, c'est sûr." Donc, j'ai foncé dans le banc de neige, mais j'ai entendu un gros bruit sous le véhicule. Je me suis rendu compte que mon volant était rendu de travers, mais que je continuais tout de même à rouler en ligne droite», raconte-t-il.

Malgré tout, le policier atteint l'autoroute Métropolitaine, emprunte des petites rues et arrive juste à temps pour la rencontre clandestine. Il sort de sa voiture et filme la scène. La réunion terminée, il regagne sa voiture, mais le moteur refuse de démarrer : c'est la panne sèche! Le banc de neige dans lequel le policier a foncé cachait une base de poteau qui servait à installer des panneaux routiers et qui dépassait du sol d'une cinquantaine de centimètres. Le dessous du véhicule a été déchiré, y compris le réservoir à essence. Même si l'essence fuyait sur la chaussée, l'enquêteur en a eu assez pour se rendre à la rencontre, mais pas suffisamment pour repartir. La colonne de direction a aussi été endommagée, d'où le volant désaxé. Total de la facture des réparations : environ 8 000 $. Ses collègues s'amuseront longtemps à ses dépens et, encore aujourd'hui, Simon Godbout jette un coup d'œil au fameux poteau chaque fois qu'il emprunte l'autoroute Décarie.

Les enquêteurs de la cellule 8002 ont donné beaucoup de cheveux gris au responsable de la flotte de véhicules de la GRC. Les policiers ne roulaient pas dans des «minounes» : une cinquantaine de Mustang, Infiniti, Acura, Maxima et autres étaient mises à la disposition des enquêteurs qui devaient souvent talonner des suspects rompus aux méthodes policières, roulant très vite et multipliant les manœuvres dangereuses. Les policiers se souviennent d'avoir envoyé à la casse une voiture toutes les deux semaines.

* * *

En janvier 2006, la cellule 8002 met au jour une autre importation de 38 kilos de cocaïne qui seront saisis à l'aéroport Trudeau. L'étau se resserre. Le printemps suivant, les sergents-détectives Godbout et Iannantuoni sont envoyés en Haïti pour récupérer un échantillon des neuf kilos saisis par les autorités haïtiennes huit mois plus tôt. À cette époque, la situation est tendue. Il y a des enlèvements et des tirs dans les rues de la capitale, Port-au-Prince, et dans les quartiers chauds comme Cité-Soleil. Les policiers canadiens se déplacent dans un véhicule blindé de l'ONU. La suite donnera lieu à un moment surréaliste.

La récupération de la drogue a lieu dans un bureau des stupéfiants de la police haïtienne, une petite pièce sombre équipée d'un unique ordinateur et où règne une chaleur suffocante. L'électricité fonctionne mais semble fragile. Lors de la relève des quarts de travail, les policiers haïtiens s'échangent leurs armes entre eux, ce qui laisse croire aux policiers canadiens qu'ils n'en ont pas assez pour chacun.

Le chef de la police locale accueille les enquêteurs de la cellule 8002. Ceux-ci croient qu'on leur apportera tout simplement la cocaïne, qu'ils en prendront une certaine quantité et qu'ils quitteront immédiatement les lieux, mais ce n'est pas ce qui se passe. À leur grande surprise, un juge de paix entre dans la pièce et deux colosses de la Garde nationale amènent également le suspect, arrêté avant son embarquement dans l'avion. Le jeune homme s'assoit, l'air piteux. Le chef de la police le questionne devant les enquêteurs canadiens pour, dirait-on, lui faire avouer son crime. Mais le suspect ne dit mot. Le ton monte et l'officier s'impatiente devant ses invités, un peu mal à l'aise. Sur les entrefaites, les kilos sont sortis d'un tiroir et déposés sur la table. Une arrivée providentielle qui calme la situation. On fournit alors un couteau aux policiers canadiens et on les invite à percer les emballages de cocaïne.

« C'était comme dans les films. J'en ai vu des kilos dans ma vie, mais je n'avais jamais fait ça. Il y a des kilos qui sont bien scellés. Tu les ouvres et il ne va rien se passer. Mais cette fois-là, on les a percés et la poudre est montée dans les airs et a envahi la petite pièce bondée. Antonio et moi, on s'est regardés. Je me disais : "Voyons, qu'est-ce qui se passe là ?" » décrit Simon Godbout, encore marqué par ce moment épique accentué par l'éclairage glauque et la chaleur intense qui régnaient dans la pièce.

Les enquêteurs photographient les kilos et demandent à s'entretenir seuls avec le suspect. Les gardiens viennent à peine de quitter la pièce que le jeune homme éclate en sanglots et supplie les policiers de le ramener à Montréal. Il dit que depuis son arrestation, huit mois auparavant, il n'a toujours pas parlé à un avocat. Les enquêteurs lui expliquent leur présence en invoquant une fausse raison, disant qu'ils n'ont aucun pouvoir en sol haïtien et qu'ils sont venus simplement pour récupérer une partie de la drogue. « On aurait bien voulu. On savait qu'il n'était qu'une simple mule dans tout ça », dit l'enquêteur Godbout. Mais le jeune homme sera laissé à son sort.

Au tournant de 2006, les enquêteurs de la cellule 8002 sont dans le tourbillon de leur dernier sprint. Ils passent au moins 18 heures par jour au bureau ou sur la route. L'infatigable caporal Fortin écoute et analyse systématiquement toutes les conversations et est souvent le dernier à éteindre la lumière dans les locaux de L'Île-des-Sœurs. Les enquêteurs sur le terrain vivent pratiquement dans leur voiture, où ils passent parfois la nuit, quand ce n'est pas sur un matelas de la salle d'entraînement de la GRC. Le matin, les enquêteurs prennent une douche et repartent. La semaine et les fins de semaine, ils peuvent par exemple passer à peine quelques heures à la maison avant de partir à Toronto et d'être ensuite dépêchés à Laval. Ils ont un avant-midi libre par semaine pour faire leur lessive et leurs courses. «Ça a été une tempête au cours de laquelle nous n'avions plus de vie. Des heures consécutives jusqu'à être épuisé physiquement. Pour moi, ce n'était pas si mal, je n'avais pas de famille, mais je plaignais ceux qui en avaient une. Il y a eu des divorces », dit l'enquêteur Godbout.

Le jeune policier brûle la chandelle par les deux bouts. En plus de son travail, il arbitre des parties dans la Ligue de hockey junior majeur du Québec. Il pouvait passer une partie de la journée à poursuivre des bandits, rouler en voiture jusqu'à Baie-Comeau pour arbitrer la partie en soirée et revenir pour 5 h le lendemain matin. «J'étais au café avec les gars le matin, ils lisaient les statistiques sportives dans le journal et voyaient mon nom comme arbitre du match. Ils n'en revenaient pas », dit le policier.

Alors que l'enquête évolue bien, le but des enquêteurs est toujours de provoquer des choses et de susciter des réactions de la part des chefs de la mafia, qui se croient à l'abri dans leur quartier général du Consenza. Mais, dans certains cas, les policiers n'ont pas eu besoin de se forcer. Des mafiosi eux-mêmes ont dépassé les bornes. Des tensions ont commencé à apparaître. La violence est omniprésente. Il faut soit calmer les choses, soit les exploiter. C'est la mission des «deux Tony».

Chapitre 8

LA PARTIE
D'ÉCHECS

Lorenzo Giordano avec deux de ses anciens soldats.

Mars 2005. Mike Lapolla vient d'être tué lors d'une fusillade qui a éclaté près de la piste de danse du populaire bar Moomba, à Laval. Un membre d'un gang de rue, Thierry Beaubrun, a aussi perdu la vie à cette occasion. Quelques semaines auparavant, Lapolla aurait maltraité un membre d'un gang de rue, et les amis de ce dernier auraient vu l'occasion de prendre leur revanche lorsqu'ils ont croisé l'Italien au Moomba: Lapolla a été blessé mortellement et Beaubrun, 27 ans, aurait été en quelque sorte exécuté au moment de fuir les lieux.

Mike Lapolla, 36 ans, qui avait été observé par les enquêteurs de la cellule 8002 en tant que collecteur d'argent durant leur volet d'enquête sur les paris sportifs, était une étoile montante de la mafia. Il était surtout un ami d'enfance et un des seconds de Lorenzo Giordano, qui l'aimait «comme un frère». Sur les lignes d'écoute, les enquêteurs de Colisée entendent un suspect présent au Moomba décrire le drame avec moult détails aux chefs de la mafia, réunis au Consenza. Parviennent ensuite des rumeurs aux oreilles des policiers voulant que les amis de Beaubrun veuillent le venger. Il est alors convenu que le sergent-détective Antonio Iannantuoni, accompagné de Tonino Bianco, avisera des mafiosi que leur vie pourrait être en danger.

Le nom de Lorenzo Giordano est sur la liste. Le 31 mars, les deux policiers se rendent à sa maison de Laval, mais il est absent. Au moment où ils reviennent sur leurs pas, Giordano, qui est accompagné de Del Balso, klaxonne et arrête sa voiture à la hauteur des enquêteurs et les invite à prendre un café. «OK, c'est toi qui m'invites, alors où veux-tu aller?» demande Antonio Iannantuoni. «Au Laennec», répond Giordano. L'enquêteur Iannantuoni accepte. Il sait que le café, quartier général de Giordano, est truffé de micros et que leur conversation sera captée par ses collègues.

Depuis le début de l'enquête Colisée, Giordano est dans la mire des enquêteurs. Autant l'homme, qui a alors 41 ans, peut tout faire pour attirer les projecteurs de la police sur lui, autant au contraire il est très discret et prudent au point qu'au début, les enquêteurs croient qu'il est le subalterne de Del Balso, et non l'inverse. Giordano utilise d'autres personnes, dont des membres de sa famille au-dessus de tout soupçon, pour cacher de l'argent. Il ne parle pas au téléphone et préfère envoyer des textos. D'ailleurs, durant la rencontre avec les deux policiers, Giordano tient une conversation soutenue en même temps qu'il échange des messages textes avec une autre personne. Le mafioso est à l'avant-garde, il possède un appareil BlackBerry dont la technologie sécurise les messages entre utilisateurs de ces appareils: il faudra d'ailleurs six ans avant que les policiers parviennent à percer ce système et à arrêter Raynald Desjardins et ses présumés complices pour le meurtre de l'aspirant parrain Salvatore Montagna.

En mars 2005, Lorenzo Giordano serait un « homme d'honneur » depuis environ un an, selon ce qu'une source digne de foi a confié à la police. Il aurait obtenu cette promotion mafieuse à la suite du meurtre du chef de clan Paolo Gervasi, commis le 19 janvier 2004, la veille de l'arrestation de Vito Rizzuto. Après cet assassinat, Giordano et Del Balso auraient hérité de tout le volet des paris sportifs de la mafia, qui aurait autrefois appartenu à Gervasi. À une certaine époque, cette nomination était bénie par la mafia de New York au cours d'une cérémonie initiatique. Mais les relations entre les clans Bonanno et Rizzuto se sont détériorées à la suite du meurtre, en 1999, du mafioso Gerlando Sciascia, alias « George le Canadien », qui faisait le pont entre les deux familles. Les circonstances exactes dans lesquelles Giordano aurait obtenu son titre d'homme d'honneur ne sont pas connues, mais, selon certaines informations, cela aurait été fait dans une résidence privée de la région de Montréal.

En 2005, Giordano tient effectivement les propos d'un homme d'honneur et n'est pas tendre envers le clan Bonanno, dont des membres influents ont retourné leur veste et envoyé Vito Rizzuto en prison. À la fin de l'entretien avec les deux policiers, lorsqu'un complice sort une épaisse liasse de billets pour payer les cafés, Giordano regarde les enquêteurs en déplorant ce manque de discrétion. La nouvelle génération de mafiosi n'agit pas comme la précédente. La mafia montréalaise change. Lorenzo Giordano lui-même sera victime de cette mutation le matin du 1er mars 2016, à Laval. Ce jour-là, comme il le fait régulièrement depuis sa libération d'office en décembre précédent, Giordano se rendra au carrefour Multi-sports pour s'entraîner. Son véhicule à peine immobilisé dans le stationnement, un inconnu s'en approchera, fracassera la vitre du côté passager et l'atteindra d'au moins trois coups de feu à la gorge. Ce sera le chant du cygne d'un homme que les milieux policiers et criminels considéraient comme un parrain potentiel. Nous y reviendrons plus loin.

Lorsque les «deux Tony» se présentent au bureau le lendemain de leur rencontre avec Giordano et Del Balso, le 1er avril, leurs patrons n'ont pas envie de leur jouer des tours et ils les attendent avec une brique et un fanal. «Vous êtes fous d'être allés au Laennec! Vous saviez qu'il y a des micros. Vous pourriez compromettre l'enquête», les sermonnent-ils. Les policiers se défendent en disant que c'est Giordano qui les a invités et a choisi l'endroit, et qu'ils ne l'ont pas piégé.

Les hauts gradés semoncent également le sergent Roussy, qui n'a d'autre choix que de convoquer les deux enquêteurs dans son bureau. Il vocifère. Les collègues entendent des éclats de voix. Les deux policiers jurent qu'ils ne recommenceront plus. Mais tout ça est pour la galerie: le sergent hausse le ton en même temps qu'il fait un clin d'œil, sourire en coin. Et, quoi qu'ils en disent, les policiers recommenceront. Les enquêteurs de la cellule 8002 ne sont pas du genre à toujours demander des autorisations aux patrons et à rédiger des plans d'opération, comme cette autre fois où le sergent-détective Iannantuoni a pris le premier téléphone sur son chemin pour appeler anonymement Angelo Follano et lui dire que sa marchandise était «brûlée».

«Le crime organisé, c'est un jeu d'échecs. On peut aussi jouer aux dames, mais on ne durera pas longtemps. Il faut jouer la même *game* qu'eux, mais en restant dans la légalité. J'ai appelé Follano, mais je ne l'ai jamais menacé. La police doit respecter la loi et l'éthique, c'est correct et normal. Mais, à un moment donné, il faut jouer la *game*. J'ai toujours dit que je suis à l'aise de marcher sur la ligne, de ne jamais la traverser complètement d'un côté ou de l'autre, mais, parfois, je peux mettre un pied d'un bord de la ligne et garder un pied du bon bord parce qu'on travaille avec le crime organisé. Il faut être imaginatif. Je dors très bien la nuit. Jamais je ne vais arnaquer quelqu'un. Je t'ai pris, c'est bon, je ne t'ai pas pris, c'est correct aussi. Et ça, ça te permet d'avoir une crédibilité dans le milieu », dit Iannantuoni.

« Nos officiers s'attendent à ce qu'on soit audacieux. La pire chose, c'est l'incertitude. Est-ce que je devrais ou non ? C'est contre la loi ou non ? Dans notre formation à la GRC, on nous a appris qu'il fallait remplir quatre conditions : si ta décision est légale, morale, éthique et que tu es responsable de tes actions, tu ne pourras jamais être dans le trouble. Il faut avoir l'instinct du tueur », renchérit son ex-patron, Mike Roussy.

C'est dans cette optique que les enquêteurs de la cellule 8002 affectés à la lutte aux stupéfiants ont entretenu une certaine réputation de « mauvais garçons » parmi tous les policiers de l'enquête Colisée. Et les « deux Tony » étaient parfois en première ligne. Lorsqu'Antonio Iannantuoni et son compagnon se joignent à l'enquête Colisée, en avril 2002, ils travaillent déjà étroitement ensemble depuis quelques années à l'antigang de la police de Montréal. Ils ont des expériences différentes qui se complètent parfaitement, mais ils ont aussi des points communs. La langue facilitant les choses, ils ont développé au fil des années des sources crédibles au sein de la mafia, ce qui fait en sorte qu'ils ont acquis une excellente connaissance du milieu et du terrain.

«J'ai travaillé longtemps à la moralité. Je suis entré dans beaucoup de bars, j'ai rencontré beaucoup de monde. C'est comme ça que tu fais tes classes. Je savais que tel bar ou tel restaurant était lié à telle personne. On regarde tous la même chose, mais on la voit différemment. Ça ne s'apprend pas dans les livres. Tu te demandes si tu ne deviens pas paranoïaque, mais c'est la vraie vie. La mafia est une pieuvre.

«J'ai toujours dit qu'un bon informateur, ça sauve des milliers de dollars d'enquête. Mais il faut que tu aies une crédibilité dans le milieu. Il y a eu parfois des *jobs* que je me suis empêché de faire, car cela aurait nui à la sécurité des personnes. Souvent, des gens vont nous tester en nous disant des choses. Si tu le fais, tu perds de la crédibilité. Sinon, tu en gagnes dans le milieu et quand les gens sont dans le trouble, ils vont t'appeler. Ça prend des années, ça ne se fait pas du jour au lendemain», explique Antonio Iannantuoni.

À leur arrivée dans l'équipe d'enquêteurs de Colisée, les deux policiers montréalais sont séparés et envoyés dans des groupes différents. Mais leur séparation ne dure qu'un temps. Pour faire avancer l'enquête, des gens – pas nécessairement des informateurs – doivent être rencontrés. En raison du lien de confiance, pour une question de respect et pour que ces gens ne se rebiffent pas, Antonio Iannantuoni ne peut être accompagné d'un étranger lorsqu'il les rencontrera: il faut que ce soit Tonino Bianco.

À mi-chemin de l'enquête Colisée, ils visiteront sept ou huit cafés par semaine pour provoquer des choses, susciter des réactions, activer l'écoute, aider la filature et, pourquoi pas, recruter des sources. Ils observent si tel individu pourrait être vulnérable. Ils essayent de déceler un conflit entre mafiosi. Jamais ils ne laissent leur carte professionnelle : de toute façon, un individu qui n'exclurait pas un jour de les contacter ne la prendrait jamais devant témoins. Il saura bien où les joindre le temps venu.

« On se faisait voir et on finissait par se faire appeler. Tu le vois quand un gars est fragile. Par exemple, s'il a été battu, tu le recroises plus tard et il te parle. Tu ne peux pas savoir combien d'infos sortent des cafés. Il y a des gens qui se haïssent là-dedans et qui parlent pour nuire à d'autres. Ce sont nos meilleures sources », dit Iannantuoni.

Les deux policiers refusent toujours les consommations qu'on leur offre. Ils paient leur café. Sinon, ils laissent au moins l'équivalent en pourboire. Durant l'enquête Colisée, ils visiteront ainsi des dizaines de bars et de cafés. « Les deux Tony travaillent ce soir. Ils sortent du bar Steve et se dirigent vers le Beaches », se disent au téléphone des suspects écoutés par les enquêteurs. Parfois, ils apprennent qu'un individu important ou une cible de leur enquête se trouve dans tel établissement licencié. Dans la demi-heure suivante, les « deux Tony » s'y présentent, par hasard, toujours sous leur couverture de membres de l'antigang de la police de Montréal pour ne pas compromettre la grande enquête en cours. Leur force, c'est qu'ils osent entrer n'importe où.

« On s'est toujours dit : "Nous sommes dans la police. Ce n'est pas à nous d'être gênés et de nous cacher. Ce sont eux les bandits qui devraient se cacher et nous craindre. Montréal est à nous. Ce sont des lieux publics." Par contre, lorsqu'on entrait là, c'était toujours avec respect. Nous n'arrivions pas là pour faire nos *smattes*. Mais si on nous écœurait, on se défendait», ajoute l'ancien de l'antigang.

Les deux policiers ne sont généralement pas les bienvenus lorsqu'ils entrent dans un bar. En revanche, les employés et les clients sont polis la plupart du temps. Une fois, au bar Steve, quelqu'un tente de les intimider. Les policiers expliquent qu'ils ont un travail à faire et menacent de revenir tous les jours. Un coup de fil est passé dans les hautes instances de la mafia et l'impoli s'excuse. Il offre le café aux enquêteurs, qui refusent, comme d'habitude. Les «deux Tony» secouent tous les cocotiers pour faire tomber le plus de noix possible. Ils visitent également les établissements contrôlés par des clans autres que celui des Rizzuto. Antonio Iannantuoni se souvient de certains jeunes particulièrement arrogants croisés au bar Luna. Au Beaches, lui et son collègue échangent avec un groupe, parmi lequel on retrouve quelques joueurs établis, dont Giuseppe De Vito. Des membres du groupe mettent les policiers au défi en leur demandant de deviner leurs noms. Les deux limiers répondent avec précision et les mafiosi sont étonnés. «Je ne vous parlerai jamais», dit l'un d'eux. «Ce n'est pas grave, dix de tes gars nous parlent», répliquent les policiers du tac au tac. «On sait que tu vends de la drogue et un jour on va t'attraper», ajoutent-ils en pointant un client qui ne la trouve pas drôle. Le crime organisé, c'est une partie d'échecs.

«Tu ne sais pas qui je suis?» demandent parfois de jeunes mafiosi aux policiers non pas pour leur poser une devinette, mais plutôt pour les intimider et leur faire savoir qu'ils sont importants dans le milieu. «On se fiche de qui tu es», répondent les enquêteurs. Ils se souviennent d'autres époques, pas si lointaines, où une telle scène aurait été inimaginable et où la discrétion et la modestie régnaient au sein de la mafia. Par exemple, l'époque où les frères Caruana se promenaient dans une vieille Delta 88 pour éviter d'être remarqués. Ou l'époque où Giuseppe Di Maulo sortait quelques billets de 10 $ ou de 20 $ pour payer son repas, et non pas une épaisse liasse de billets bruns entourés d'un élastique. Durant Colisée, les jeunes mafieux exhibent fièrement leur somptueux train de vie : grosse maison, voitures et bijoux de luxe, grands restaurants, bars à la mode et « grosse palette ».

« Les vieux n'auraient jamais fait ça. Pourtant, des gars comme Vito Rizzuto, Joe Di Maulo et Agostino Cuntrera avaient chacun bien plus de pouvoir que tous ces jeunes-là réunis. La mafia, c'est censé être sournois. Les vrais mafiosi sont en mode veille et ne veulent pas attirer l'attention. L'arrivée des jeunes, plus exubérants, a été une belle opportunité pour nous », affirme le sergent-détective Iannantuoni.

Les enquêteurs de la cellule 8002, qui écoutent et filent les suspects les plus actifs et agités de la mafia, en sont témoins presque chaque semaine. Au début de 2004, Vito Rizzuto n'est plus dans la rue. Il est en prison, son influence avec lui. Francesco Arcadi, ses lieutenants et leurs soldats comblent le vide. Mais, plutôt que d'adopter un profil bas, ils se croient intouchables et agissent souvent avec impulsivité et agressivité. Ils enfilent les bouteilles de grappa et font la pluie et le beau temps dans les bars et restaurants, en particulier ceux du centre-ville et du boulevard Saint-Laurent, où les mafiosi aiment bien croiser les joueurs de hockey.

* * *

Parlant de hockey, ouvrons ici une parenthèse. Au cours des cinq années qu'ont duré les projets Cicéron et Colisée, les enquêteurs en ont entendu «des vertes et des pas mûres» sur les lignes d'écoute. Ils ont également été témoins de quelques scènes privées qui le resteront. Toutefois, l'une d'elles, qui est venue aux oreilles de tous les ex-enquêteurs et qui a franchi les portes des sections d'enquête de tous les corps policiers, est encore sur bien des lèvres aujourd'hui.

Il est très fréquent, durant une longue enquête, que les policiers qui suivent ou écoutent des criminels constatent que ces derniers vivent une ou des relations extraconjugales. Durant les enquêtes Cicéron et Colisée, c'est toutefois la conjointe d'un suspect qui a vécu une histoire passionnée avec un joueur du Canadien de Montréal.

À l'origine, la belle avait posé les yeux sur un défenseur du Tricolore, mais celui-ci ayant refusé ses avances, elle s'est tournée vers l'autre hockeyeur. Les tourtereaux ont vécu des moments passionnés dans les environs du Centre Bell, avant et après les parties. La relation a fini par être connue dans l'entourage du mari trompé, mais pas par lui-même, ce qui a provoqué un malaise chez certains de ses amis mafieux qui, sur les lignes d'écoute, se renvoyaient la patate chaude pour déterminer qui serait le premier à le lui annoncer.

L'histoire a pris fin quelques mois plus tard, lorsque le joueur en question a quitté le Canadien. Visiblement, l'affaire était montée aux étages supérieurs de la direction de la Sainte-Flanelle.

* * *

Mais revenons à nos mafiosi violents qui se croient intouchables. Un soir, c'est l'innocent client d'un restaurant qui reçoit un coup de poing en plein visage pour avoir maugréé contre un mafieux qui avait coupé la file pour payer sa facture plus rapidement. Une autre fois, le client d'un café, amateur de loterie vidéo, est battu, déshabillé et jeté à la porte de l'établissement, son caleçon pour seul vêtement. Certains soirs, l'alcool aidant, les suspects s'insurgent et cassent tout, comme cet ordinateur lancé dans l'aquarium d'un restaurant à la mode. Le lendemain, alors qu'ils ont dégrisé, les mafiosi appellent l'établissement, expliquent qu'ils ont perdu la carte et s'excusent. Ils repassent avec une liasse de 12 000 $ pour rembourser les dommages, comme si cela effaçait tout. Les sujets de la cellule 8002 sévissent également dans les rues de Montréal et sur les autoroutes. Ils roulent à tombeau ouvert dans de véritables voitures de course.

À partir de 2004, des tensions apparaissent entre des clans de la mafia, et les enquêteurs de la cellule 8002 commencent à constater que certains de leurs sujets portent régulièrement une arme à la ceinture et qu'ils s'en servent quelquefois pour des raisons anodines. Vers 23 h le soir du 18 avril, au Globe, un bar à la mode du boulevard Saint-Laurent, une dispute éclate entre Lorenzo Giordano et un certain Javad Mohammed Nozarian, alors soupçonné par la police d'être un trafiquant d'héroïne. Durant l'altercation, Giordano poignarde Nozarian dans le cou. Celui-ci exhibe une arme, mais un coup de feu l'atteint dans les testicules. L'événement fait rapidement les nouvelles télévisées et résonne entre les murs du Consenza. Le lendemain matin, Giordano donne sa version des faits à son patron, Francesco Arcadi, lorsque Paolo Renda, dont l'influence semble grandissante depuis l'emprisonnement de Vito Rizzuto, intervient dans la conversation : «Je ne veux pas vous faire la morale, mais vous vous comportez comme des enfants, et ce genre de situation arrive souvent», dit-il à

Giordano, qui acquiesce. Renda rappelle à Giordano d'être prudent lorsqu'ils vont dans ce genre d'endroit et de faire attention à leur consommation d'alcool, «car c'est la raison pour laquelle cet incident s'est produit».

Trois jours après, le sergent Roussy et le sergent-détective Iannantuoni se rendent au chevet de Nozarian à l'hôpital et lui exhibent des photos de Giordano et de Del Balso. L'homme dit qu'il était sous l'influence de l'alcool et qu'il ne se souvient plus de rien. Il nie avoir été blessé par balle et refuse de coopérer, ajoutant qu'il a des enfants. Chou blanc pour les enquêteurs, qui auraient souhaité exploiter cette situation. Mais ils ont toutefois le bon prétexte pour susciter d'autres réactions au Consenza et démontrer le gangstérisme. Le soir même, à 22 h, toujours avec l'étiquette d'enquêteurs de la section anti-gang de la police de Montréal, les «deux Tony» rencontrent l'avocat de Vito Rizzuto, Me Loris Cavaliere, pour lui dire que deux individus ont perdu le contrôle et se croient invincibles : «Nous sommes contents. Qu'ils continuent comme ça. Nous sommes en train de convaincre nos patrons d'avoir des budgets pour créer une escouade comme Carcajou.» C'est là l'essentiel du message passé par les policiers. Le criminaliste répond qu'il sait de quels individus parlent les enquêteurs, même si leurs noms n'ont jamais été mentionnés dans la conversation, que ceux-ci ont déjà été avisés d'arrêter de boire et que le message des enquêteurs serait transmis à qui de droit.

Selon la petite histoire, Me Cavaliere a rencontré le patriarche Nicolo Rizzuto le lendemain. Peu de temps après, Francesco Arcadi aurait appelé un de ses agités subalternes pour lui dire qu'il voulait le rencontrer. «Écoute, je ne peux pas, je suis à l'aréna», aurait répondu ce dernier. «Tu ne comprends pas, je veux te voir tout de suite », aurait renchéri le chef mafieux sur un ton qui ne laissait pas place à la discussion. « J'ai une famille, je reste à la maison », répondra, dans les jours suivants, le subalterne à ses acolytes qui l'invitent à venir les rejoindre dans les bars. Durant plusieurs semaines, le calme est revenu dans les rues de Montréal. Mais c'est le calme avant la tempête.

L'année 2005 avance à grands pas. Loin de s'atténuer, la tension entre des clans de la mafia s'est avivée au cours des derniers mois si bien que régulièrement, les enquêteurs de la cellule 8002 voient sur leurs caméras cachées un peu partout des suspects manipuler des armes à feu ou en discuter sur les lignes. Cela ne peut pas continuer et il faut de nouveau avertir les bonzes de la mafia.

Les « deux Tony » reprennent donc du service. Le simple citoyen l'ignore peut-être, mais il existe dans certaines situations ou circonstances particulières, dans certains milieux ou en raison du rôle joué par certains individus, une forme de respect entre policiers et bandits, pourtant adversaires et souvent à couteaux tirés dans la vie quotidienne. Par exemple, lors d'une crise, il n'est pas rare que des policiers, des criminels et des avocats négocient en coulisse pour la désamorcer avant qu'elle dégénère. Donc, il faudra respecter la hiérarchie dans l'avertissement qui sera fait aux dirigeants de la mafia indiquant que la police sait que leurs soldats se baladent avec des armes. Mais les enquêteurs de la cellule 8002 aiment toujours étirer un peu l'élastique.

Parce qu'il est le patron hiérarchique immédiat des individus visés par la démarche des deux enquêteurs, Francesco Arcadi aurait dû être le premier et le dernier avisé du problème, mais il est à l'extérieur du pays. Les «deux Tony» le savent pertinemment et vont tout de même faire comme s'ils l'ignoraient, pour des raisons stratégiques. Pour que leur démarche paraisse officielle et soit documentée, ils s'arrêtent au café Maïda, quartier général d'Arcadi, et demandent à le voir. «Il n'est pas là», dit un employé aux policiers, qui le prient de dire à son patron qu'ils sont passés. La politesse et la hiérarchie ayant été respectées, les enquêteurs sont maintenant dédouanés. On ne leur en tiendra pas rigueur s'ils montent plus haut et s'adressent à celui qu'ils veulent rencontrer depuis le début, le doyen Nicolo Rizzuto.

Fidèle à son habitude, le patriarche joue aux cartes avec des amis dans son fief du Consenza lorsque les deux policiers franchissent la porte du petit café de la rue Jarry. Au brouhaha habituel régnant dans l'établissement succède un silence de mort. Les enquêteurs se dirigent vers la table et aussitôt les compagnons de jeu de Nicolo Rizzuto se lèvent pour leur laisser la place et s'éloignent vers le comptoir. Au chef de la mafia, les policiers font, en italien, leur laïus habituel: ils sont de la section antigang de la police de Montréal et ils savent que des soldats de la mafia portent des armes. C'est le meilleur moyen, disent-ils, d'obtenir des budgets afin de les arrêter, comme la SQ l'a fait avec les motards après la mort du jeune Daniel Desrochers.

«Nicolo Rizzuto ne parlait pas beaucoup et n'était pas scolarisé, mais c'était un gars de rue intelligent (*streetwise*) et respectueux. Lorsqu'il te regardait dans les yeux, c'était impressionnant. Il m'a regardé et il m'a dit, en faisant un geste avec son doigt, de son front jusque derrière sa tête: "Ce que tu me dis là, je le prends là et je le mets là." Il voulait dire: "C'est entendu, c'est entré et c'est resté dans ma tête." C'est réglé, on n'en parle plus», se souvient l'enquêteur Iannantuoni. Le mafioso ajoute qu'il va s'informer, qu'il va régler le conflit dans la paix et non dans la violence, comme il l'a fait toute sa vie.

À son retour à Montréal, Francesco Arcadi se fâche contre les *cowboys* qui ont osé rencontrer directement le patriarche. «Ils ont fait leur travail», répond simplement le vieux parrain, qui reverra les deux policiers dans d'autres circonstances, un certain matin de novembre 2006.

Tout est en place pour le baroud final. Dans les derniers mois avant la frappe, les enquêteurs s'enlèvent quelques épines du pied, en usant toujours de faux scénarios. Ainsi, la douanière Marilyn Béliveau est mise hors d'état de nuire et suspendue de son travail pour recel, car les policiers du SPVM, qui disent enquêter sur son conjoint proche des gangs de rue, ont retrouvé chez elle de la marchandise volée. Sa collègue Nancy Cedeno, qui souffre d'une profonde dépression, est également tassée sous de faux prétextes. Reste Ray Kanho, impliqué dans les importations de cocaïne par l'aéroport et ailleurs.

Les enquêteurs de l'Unité mixte des produits de la criminalité de la GRC se doutent que l'importateur cache une petite fortune chez ses parents, à Laval. À quelques semaines de l'échéance, ils décident, pour étoffer leur preuve, de saisir l'argent en simulant une introduction avec effraction. À la fin de l'été, ils apprennent que les occupants partiront bientôt en voyage pour quelques jours à Las Vegas. Mais le gros lot, ce sont les policiers qui le gagneront dans la nuit du 14 au 15 septembre. Ce soir-là, les enquêteurs se présentent à la résidence, déjouent le système d'alarme et entrent sans laisser de traces. Instruits par un collègue que l'argent serait caché au sous-sol, les limiers trouvent près de deux millions de dollars dans une valise, sous l'escalier. Ils découvriront aussi 800 000 $ dans le tiroir d'un chariot que les agents de bord utilisent dans les allées des avions pour offrir les collations. De tels chariots auraient été utilisés par l'organisation à l'époque pour importer de la drogue et faire parvenir de l'argent aux fournisseurs. Au départ, les enquêteurs croyaient mettre la main sur 300 000 $ dans la maison des parents de Kanho, mais ils ont trouvé 2,8 millions, presque dix fois plus. Un coffre-fort tout neuf se trouvait également sur place, mais il était vide.

En sortant de la maison, les policiers brisent une porte pour simuler un vol. Peu après, le téléphone de Kanho sonne. C'est la compagnie Alarme Sentinelle qui l'appelle pour lui annoncer qu'il vient d'y avoir une introduction par effraction à la résidence de ses parents. Le trafiquant se rend en trombe sur les lieux et constate que tout l'argent a disparu.

«Viens me rejoindre et apporte un *morceau*», dit Kanho, sous écoute, à un ami. Les policiers savent très bien ce que signifie le mot «morceau»: c'est une arme. Ray Kanho croit que c'est son beau-frère qui a volé l'argent, et la police est certaine qu'il veut lui faire la peau. Le beau-frère se trouve au centre-ville, où se ruent Kanho et son sbire. Les policiers doivent trouver un prétexte – et vite – pour les arrêter. Le compagnon de Kanho étant lié aux gangs de rue, voilà une belle échappatoire. Des patrouilleurs suivent les suspects et les interceptent à l'angle de la rue Greene et du boulevard Dorchester, à Westmount, où se dresse ironiquement l'édifice de la GRC. Dans le coffre à gants de la voiture, ils trouvent un pistolet semi-automatique Glock 27 de calibre .40. Il était moins cinq. Pour disculper totalement le beau-frère de Kanho, les policiers sont obligés de dire que ce sont eux qui ont pris l'argent. Encore une fois, l'affaire est pelletée dans la cour du SPVM pour ne pas compromettre ce qui s'en vient.

Car enfin, après quatre ans d'enquête – cinq si l'on ajoute la phase de renseignement Cicéron –, Colisée tire à sa fin. Alors que Vito Rizzuto était une fois de plus insaisissable dans les premiers moments de l'enquête Colisée, les policiers ont eu un doute à un certain moment. Ils pensaient que leur train frapperait un mur. Cinq ans plus tard, la mafia montréalaise ne verra pas arriver la locomotive.

Chapitre 9

LA DÉCAPITATION

L'arrestation de Nicolo Rizzuto, le 22 novembre 2006.
Photo : François Roy, *La Presse*

« C'EST UN JOUR HISTORIQUE DANS L'HISTOIRE CRIMINELLE canadienne », déclare le journaliste André Cédilot devant les caméras de ses collègues des stations de télévision qui ont besoin de ses lanternes pour les éclairer sur ce qui se passe en arrière-plan.

Depuis 6 h du matin en ce 22 novembre 2006, des dizaines d'individus menottés sortent de voitures banalisées et marchent, flanqués de policiers, vers la porte arrière du quartier général de la GRC, à Westmount.

Une horde de journalistes est sur place. Le porte-parole de la police fédérale, Sylvain L'Heureux, se met à leur disposition pour les aiguiller et leur expliquer qu'ils assistent en direct à la plus grosse frappe antimafia de l'histoire du Canada. Les caméras mitraillent les suspects de leurs flashs. L'un des suspects attire particulièrement l'attention : un moustachu vêtu d'un dossard orange.

Francesco Arcadi s'en allait à la chasse avec son garde du corps lorsqu'il a été arrêté. Depuis que l'un de ses subalternes,

Domenico Macri, a été assassiné le mois d'août précédent, il était moins visible au Consenza et moins actif au téléphone, ont remarqué les enquêteurs de Colisée. Macri est la première victime d'une vengeance impitoyable qui est en train de s'accomplir et Arcadi craint pour sa vie. Il a fui durant quelques semaines chez des membres de sa famille, en Italie. Il est ensuite revenu au Québec et s'est terré, avec son protecteur et ses chiens, dans un chalet de la région de Hemmingford où il a été appréhendé en ce 22 novembre.

Durant les jours précédents, il était sous filature. Les membres de la section spéciale O l'ont suivi pas à pas, avec leurs jumelles, et l'ont vu, lui et son sbire, acheter de bonnes bottes, des vêtements chauds et divers équipements. Arcadi se préparait pour la chasse à la poudre noire. Passionné de ce sport, il possède quantité d'armes légales. Il a donc été décidé que ce sera le groupe tactique d'intervention (GTI) de la GRC qui l'appréhendera, au cas où les choses tourneraient mal. Mais il a fallu faire vite. Les deux enquêteurs chargés d'arrêter la principale cible de la cellule 8002, Denis Chartrand et Antonio Iannantuoni, se sont levés à 2 h du matin. Mais leur mandat est arrivé tardivement et ils sont partis de Montréal sur les chapeaux de roue. Hemmingford est à au moins trois quarts d'heure de route et ils craignent de ne pouvoir arrêter Arcadi avant qu'il quitte son chalet pour chasser. De plus, le GTI n'avait pas encore quitté la métropole. La journée a commencé avec un stress dont ils auraient pu se passer.

Les deux enquêteurs roulaient encore sur l'autoroute 15 lorsqu'ils ont entendu les policiers fileurs dire sur les ondes qu'ils venaient d'observer Arcadi déposer ses armes dans son VUS et démarrer le moteur pour réchauffer l'habitacle. Les enquêteurs ont appuyé sur l'accélérateur, sont sortis de l'autoroute et ont emprunté une petite route. Ils ont été doublés par les deux camionnettes du GTI. Les choses se sont mises en place lentement. Le soleil n'était pas encore levé lorsqu'ils sont arrivés à proximité du chalet. Arcadi et son garde du corps n'étaient pas encore partis. Des négociateurs étaient sur place au cas où ils seraient barricadés et qu'il aurait fallu les convaincre de sortir. Mais ils ne sont pas intervenus. Les suspects ont quitté le chalet sans se douter de quoi que ce soit et ont pris place dans le véhicule. Ils s'apprêtaient à chasser sans savoir qu'ils seraient les proies. Les policiers ont convenu d'attendre qu'ils démarrent pour ensuite les arrêter sur le chemin, au moment où leurs armes seraient moins accessibles.

Environ trois kilomètres plus loin, sur une route de terre, le feu vert a été donné. Les deux camionnettes se sont approchées à toute vitesse du VUS des chasseurs, l'ont pris en tenaille et poussé sur le bas côté du chemin. Des hommes casqués et armés se sont précipités vers le véhicule et ont mis en joue les chasseurs sidérés. Le garde du corps d'Arcadi a restitué son petit déjeuner tellement la surprise a été totale. Il a eu des haut-le-cœur tout au long du trajet vers Montréal. Arcadi, lui, était blanc comme un drap. Peut-être a-t-il cru un moment que c'étaient d'autres individus que les policiers – et qui lui auraient voulu encore plus de mal – qui l'attaquaient. Si tel est le cas, il a dû être sous le choc, mais soulagé.

Le sergent-détective Iannantuoni a mis Francesco Arcadi en état d'arrestation et lui a lu ses droits, dont celui d'appeler un avocat. Les enquêteurs lui ont ensuite passé les menottes, non sans difficulté en raison de la grosseur de ses poignets. Le trio est ensuite revenu sur ses pas et est retourné au chalet d'Arcadi, qui s'inquiétait pour la sécurité de ses chiens. Les animaux étaient effectivement énervés par la présence des policiers et les enquêteurs ont permis au mafioso de descendre de la camionnette pour les attacher. Avant d'entrer dans le chalet, les enquêteurs ont demandé à Arcadi s'il y avait des pièges. Le suspect a répondu par la négative, mais a admis qu'il y avait des armes. Arcadi était prêt à soutenir un siège. Outre un système sophistiqué de caméras intérieures et extérieures infrarouges, les policiers ont constaté que quelques armes de chasse avaient été disposées stratégiquement dans la résidence, appuyées sur les murs du rez-de-chaussée entre deux fenêtres et dans la chambre à coucher près du lit. Le mafioso, qui était vêtu pour la chasse, a demandé à se changer et à pouvoir retirer ses grosses bottes, mais cela lui a été refusé. Durant le trajet vers Montréal, Arcadi est demeuré calme et a peu parlé. Avec l'enquêteur Iannantuoni, qui était assis avec lui à l'arrière, il a échangé quelques mots en italien qui ne passeront pas à l'histoire. Les policiers lui ont offert une menthe avant de sortir du véhicule et de l'escorter, sous les flashs des caméras, jusqu'au bloc cellulaire de la GRC.

Comment les policiers se partagent-ils les individus qu'ils s'apprêtent à arrêter le jour d'une frappe majeure ? Dans l'opération Colisée ainsi que la plupart du temps dans les autres opérations, cela se fait un peu au mérite, c'est-à-dire que les enquêteurs principaux ou ceux dont les rôles ont été plus importants dans la judiciarisation des différents dossiers ont le premier choix. Ainsi, l'enquêteur Godbout, l'un des derniers arrivés dans la cellule 8002, choisit Giuseppe Fetta, 27 ans, un homme de main de Lorenzo Giordano apparu sur le tard dans l'enquête lorsque les tensions entre clans devenaient de plus en plus sérieuses. Mais ce n'est pas là la principale raison.

Costaud, Fetta est un ancien bagarreur du Drakkar de Baie-Comeau et des Remparts de Québec de la Ligue de hockey junior majeur du Québec, pour laquelle arbitrait toujours Godbout à cette époque. Même s'il a déjà arbitré certains de ses matchs, Fetta ne reconnaît pas le policier. Durant l'enquête, Fetta a été filmé en train de tester des armes dans un entrepôt et il sera accusé de ce fait.

En raison notamment de la langue, l'enquêteur Tonino Bianco est l'un de ceux qui arrêtent Nicolo Rizzuto lorsqu'il sort de sa maison, rue Antoine-Berthelet, son fameux feutre sur la tête. Le gendarme René Gervais, pour sa part, passe les menottes à Rocco Sollecito. Parce que la police veut s'attaquer à leurs avoirs, ce sont des enquêteurs de l'Unité mixte des produits de la criminalité de la GRC qui appréhendent Francesco Del Balso et Giuseppe Torre. Le caporal Michel Fortin, qui a joué un rôle clé dans l'analyse de l'écoute durant quatre ans et qui est le premier à choisir pour la frappe, aurait souhaité arrêter Torre, car il l'a écouté durant des heures sur les lignes. De plus, Torre habite à quelques pas de son associé également appréhendé ce matin-là, Ray Kanho, et les deux hommes auraient pu se regarder, menottes aux poings. Finalement, il se rabat sur le *consigliere* du clan des Rizzuto, Paolo Renda. Ce dernier ne dit mot lorsque les policiers frappent à sa porte, mais il les attend depuis au moins 6 h du matin ce jour-là « comme s'il était déjà prêt à partir, les dents brossées », décrit le caporal Fortin.

Le fait que des suspects attendaient les policiers, ce matin-là, a jeté des doutes sur l'étanchéité de l'enquête et suggéré qu'une taupe dans les rangs de la police avait renseigné la mafia. Certaines informations indiquent que l'opération policière a été reportée à six reprises entre le 25 avril et le 22 novembre 2006. La dernière date prévue avait été fixée une semaine avant la frappe, mais elle avait aussi été reportée en raison de la non-disponibilité des juges réunis en congrès. Chaque fois qu'ils croyaient que la police était sur le point de sonner à leur porte, des suspects dormaient ailleurs que chez eux pour éviter de se faire prendre.

« J'ai entendu dire qu'après les motards, ils s'en venaient pour vous, les gars », aurait dit un inconnu à un membre de la mafia au cours d'une conversation captée par les policiers dans les jours précédant la frappe. « Avez-vous loué vos autobus ? » se serait même fait demander un enquêteur de la cellule 8002 par un individu lié à la mafia, à l'approche du jour J. Plus inquiétant encore, le 9 novembre, deux semaines avant le ratissage, les policiers entendent Giuseppe Torre, sous écoute, dire que la GRC et Revenu Canada, en collaboration avec la SQ, mèneraient une importante opération le 15 novembre, une date qui a effectivement été envisagée.

Depuis deux ans, les enquêteurs de Colisée ont en effet une taupe potentielle dans leurs rangs : il s'agit d'Angelo Cecere, un employé civil, presque aveugle, traducteur à la salle d'écoute. C'est au printemps 2006, en enquêtant sur un réseau d'exportateurs d'ecstasy vers les États-Unis, que les policiers d'une autre section de la GRC ont eu vent des premiers doutes concernant une pomme pourrie en leur sein. En 2007, ils déclencheront l'enquête interne Clandestin, durant laquelle ils réussiront à mettre la main sur une liste de noms fournis à des criminels par la taupe. En y regardant de plus près, ils constateront que l'un des noms sur la liste est écrit de façon incorrecte et qu'un employé de la salle d'écoute l'épelle de cette façon : Angelo Cecere. Pour le compromettre, les limiers créeront de toutes pièces une fausse enquête baptisée « Chevelu » visant Giuseppe De Vito et inviteront Cecere à une rencontre d'enquêteurs le 17 juillet 2007. Alors qu'il n'en a pas le droit, Angelo Cecere copiera ensuite un document distribué lors de la réunion et le dissimulera sur lui avant de quitter le bureau. Il demandera à un de ses fils de dire à « son ami » de venir à la maison parce que « c'est important ». Le lendemain, les policiers arrêteront, au moment où il sortira de la maison de Cecere, Nicola Di Marco, un homme de main de Giuseppe De Vito. Celui-ci a en sa possession le document copié par le traducteur. Cecere sera arrêté et accusé.

En avril 2007, un indicateur avait informé la GRC que Cecere, qui avait été affecté à l'enquête Colisée en septembre 2004, aurait donné de l'information sur la vaste enquête en cours à des membres de la mafia. Tous les enquêteurs de la cellule 8002 interviewés pour ce livre croient que les fuites ont été limitées et que si les suspects connaissaient les dates de ratissage à la fin, c'est parce que de plus en plus de policiers de différents corps et sections étaient au courant des préparatifs du jour J.

« Tu ne peux pas avoir autant de monde impliqué sans qu'il y ait des fuites », dit Antonio Iannantuoni. « Il y avait tellement de partage d'informations que c'était devenu un secret de Polichinelle. Mais, sur le terrain, on voyait bien qu'on n'était pas brûlés. L'écoute et les images au Consenza, ça a été bon jusqu'à la dernière minute », ajoute Michel Fortin.

Toutefois, l'un des suspects visés dans Colisée, Giuseppe De Vito, semble faire attention à ce qu'il dit, comme s'il se savait espionné par les policiers, lorsqu'il est convoqué au quartier général des Siciliens dans les derniers mois de l'enquête. C'est pour ce chef de clan que Cecere aurait travaillé, croient les enquêteurs. Ils soupçonnent que Cecere aurait mis De Vito au courant de l'enquête après que ce dernier s'est rendu au café Consenza, sur ordre des chefs, à la suite de la saisie des 218 kilos de cocaïne à l'aéroport Trudeau, en janvier 2005. Le soir où il est convoqué au Consenza, De Vito ne mâche pas ses mots contre les importateurs qui ont brûlé son système d'importation parce qu'ils se sont fait saisir la cocaïne et qu'ils en ont importé plus que prévu à son insu et à l'insu des patrons de la mafia. Mais les rares fois où De Vito se rend au Consenza, par la suite, il se contente de dire oui ou non lorsqu'on lui adresse la parole. Non seulement des enquêteurs croient que De Vito a alors été prévenu de l'enquête en cours par Cecere, mais ils pensent également que le mafioso n'a pas partagé l'information avec les membres des autres clans, vraisemblablement dans l'espoir de leur nuire et pour son propre profit. Ils avancent quelques arguments : que les tensions étaient apparues entre De Vito et des capitaines du clan Rizzuto à cette étape de l'enquête ; qu'à la suite de l'enlèvement d'un exportateur de marijuana, Nicola Varacalli, au plus fort d'un conflit entre les Rizzuto et un autre clan le soir de l'Halloween 2005, De Vito ne dit rien sur l'écoute et ne s'en mêle pas même s'il est impliqué dans cette affaire ; qu'environ dix mois avant la frappe, un associé de De Vito croise un policier du SPVM et lui dit qu'il n'a rien à se reprocher, laissant entendre qu'il sait que quelque chose s'en vient ; enfin, que Giuseppe De Vito a déjà quitté sa maison tôt le matin du 15 novembre 2006, l'une des dates d'abord prévues pour la frappe. Il sera arrêté seulement quatre ans plus tard. En revanche, d'autres enquêteurs doutent que De Vito était au courant de l'enquête

C'est un Vito Rizzuto comme toujours tiré à quatre épingles qui s'est présenté en cour municipale pour une affaire de conduite avec facultés affaiblies, en décembre 2003, à peine un mois avant son arrestation pour les meurtres de trois lieutenants du clan Bonanno, à New York.
Photo : Robert Nadon, *La Presse*

Giuseppe «Joe» Di Maulo

Une des photos de filature de Francesco «Chit» Del Balso prise par les enquêteurs de Ziploc et montrée ensuite aux enquêteurs de Colisée.

Francesco Arcadi lors d'une partie de golf avec Vito Rizzuto en République dominicaine, en janvier 2003.

Vito Rizzuto est sur le point d'être extradé aux États-Unis, le 17 août 2006. À gauche, en civil, le policier du SPVM Nicodemo Milano.

Une vue intérieure des locaux de paris sportifs de la mafia, rue Bergar, à Laval.

C'est dans ce secteur du tarmac de l'aéroport Trudeau que les deux conteneurs à bagages contenant les 218 kilos de cocaïne ont été repérés par le sergent Mike Roussy.

Les agents des services frontaliers déposent sur une palette une partie des 218 kilos de cocaïne qui viennent d'être découverts dans les conteneurs à bagages.

Giuseppe De Vito serre la main de Francesco Arcadi en entrant dans la pièce du milieu du Consenza où il a été convoqué, après que les patrons de la mafia eurent appris qu'une centaine de kilos de cocaïne sur les 218 saisis avaient été importés à leur insu.

C'est un long travail qui attendait les douaniers lorsqu'ils ont ouvert la porte du conteneur. Les 300 kilos de cocaïne étaient dissimulés dans les derniers barils, au fond.

Des enquêteurs de la cellule 8002 après la découverte des 300 kilos de cocaïne. Deuxième à partir de la gauche, Mike Roussy; deuxième à partir de la droite, Simon Godbout, son éternelle caméra à la main; à l'extrême-droite, son partenaire Alain Ouellette.

Le sergent détective Simon Godbout photographié devant le logo du bureau des stupéfiants de la police haïtienne, à l'été 2006.

Le jour de la rafle de Colisée, l'enquêteur Denis Chartrand, à gauche, a arrêté Francesco Arcadi en compagnie du sergent-détective Antonio Iannantuoni, au fond à l'extrême droite.
Photo: François Roy, *La Presse*

Le caporal Michel Fortin, à gauche, a appréhendé
le *consigliere* Paolo Renda le 22 novembre 2006.
Photo: François Roy, *La Presse*

Le gendarme René Gervais, à droite, escorte Rocco Sollecito
à son arrivée au QG de la GRC, le jour de la rafle.
Photo : François Roy, *La Presse*

À la fin de son interrogatoire, le patriarche Nicolo Rizzuto dit au sergent-détective Antonio Iannantuoni qu'il en a assez vu, en faisant un geste avec ses mains.

Paolo Renda est demeuré de glace, les bras croisés, à côté du caporal Michel Fortin lors de son interrogatoire.

Salvatore Cazzetta (à gauche) et Sergio Piccirilli filmés par les enquêteurs du projet Cléopâtre, après une rencontre avec le Hells Angels Claude Pépin en février 2006.

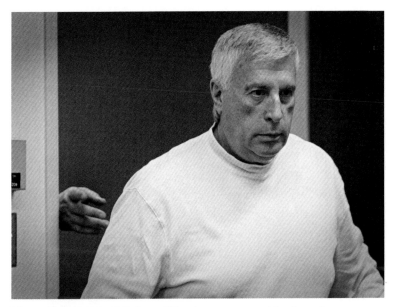

Moreno Gallo photographié alors qu'il luttait contre son expulsion devant la
Commission de l'immigration et du statut de réfugié.
Photo : Ivanoh Demers, *La Presse*

Le chef de clan rebelle Giuseppe De Vito
était surnommé « Ponytail » en raison de
ses cheveux qu'il portait souvent en queue
de cheval.

Giovanni Bertolo assassiné en août 2005,
le meurtre par lequel tout est arrivé.

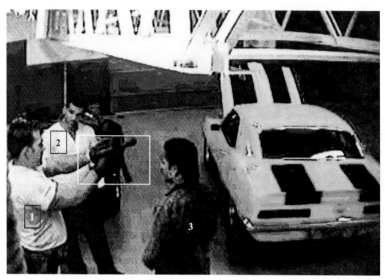

Giuseppe Fetta et son groupe testent le fonctionnement d'armes dans un garage espionné par la police, après le meurtre de Domenico Macri.

L'étoile montante de la mafia Domenico Macri, tué en représailles à l'assassinat de Giovanni Bertolo.

L'aspirant parrain Salvatore Montagna assassiné sur l'Île Vaudry, à Charlemagne, le 24 novembre 2011.

Funérailles de Nick Rizzuto junior le 2 janvier 2010,
à l'église Notre-Dame-de-la-Défense, dans la Petite Italie.
Photo : David Boily, *La Presse*

Nicolo Rizzuto cache dans ses bas une liasse d'argent qu'il vient de recevoir au Club social Consenza, épié par la police.

Il y avait foule lors du traditionnel party de Noël de l'Associazione Cattolica Eraclea, le 24 décembre 2005.

L'ex-entrepreneur en construction Lino Zambito, à gauche, remet une enveloppe d'argent à Nicolo Milioto à l'Associazione Cattolica Eraclea, le 24 décembre 2005.

Vito Rizzuto photographié à l'aéroport Trudeau,
lors d'un retour de voyage en janvier 2013.
Photo: Édouard Plante-Fréchette, *La Presse*

L'une des dernières photos de Vito Rizzuto, à gauche, en compagnie de Mᵉ Loris Cavaliere, Vito Salvaggio, Stefano Sollecito et d'un inconnu prise après une rencontre dans un restaurant de la rue Rachel Ouest, en juillet 2013.
Photo : Félix O.J. Fournier

Leonardo Rizzuto a été arrêté à son domicile de Laval le matin de l'opération Magot-Mastiff de l'Escouade régionale mixte de Montréal, le 19 novembre 2015.
Photo : Alain Roberge, *La Presse*

Les funérailles de Lorenzo Giordano ont eu lieu le 8 mars 2016 à l'église Marie-Auxiliatrice dans le quartier Rivière-des-Prairies, à Montréal.
Photo : David Boily, *La Presse*

en cours depuis longtemps. On ne le saura probablement jamais. De Vito est mort assassiné en 2013.

Le matin du 22 novembre 2006, les suspects arrêtés sont conduits au quartier général de la GRC et interrogés. Les enquêteurs de la cellule 8002 doivent rencontrer une dizaine d'individus, chacun pendant quelques minutes. Ils ne sont pas complètement satisfaits de la façon dont cela a été planifié, mais ils procèdent tout de même aux interrogatoires. L'un de ceux-ci finit même presque en empoignade. Dans la plus pure tradition mafieuse, les suspects ne font aucune déclaration compromettante ou s'enferment même dans un mutisme total. Les enquêteurs s'y attendaient, mais ils en font peu de cas. Le but premier de l'exercice consiste surtout à faire savoir à chacun des suspects ce que la police a contre lui. Dans les salles d'interrogatoire, les policiers sortent leurs ordinateurs portables et diffusent des photos et des vidéos, dont certaines ont été captées au Consenza. « La preuve était préparée un peu comme un documentaire », dit un ex-enquêteur.

Lorsque Nicolo Rizzuto s'assoit avec le caporal Fortin et l'enquêteur Iannantuoni dans la salle qui leur est assignée, il est d'abord question de son droit à un avocat. La conversation se déroule en italien et le patriarche semble dire qu'il n'a pas très bien compris les explications des policiers qui l'ont arrêté, à moins que le vieux renard joue la comédie. Le parrain dit ignorer ce dont les deux enquêteurs parlent et les crimes qui lui sont reprochés, jusqu'à ce que le sergent-détective Iannantuoni démarre la lecture d'un CD.

— Je n'ai rien à répondre, je vais regarder seulement. C'est l'avocat qui va voir, dit d'abord Nicolo Rizzuto, qui commence à visionner le film.

— Avez-vous besoin de lunettes? demande Iannantuoni au bout de quelques minutes.

— Non, grâce à Dieu, je n'en ai pas encore besoin, répond le vieillard de 82 ans tout en continuant à regarder la vidéo.

Durant le visionnement, le mafioso se frotte l'œil droit.

— Vous vous sentez bien? demande encore l'enquêteur, qui traduit au fur et à mesure les réponses de Nicolo Rizzuto à son collègue Michel Fortin.

— Oh, j'ai encore la santé grâce à Dieu, marmonne le suspect.

Nicolo Rizzuto dit ne pas connaître des gens qui apparaissent sur la vidéo. Il assure n'être au courant de rien et n'avoir jamais vu les actes filmés par les policiers. «Je vois des choses que je n'aime pas», dit-il. Puis les enquêteurs présentent un extrait d'un partage d'argent en cinq liasses au Consenza. C'en est trop pour le patriarche.

«Je suis étourdi, je ne suis au courant de rien de ça. Pour moi, c'est assez, je n'ai plus besoin de rien voir», lance Nicolo Rizzuto, agacé, en se levant et en mettant la main sur l'épaule de l'enquêteur Iannantuoni. Les deux policiers comprennent que la rencontre, qui aura duré 23 minutes, est terminée.

L'entretien avec Paolo Renda sera tout aussi court à la différence que, durant tout l'exercice, le *consigliere* reste assis, les bras croisés et ne dit rien. Il écoute les accusations portées contre lui lues par le caporal Fortin. En même temps que l'enquêteur lui résume la preuve, Renda visionne religieusement les images captées par la police. Il hoche la tête en signe de désapprobation lorsqu'il est question de saisies de drogue et de manipulations d'armes. «Je comprends très bien, mais je n'ai rien à dire. Je n'ai aucune question et je vais suivre ce qui va se passer», dit à la fin Renda, qui ajoute que s'il pouvait appeler sa femme, cela lui « ferait plaisir».

Le matin du 22 novembre, deux cibles importantes de la cellule 8002 échappent aux enquêteurs : Angelo Follano et Lorenzo Giordano. Follano, acteur important de la saisie de 300 kilos de cocaïne effectuée en novembre 2005, se rendra aux autorités après trois ans et demi de cavale. Giordano, lui, sera trahi par la présence d'une femme et arrêté en octobre 2008 au moment où il court sur un tapis de la salle de gymnase de l'immeuble à condos où il se cache, au centre-ville de Toronto. Lors de son rapatriement dans la métropole, Giordano maugrée contre certains complices qui ont, selon lui, facilité la tâche des policiers durant l'enquête Colisée. Plus tard, il sera conduit dans une salle d'interrogatoire du quartier général de la GRC, où les policiers ont préparé une petite mise en scène. Ils ont affiché au mur l'organigramme du groupe de Francesco Arcadi, dont Giordano fait partie. En entrant dans le local, Lorenzo Giordano l'aperçoit, fixé au mur. Il constate que sa photo a été épinglée sous celle d'Arcadi, mais au-dessus de celle d'un importateur.

— Il va en prendre pour combien ? demande Giordano.

— Quinze ans, répond l'un des enquêteurs.

— Et moi, selon ce que je vois, vous me considérez au-dessus de lui ? poursuit Giordano.

— Oui, acquiesce l'enquêteur.

Les policiers lui parlent de plusieurs crimes commis durant l'enquête Colisée et Giordano nie toute implication, même si certains éléments semblent indiquer le contraire. On lui propose de subir le test du polygraphe et de le questionner sur plusieurs événements.

— Vous voulez m'interroger sur tout ce dont vous venez de me parler ? demande Giordano.

— Oui, répondent les policiers.

— Dans ce cas, ce sera non, tranche le détenu.

Giordano sera accusé de gangstérisme, de complot et de possession des produits de la criminalité, et plaidera coupable. Il souhaitait être condamné à 15 ans et c'est ce qu'il recevra comme sentence. Lui, son acolyte Francesco Del Balso, son patron Francesco Arcadi, le *consigliere* Paolo Renda, le responsable de la construction dans le clan des Siciliens Rocco Sollecito et, enfin, le vieux parrain Nicolo Rizzuto seront considérés par la Couronne comme les six « têtes dirigeantes » de l'organisation. Ils plaideront tous coupables, faisant ainsi en sorte que la plus grande partie de la preuve accumulée contre eux ne sera jamais rendue publique. Outre Giordano, Arcadi et Del Balso ont reçu les peines les plus sévères. Des rumeurs veulent qu'ils se soient sacrifiés pour leurs supérieurs hiérarchiques, qu'ils étaient résignés mais pas très heureux. Sollecito et Renda ont été condamnés respectivement à huit et à six ans de pénitencier. Quant à Nicolo Rizzuto, il a reçu une peine de quatre ans. Mais puisqu'à l'époque le temps passé en détention préventive était calculé en double, il sera libéré le jour où il recevra sa sentence, en octobre 2008.

Au total, environ 90 personnes ont été accusées à l'issue de l'enquête Colisée, mais il aurait pu y en avoir davantage. Quelques individus s'en sont tirés parce que leur arrestation n'aurait pas cadré avec la théorie de la poursuite voulant que les infractions aient été faites au profit des membres du clan des Siciliens, dont les chefs fréquentaient le Consenza. Les individus épargnés ne faisaient en effet pas partie du clan des Rizzuto et n'ont pas été visés directement par l'enquête. En revanche, ils ont été vus à plusieurs reprises au quartier général de la rue Jarry, arrivant ou repartant avec des liasses d'argent, et ont pris part à des dizaines de communications enregistrées par les policiers. Antonio Mucci et Antonio Vanelli, autrefois associés au clan Cotroni et toujours considérés comme faisant partie de la faction dite calabraise de la mafia montréalaise, auraient pu être arrêtés, nous a-t-on dit. Mais un autre nom a résonné plus fortement, soit celui de Moreno Gallo.

* * *

Selon des documents de l'enquête Colisée, le Calabrais est venu à 78 reprises au Consenza entre juin 2004 et novembre 2006. Il a été vu apportant de l'argent au quartier général des Siciliens à au moins trois reprises, les 11 mai, 4 août et 26 août 2005. Cette dernière fois, Nicolo Rizzuto prend une liasse d'argent d'environ deux centimètres d'épaisseur que Gallo lui a apportée et la cache dans ses bas. Au printemps 2006, au moment où la tension est vive entre clans de la mafia, Gallo et ses associés sont également vus dans le café de la rue Jarry, devenu l'Associazione Cattolica Eraclea, dans le contexte de ce qui ressemble à un nouveau partage des profits. Mais ce sont aussi ses liens avec les motards qui n'aident pas la cause du Calabrais.

Au début de 2003, durant l'enquête Ziploc, menée par la SQ, l'agent source Martin Roy, qui porte toujours un enregistreur, se retrouve au beau milieu d'un litige qui aurait pu se terminer dans le sang entre le Hells Angels Yves Leduc et le chef de clan de la mafia Andrew Scoppa. Leduc reproche à ce dernier d'avoir acquis un bar et d'y effectuer du trafic de stupéfiants alors que l'établissement se trouve sur son territoire. Des vendeurs des deux camps en viennent aux coups de couteau dans la rue. Yves Leduc veut d'abord s'adresser à Vito Rizzuto pour régler le conflit, mais le parrain n'est pas disponible et remet le dossier entre les mains de Lorenzo Giordano et de Francesco Del Balso. Mais l'affaire continue de traîner en longueur et, le 14 avril 2003, Leduc, excédé, dit à Martin Roy qu'il en a assez de Scoppa et qu'il est prêt à l'éliminer. Il décide de tenir une rencontre de la dernière chance en présence de Moreno Gallo au bar de danseuses Solid Gold, boulevard Saint-Laurent, où le Calabrais serait gérant. Ce sont finalement Gallo et Vito Rizzuto qui régleront le litige. Les enquêteurs de Ziploc refilent ces informations à leurs collègues de Colisée. Ceux-ci veulent accuser Moreno Gallo de gangstérisme, mais les procureurs refusent, car le Calabrais ne cadre pas dans la théorie de la preuve. Durant l'enquête Colisée, Gallo est vu fréquemment au Solid Gold, surnommé « le royaume de Moreno ». Les enquêteurs de Colisée n'ont jamais mis le bar sous écoute. S'ils l'avaient fait, le Calabrais aurait vraisemblablement été arrêté.

« Chaque fois qu'on voit Gallo au Consenza, c'est lorsque ses gars ont des problèmes avec ceux d'Arcadi. On avait pratiquement plus de preuves contre Gallo que contre Paolo Renda. Les deux jouaient le même rôle, mais dans des groupes différents. Gallo amène de l'argent et règle des conflits qui sont toujours liés à la distribution de la drogue », dit le caporal Fortin.

Au moment où le conflit Leduc-Scoppa est sur le point de se régler, Gallo confie à son adjoint, Antonio Mucci, le mandat de finaliser le dossier, car il a des conditions à respecter et il ne peut être vu avec des criminels. Ces conditions seront son talon d'Achille.

* * *

Cinq heures du matin, le 2 septembre 1973. Angelo Facchino, 26 ans, un trafiquant de stupéfiants à la solde du clan Dubois, est assis seul dans sa Javelin grise de l'année garée rue Saint-Denis, près du carré Saint-Louis, lorsque deux hommes s'approchent. L'un d'eux vide son Smith & Wesson de calibre .38 en sa direction et l'atteint de trois balles à la tête. Les deux agresseurs fuient les lieux en courant et montent à bord d'une Pontiac rouge et blanc garée rue Drolet. Ils démarrent en trombe, mais ils sont suivis par deux militaires du manège des Fusiliers Mont-Royal, situé tout près, qui alertent la police. Les suspects sont rapidement interceptés et arrêtés. Le tireur est Moreno Gallo, 28 ans, et son complice, Antonio Vanelli. Gallo dit aux policiers avoir voulu avertir Facchino de cesser de vendre de la drogue à sa sœur, mais qu'au moment où il s'est approché, il a pensé que l'autre sortait une arme et il a tiré. La police n'a jamais cru à cette version. Elle soupçonne même Gallo d'avoir commis deux autres meurtres – pour lesquels il ne sera jamais accusé – et d'être lié au clan Cotroni. Gallo plaide coupable et est condamné à l'emprisonnement à perpétuité sans possibilité de libération conditionnelle avant dix ans. Il obtient sa libération conditionnelle en 1983 et sort, officiellement du moins, des radars policiers pendant plus de 20 ans jusqu'à ce que les enquêteurs de Colisée l'observent en compagnie des mafiosi du Consenza. En ayant ces fréquentations, Gallo enfreint les conditions qui lui ont été imposées à vie. Puisqu'ils ne peuvent pas l'accuser, les enquêteurs décident au moins de l'arrêter pour non-respect des conditions et de le renvoyer ainsi derrière les barreaux.

Après la frappe du 22 novembre 2006, les enquêteurs épluchent les dossiers de plusieurs autres individus soupçonnés de ne pas avoir respecté leurs conditions, dont Stefano Sollecito, l'un des fils de Rocco Sollecito, qu'ils ont vu en compagnie de criminels durant l'enquête Colisée.

C'est à René Gervais que revient le mandat de monter le dossier de Moreno Gallo. En mars 2007, le gendarme se présente aux bureaux des libérations conditionnelles à Laval.

— Bonjour, gendarme René Gervais de la GRC. Si nous trouvons quelque chose sur M. Gallo, est-ce qu'il pourrait être renvoyé en prison ?

— Oui, il a une obligation de garder la paix et d'avoir une bonne conduite, dit une employée en examinant le dossier du délinquant.

— OK. Et que fait M. Gallo ?

— Il ne fait rien. Tout est beau. Il se rend au Mexique chaque hiver. Il se rapporte tous les mois, et nous appelons régulièrement la police, qui n'a rien à nous signaler. Il n'y a aucun problème avec M. Gallo, répond la femme.

— Merci, répond le gendarme avant de tourner les talons.

Deux semaines plus tard, René Gervais se présente au même bureau et dépose sur le comptoir un document étoffé.

— Vous m'avez dit l'autre jour que M. Gallo respecte ses conditions. Voici ce que nous avons sur lui, annonce le gendarme à la même employée.

Le femme feuillette le dossier. Plus elle tourne les pages, plus elle fronce les sourcils.

— Comment se fait-il qu'on n'ait pas vu ça avant? s'exclame-t-elle, irritée.

— Madame, on ne pouvait pas courir le risque de compromettre notre enquête qui a duré cinq ans, répond l'enquêteur.

Il est 13 h, le 4 avril, lorsque l'enquêteur Gervais se présente au bureau des libérations conditionnelles. La responsable demande à lire le document avant de rendre sa décision, mais elle ne le parcourt même pas jusqu'à la fin. À 15 h, René Gervais quitte les bureaux avec le mandat permettant d'arrêter Moreno Gallo.

Normalement, la direction des libérations conditionnelles appelle la police locale ou la SQ pour effectuer ce genre d'arrestation, mais les enquêteurs veulent procéder eux-mêmes, car ils considèrent que cela aurait dû être fait le 22 novembre précédent. René Gervais ne sera effectivement pas seul pour appréhender le Calabrais. Le noyau dur de la cellule 8002 veut aussi être de la partie.

Répartis dans cinq véhicules de filature, les enquêteurs observent en fin d'après-midi la populaire boulangerie Motta de la Petite Italie, appartenant à la famille Gallo, lorsqu'ils voient leur cible en sortir et monter à bord de sa Mercedes E500 grise. Le Calabrais se dirige vers sa résidence de Laval, sans se douter qu'un cortège fantôme le suit. Il se gare dans l'entrée, sort de sa voiture et s'apprête à entrer dans la maison lorsque plusieurs véhicules s'immobilisent près du sien. La noirceur tombe sous une petite neige fondante. Les policiers ont rapidement obtenu un mandat d'arrestation, mais il leur permet d'appréhender leur cible uniquement sur la voie publique. Ils se dépêchent d'interpeller Gallo avant que celui-ci entre dans sa résidence. Les enquêteurs s'identifient et expliquent qu'ils sont venus l'arrêter pour non-respect des conditions et qu'il ne dormira pas chez lui cette nuit. Moreno Gallo dit qu'il doit avertir sa famille, et pour que tout se passe discrètement, les policiers attendent dans son garage d'une propreté immaculée : «On aurait pu manger sur le plancher de céramique», disent-ils. Gallo est ensuite menotté et escorté à la GRC pour interrogatoire.

Fidèle à lui-même, Moreno Gallo commence par remercier les policiers d'avoir agi en «gentlemen» lors de son arrestation. Il accorde ensuite une entrevue de près de trois heures dans laquelle il ne dit rien mais tout à la fois. René Gervais et Michel Fortin font un résumé de la preuve qu'ils ont contre lui, dont des vidéos tournées au Consenza. Gallo dit qu'il n'importe et ne trafique aucune drogue. Il admet régler des problèmes et ne comprend pas pourquoi c'est si grave. «Ce sont les autres qui viennent me voir. Je veux juste aider les gens», se défend-il. Mais, en se justifiant, Moreno Gallo s'enfonce. C'est justement ça la définition du gangstérisme, lui expliquent les enquêteurs.

«Vous, M. Gallo, si je vous comprends bien, tout ce que vous faites, c'est pour aider la communauté, pour ne pas que le monde se tue. Je suis certain que dans une vie antérieure, vous étiez un missionnaire», lance le gendarme Gervais au mafioso, qui esquisse un sourire. «À l'écouter, il était comme un prêcheur. Il servait la communauté. Mais c'est vrai que les criminels, les motards en particulier, lui vouaient un respect sans borne», dit René Gervais aujourd'hui.

«Si c'est ça le gangstérisme, alors je suis coupable et envoyez-moi en prison», conclut Moreno Gallo à la fin de l'entretien.

C'est exactement ce qui se produit. L'enquêteur Godbout est de ceux qui escortent le Calabrais jusqu'au Centre de détention de Rivière-des-Prairies, à Montréal. Durant le trajet, Moreno Gallo dit au jeune policier qu'ils ont bien travaillé. Puis, il répète qu'il ne faisait qu'arranger les problèmes, ce qui fait sourciller l'enquêteur.

«M. Gallo, je vous conduis en prison. Par la suite, je vais sûrement me rappeler bien plus de vous que vous allez vous rappeler de moi. Mais s'il vous plaît, ne me prenez pas pour une valise», dit Godbout. «Tu as raison», répond Moreno Gallo. Le reste de la discussion portera sur des banalités, jusqu'à ce que les portes de la prison provinciale se referment derrière le mafioso.

«Vous avez fait une grave erreur en arrêtant Moreno Gallo», dira peu de temps après un autre individu appréhendé par les enquêteurs de Colisée. «Il était le seul capable de tenir toute la mafia, de contrôler tout le monde et de faire régner la paix», ajoutera-t-il.

Comme si son arrestation et son emprisonnement ne suffisaient pas, Moreno Gallo reçoit de plus un coup de massue. En 2008, Immigration Canada et l'Agence des services frontaliers entament contre lui une procédure d'expulsion vers son pays d'origine, l'Italie. Les agences font valoir un règlement selon lequel un individu peut être déporté pour cause de grande criminalité s'il n'a pas sa citoyenneté canadienne. Originaire de la ville de Rovito dans la province de Cosenza, en Calabre, Moreno Gallo est entré au Canada par le port d'Halifax en mai 1954, à l'âge de neuf ans. Sa famille s'est établie à Montréal, et il a commencé à travailler à l'âge de 16 ans, d'abord chez un fabricant de planchers de bois, puis chez Kraft. Il a ensuite ouvert la boulangerie Motta avec son beau-père, dans les années 1970. Tous les membres de sa famille qui ont immigré au Canada ont demandé et obtenu leur citoyenneté canadienne, mais pas lui. Peut-être par laxisme ou justement pour passer entre le mur et la peinture. Il est toujours demeuré résident permanent.

Devant la Commission de l'immigration et du statut de réfugié à Montréal, Moreno Gallo se démène pour ne pas être expulsé, témoignages vibrants de membres de sa famille et lettres de la communauté italienne à l'appui. Il admet avoir fait une erreur de parcours en commettant un meurtre en 1973 et nie être un membre de la mafia, ce qu'il attribue à une invention des médias. De sa voix rauque, il dit être semi-retraité et vouloir maintenant s'occuper de sa famille, mais rien n'y fait : un commissaire ordonne son expulsion. Gallo ne s'avoue pas vaincu et s'adresse à la Cour fédérale. Il semble vouloir aller jusqu'au bout de son combat lorsque soudainement, à la fin de 2011, il se résigne et accepte d'être expulsé vers son pays d'origine. Le Calabrais a été prévenu que sa vie était en danger. Il a choisi le mauvais camp.

Chapitre 10

LA RÉVOLTE

Nicola Varacalli filmé par ses ravisseurs en 2005.

L'Associazione Cattolica Eraclea, rue Jarry à Montréal, est en effervescence en cette période des Fêtes 2005. Les préparatifs du traditionnel dîner de Noël pour les membres et amis, qui aura lieu le lendemain 24 décembre, vont bon train. Rocco Sollecito et Paolo Renda sont sur place, discutant et veillant aux préparatifs.

Soudain, leurs visages se crispent: deux individus qu'ils connaissent bien, mais qu'ils préféreraient ne pas voir, entrent dans le café, suivis d'un troisième. Patrizio D'Amico, son cousin Luca D'Amico et Jimmy Bilodeau recherchent Francesco Arcadi et ils sont venus passer un message. L'un d'eux avance dans la pièce du milieu. Une crosse de pistolet scintille sous la lumière diffuse. Sollecito et Renda, les deux lieutenants du clan Rizzuto, sont sidérés. Le trio quitte aussitôt les lieux. En sortant, Patrizio D'Amico fait un signe de la main en direction d'un véhicule utilitaire noir.

Dans leurs bureaux de L'Île-des-Sœurs, les enquêteurs de la cellule 8002 observent sur leurs écrans, incrédules, la scène filmée par la caméra dirigée vers la façade du Consenza. Au signal de Patrizio D'Amico, huit véhicules s'ébranlent en cortège, tournoyant bruyamment dans le stationnement devant le café avant de sortir du cadre de l'image. Les enquêteurs n'en reviennent pas. Ils savent qu'il existe depuis longtemps un litige entre les clans Rizzuto et D'Amico, de Granby, mais ils n'auraient jamais cru assister à une telle démonstration d'intimidation. On dira aux enquêteurs plus tard que ce n'étaient pas huit véhicules qui encerclaient le quartier général de la mafia ce jour-là, mais bien une trentaine dans lesquels se seraient trouvés des dizaines d'hommes lourdement armés venant de plusieurs groupes et ne se connaissant même pas pour la plupart. C'est l'armée des D'Amico et leurs alliés, prêts à aller à la guerre pour obtenir gain de cause. Une dépanneuse fait partie du cortège de véhicules. Certains disent même qu'un lance-roquettes aurait été pointé vers le café pour le rayer de la carte. Une dépanneuse ou une roquette pour défoncer la devanture: on avait le choix. Tout dépendrait du signe de la main que ferait le chef en sortant. Mais ce jour-là, David décide de ne pas terrasser Goliath. Pas encore du moins.

Pour trouver l'origine de ce conflit, les enquêteurs de la cellule 8002 doivent reculer dans leurs archives sonores et visuelles jusqu'à février 2004. C'est à ce moment qu'ils captent des conversations et assistent à des rencontres entre Francesco Arcadi et Luigi D'Amico. Sous l'apparence d'un honnête restaurateur et ancien producteur de fromages, D'Amico, 65 ans, est déjà soupçonné à cette époque de diriger, avec ses fils, la mafia locale de Granby et un réseau d'exportateurs de marijuana à grande échelle vers les États-Unis. C'est lui qui semble solliciter les premières rencontres avec Arcadi, qu'il « connaît depuis des années» et qu'il «aime comme un fils», révéleront dix ans plus tard des documents déposés dans le dossier d'expulsion de D'Amico, qui, à l'instar de Moreno Gallo, était résident permanent, mais n'avait jamais demandé sa citoyenneté canadienne. Les enquêteurs ignorent le but des rencontres entre les deux hommes au début, mais les événements auxquels ils assisteront et les bribes de conversations captées ici et là, au fil des mois, leur permettront de placer une à une les pièces du casse-tête.

Selon ce que la police a appris, le clan de D'Amico aurait exporté plus de 1 000 livres (450 kilos) de marijuana par semaine vers les États-Unis et décidé de s'associer avec le clan Rizzuto pour accroître son chiffre d'affaires. Les Siciliens auraient mis en contact les membres du clan D'Amico avec leur spécialiste de l'exportation de «pot» vers les États-Unis, Giuseppe Colapelle, et un autre individu soupçonné d'être en quelque sorte un «courtier» en la matière, Nicola Varacalli, chargé de trouver les clients américains et de faire passer la frontière à la drogue, selon diverses sources. Tous les deux auraient par ailleurs des liens d'affaires avec le chef de clan Giuseppe De Vito. En contrepartie, le clan Rizzuto exige et reçoit une cote de son associé de Granby.

Mais, dès l'automne 2004, les premiers problèmes surgissent. Les enquêteurs entendent sur les lignes qu'une exportation de marijuana vers les États-Unis a mal tourné : il est question de feuilles de marijuana pourries et d'une perte de 900 000 $. Francesco Arcadi demande à Giuseppe De Vito de convoquer Giuseppe Colapelle au café Maïda, vraisemblablement pour que ce dernier soit battu à coups de bâton de baseball, mais De Vito refuse. La fidélité a vraisemblablement commencé à s'effriter dans son cas. Sur les lignes, les enquêteurs entendront Arcadi vociférer contre De Vito, qui n'a pas obéi à un homme d'honneur.

Le temps passe. Des coups de fil et des rencontres entre les deux clans ne donnent rien.

Les D'Amico accusent maintenant leurs nouveaux partenaires de les avoir floués et d'avoir même volé certains de leurs clients. Cette situation aurait fait en sorte que les D'Amico auraient cumulé de leur côté une dette envers l'un de leurs principaux partenaires, les Hells Angels de Sherbrooke, qui ne sont pas très heureux. Après un exercice de comptabilité, les D'Amico exigent du clan Rizzuto à l'été 2005 la rondelette somme de 9 millions et tiennent Francesco Arcadi responsable.

Au début du mois d'août, des émissaires du clan D'Amico se présentent au Consenza pour remettre une liste de sept personnes qui leur doivent de l'argent, dont Francesco Arcadi. Quelques semaines plus tard, Luigi D'Amico, le patriarche du clan, est incarcéré pour une affaire de stupéfiants. Le sage n'étant plus là, les événements vont se précipiter.

* * *

Le soir de l'Halloween, le 31 octobre 2005, des enfants déguisés rient et gambadent avec leurs sacs remplis de friandises, rue Sauriol à Montréal, et se réjouissent déjà du festin qui les attend lorsqu'ils étaleront leur butin sur la table de cuisine. Nicola Varacalli les observe à une fenêtre, souriant et enviant leur joie et leur innocence, lorsqu'on frappe à sa porte. Quatre personnes déguisées, dont l'une en diable, se dressent devant lui. Varacalli n'a pas le temps de s'attendrir à la vue de ces monstres puisque l'un d'eux, qui n'est manifestement pas un enfant, lui tire fermement le bras et lui intime d'une voix virile l'ordre de monter à bord d'une camionnette garée tout près. Le véhicule s'éloigne et Varacalli disparaît dans la clarté des rayons de lune.

Il est 20 h 45 lorsque sa femme réalise qu'il n'est plus là où il devrait être, près de l'entrée, à distribuer des bonbons. « Nicola ? » l'appelle-t-elle lorsqu'elle remarque une pantoufle de son mari dans l'allée. La maison des Varacalli est protégée par plusieurs caméras de surveillance. La femme visionne les images. Elle ne peut s'empêcher de crier et signale aussitôt le 911. Son mari a été enlevé.

Selon des documents policiers, Varacalli aurait d'abord été conduit dans une propriété de Grenville, en Estrie, où il a passé un temps indéterminé avant d'être emmené dans une propriété de Granby et caché dans un garage. Ses ravisseurs, qui réclament aux Rizzuto cinq millions dans un délai d'une semaine pour sa libération, lui ordonnent d'effectuer des appels d'une durée limitée, pour ne pas être repéré. La première personne qu'appelle Varacalli est Giuseppe De Vito, vraisemblablement parce que le chef de clan est l'un de ceux à qui les D'Amico réclament de l'argent. Est-ce parce qu'il est déjà en rupture avec les Siciliens, qu'il sait que la police écoute ou qu'il ne veut simplement pas s'en mêler ? De Vito délègue Colapelle pour discuter avec les ravisseurs. « Ce sera la guerre. Des mères et des pères souffriront. Il y a eu des erreurs et elles doivent être corrigées », dit à ce dernier un Varacalli paniqué au téléphone. De leur côté, les Siciliens durcissent aussi le ton. La voiture d'un des fils D'Amico, une Porsche Boxster décapotable, nous a-t-on dit, est incendiée chez lui, sous les yeux d'un enfant qui regarde par une fenêtre le véhicule se consumer.

Dans le clan des D'Amico, on se consulte. L'enlèvement de Varacalli n'a donné aucun résultat. La vie de l'otage ne tient qu'à un fil. Mais un ravisseur a une idée pour faire monter d'un cran la pression sur les Rizzuto et les forcer à payer. À la mi-novembre, les enquêteurs de Colisée commencent à entendre dire sur les lignes qu'une cassette est en circulation. Dans le résumé de 400 pages de la preuve de Colisée, il est écrit que c'est l'avocat Gary Martin qui a reçu cette cassette, ce que nie avec vigueur le principal intéressé. « Je n'ai jamais reçu cette cassette. D'ailleurs, si je l'avais reçue, j'aurais appelé le syndic du Barreau, car je crois que j'aurais été obligé d'agir avec célérité et de la remettre à la police parce que la vie d'une personne était en danger », dit-il. Une autre version veut que la cassette ait été donnée directement à Nicolo Rizzuto. Une troisième version, plus folklorique et qui n'a pu être confirmée par une deuxième source, veut qu'un jour Francesco Arcadi ait reçu un appel anonyme l'invitant à aller chercher une enveloppe sous sa voiture et que la cassette s'y trouvait.

Quoi qu'il en soit, les « deux Tony », les enquêteurs Antonio Iannantuoni et Tonino Bianco, sont envoyés en mission – sans succès – pour tenter de se procurer une copie de la cassette ou savoir ce qu'elle contient. Ce n'est que deux ans plus tard que les enquêteurs de la cellule 8002 parviendront à mettre la main sur l'objet convoité. Sur une vidéo en anglais d'une heure et vingt tournée par ses ravisseurs une semaine après son enlèvement, Varacalli, le doigt en l'air, prédit un bain de sang si le clan Rizzuto ne verse pas la somme demandée. Visiblement atteint du syndrome de Stockholm (un sentiment de confiance ou de sympathie que développe un otage envers ses ravisseurs), l'otage, qui demande au vidéaste de continuer à tourner pour lui permettre de poursuivre son envolée, tient des propos trahissant déjà un mécontentement généralisé envers le clan Rizzuto qui dépasse le seul conflit avec les D'Amico. C'est probablement la raison pour laquelle, selon des sources, au moins huit copies de la cassette auraient été envoyées à des clients et à des familles mafieuses de Toronto, de New York et d'autres villes américaines. Une version italienne aurait même été expédiée en Italie. Les Hells Angels de Sherbrooke auraient également reçu leur copie afin qu'en tant que créanciers, ils puissent bien comprendre de quoi il s'agissait.

Le coup semble avoir porté. Le 23 novembre suivant, une réunion au sommet se tient au Consenza où il est question de rencontrer le camp adverse dans un endroit neutre tel le Casino de Montréal ou encore dans la zone sécurisée de l'aéroport Trudeau, où aucun participant ne pourra être armé. Mais, le dossier piétine. Luca D'Amico livre une lettre au quartier général de la mafia adressée à Zio Cola – surnom du parrain Nicolo Rizzuto – l'implorant d'intervenir. Peut-être en signe de bonne volonté, Varacalli est libéré le 8 décembre après cinq semaines de séquestration. Il refuse de porter plainte contre ses ravisseurs et dit avoir été bien traité. Mais, loin de se calmer, la crise s'envenime. Des inconnus auraient eu l'audace de soulever, d'un doigt moqueur, le sempiternel chapeau de feutre du vieux parrain pour l'intimider. L'irruption du 23 décembre 2005 au Consenza précédemment décrite est une véritable déclaration de guerre. L'escalade se poursuivra après les Fêtes avec l'arrivée de nouveaux joueurs.

* * *

Depuis un certain temps, les enquêteurs de Colisée croisent une autre équipe de filature de la police. Ces fileurs suivent des suspects qui espionnent eux-mêmes les Rizzuto. Ce sont les enquêteurs de l'Unité mixte d'enquête sur le crime organisé autochtone de la GRC (UMECO-A), formée de policiers fédéraux et d'enquêteurs de la SQ. Depuis l'été précédent, ces enquêteurs travaillent sur un projet nommé «Cléopâtre» visant un réseau d'exportateurs de marijuana vers les États-Unis basé sur le territoire amérindien de Kanesatake, près d'Oka. Leur cible principale est Sharon Simon, une présumée trafiquante d'armes et de drogues aux surnoms évocateurs de «reine de Kanesatake» et de «veuve noire». Les enquêteurs ont également dans leur mire son amant, un certain Sergio Piccirilli.

Piccirilli, alias «Grizzly», est un personnage énigmatique dont on ne sait trop s'il est lié à la mafia, aux motards, aux autochtones, aux trois à la fois ou encore simplement à lui-même. On ne sait pas non plus si les médias ont tendance à lui donner plus d'importance qu'il en a en réalité. En le condamnant, en janvier 2016, relativement à 26 chefs d'accusation portés à la suite du projet Cléopâtre, la juge Marie-Suzanne Lauzon de la Cour du Québec l'a décrit comme le chef d'une organisation criminelle. Une photo a été déposée en cour sur laquelle il porte une veste de président des Devils Ghosts Rive-Nord, un groupe de motards décrit comme étant «subalterne» des Hells Angels par un expert de la SQ. Piccirilli a témoigné, disant qu'il travaille honnêtement comme remorqueur et qu'il a quitté ce groupe peu de temps après sa fondation. Deux choses sont sûres: Sergio Piccirilli est un ami de l'influent membre des Hells Angels Salvatore Cazzetta depuis leur tendre enfance et il n'a pas froid aux yeux. Il serait à tout le moins impliqué dans la collecte d'argent et la contrebande des cigarettes. Mais, en 2006, la police sait bien peu de choses sur cet homme de 46 ans si ce n'est qu'en 1991, il a été condamné à cinq ans et demi de pénitencier en Alberta pour complot de trafic de stupéfiants, usage d'arme à feu, possession d'explosifs et possession de biens obtenus criminellement.

La légende veut que Piccirilli, alors qu'il était jeune adulte, ait été un tireur d'élite des forces spéciales de l'armée canadienne et ait effectué près de 300 missions. *La Presse* aurait bien voulu en avoir la confirmation auprès de l'armée, mais, après quelques échanges de courriels avec le service des affaires publiques, la correspondance a soudainement pris fin sans explication. Des rumeurs veulent aussi qu'après avoir ouvert un restaurant dans la région de Drummondville durant les années 1980, il ait reçu la visite d'un type qui aurait exigé 25 000 $ pour sa protection. Le jeune restaurateur aurait accepté et demandé au visiteur de revenir un autre jour pour qu'il lui remette l'argent. Lorsque l'homme est revenu, Piccirilli lui aurait tendu une enveloppe contenant 25 000 $ en billets de… Monopoly. Il l'aurait ensuite battu, lui et son patron, et ces derniers ne l'auraient plus jamais importuné. «Mon père me disait que l'homme qui part tous les matins avec sa boîte à lunch, tu le laisses tranquille», a déjà déclaré à un interlocuteur le singulier personnage partisan des vieilles valeurs.

Des documents de l'enquête Cléopâtre révèlent que Sergio Piccirilli serait un ancien chauffeur et tueur à gages du clan Rizzuto, mais qu'il aurait quitté ce dernier après avoir refusé un ordre qui lui avait été donné d'assassiner la femme et l'enfant d'un individu qui devait de l'argent à la famille. Certaines informations qui n'ont pu être vérifiées laissent entendre que Piccirilli aurait eu le mandat du clan Rizzuto de collecter Patrizio D'Amico, mais qu'au moment de le rencontrer, il serait plutôt tombé face à face avec six individus armés cachés dans des placards. Quelqu'un du clan des Siciliens aurait-il annoncé délibérément à D'Amico qu'ils lui envoyaient un redoutable émissaire pour le collecter ? Si tel est le cas, on peut imaginer que Piccirilli, qui serait sorti indemne de ce mauvais pas, n'aurait pas apprécié.

En ce mois de janvier 2006, le téléphone de Piccirilli est mis sous écoute par les enquêteurs de l'UMECO autochtone. Ceux de la cellule 8002, de leur côté, commencent à entendre parler sur les lignes du solide gaillard comme étant un allié des D'Amico qui n'a pas nécessairement de bonnes intentions. Puisque les enquêtes Colisée et Cléopâtre se croisent, les deux équipes d'enquêteurs collaboreront. Le fait d'avoir les deux angles leur permettra d'apprécier les nombreux rebondissements du 19 janvier.

Cet après-midi-là, comme il le fait chaque semaine, Francesco Arcadi est assis sur la chaise de son barbier favori, à Saint-Léonard, lorsque son téléphone sonne. « Tu vas être beau bonhomme quand tu vas sortir de là », lui aurait dit un interlocuteur anonyme avant de raccrocher. Arcadi regarde nerveusement vers la fenêtre. Il en conclut que ses ennemis l'espionnent et qu'ils n'attendent que le moment où il sortira pour l'éliminer. Il passe aussitôt un coup de fil et, dans les minutes suivantes, plusieurs VUS arrivent sur les lieux. Des individus sans doute armés en sortent et forment une haie de protection entre l'entrée du salon et un des véhicules dans lequel Arcadi s'engouffre précipitamment. Comme un dignitaire dans un imposant cortège de véhicules de protection, Arcadi est conduit au Consenza où il entre de nouveau protégé par un cordon d'hommes de main. On organise une réunion d'urgence. Les mafiosi recherchent l'auteur de l'appel anonyme, allant même jusqu'à mener leur propre enquête pour localiser le téléphone public à partir duquel le coup de fil a été passé. Les Rizzuto ont bien l'intention de répondre à cet affront au centuple.

À 18 h 32, un hélicoptère nolisé par Francesco Del Balso et dans lequel se trouve Domenico Macri décolle de l'aéroport Trudeau en direction de la région de Granby. Une fois rendu dans le secteur voulu, l'appareil vole à basse altitude à l'abri de la portée des radars. Selon des sources dignes de foi, des tirs de mitraillette sont alors dirigés vers l'une des résidences appartenant aux frères D'Amico, sans toutefois atteindre quiconque. Sous écoute, des membres du clan Rizzuto auraient déjà décrit l'une des maisons des D'Amico comme étant «une résidence avec de grosses colonnes blanches, comme celle d'Elvis Presley du nom de Graceland à Memphis», se souvient un enquêteur.

Les Siciliens semblent vouloir profiter des circonstances. Cinq jours plus tard, Patrizio D'Amico appelle Sergio Piccirilli pour lui dire que le «vieux vieux», en parlant probablement de Nicolo Rizzuto, a fait venir quatre personnes du Venezuela pour «s'occuper d'eux». Il ajoute que deux autres personnes sont venues d'Italie pour eux, «une qui aime les *boum boum* et l'autre qui aime *faire sauter des choses en l'air*».

«La pire affaire pour *brûler* une enquête, c'est quand les suspects commencent à jouer avec des armes. Quand ça arrive, nous n'avons pas le choix d'intervenir, comme ce qui s'est passé durant l'enquête Clemenza, avec le meurtre de Salvatore Montagna et les arrestations de Raynald Desjardins et de ses présumés complices. On commençait à être inquiets. La GRC était un peu sur les nerfs, car elle se disait que s'il y avait des risques que des meurtres soient commis, elle ne pouvait pas laisser faire ça», se souvient l'enquêteur Godbout. C'est dans ce contexte que les «deux Tony», après quelques manœuvres stratégiques, rencontrent Nicolo Rizzuto au Consenza le 8 février 2006.

Une semaine plus tard, le sergent Joe Tomeo de la GRC rend visite à Sergio Piccirilli pour lui dire que sa vie est en danger et que la menace vient de Toronto. Le policier a raconté la scène lors d'un témoignage dans l'un des procès découlant de l'enquête Cléopâtre. Piccirilli répond qu'il le sait, qu'il s'agit d'une vieille affaire et qu'elle est réglée. Il ajoute par contre que des gens lui en veulent et qu'ils ont même menacé un membre de sa famille. L'enquêteur Tomeo lui dit qu'il devrait aller voir le «vieil homme» et Piccirilli répond qu'il l'a déjà fait et qu'il le fera de nouveau. Il affirme qu'il a des armes à la maison, toutes légales, et qu'il est capable de se défendre si quelqu'un se présente chez lui. Avant de partir, l'enquêteur lui demande s'il peut faire quelque chose pour lui. «Seulement m'envoyer des fleurs», répond Piccirilli. Alors que le policier est sur le chemin du retour, Piccirilli l'appelle et lui demande s'il a le droit de porter une veste pare-balles. Le lendemain, il communique avec Sharon Simon pour se procurer une arme, mais la conversation est captée sur l'écoute. La voiture de la «reine de Kanesatake» sera interceptée le lendemain sous un faux prétexte. Dans le véhicule, les patrouilleurs trouveront une Norinco 84S s'apparentant à une mitraillette AK-47 et un revolver de calibre .380.

Dix jours plus tard, Sergio Piccirilli discute au téléphone avec un ami. Tout en parlant, il observe Francesco Arcadi en train de se faire raser et demande à son interlocuteur, en riant, s'il a envie d'aller au cinéma voir les films *Débarrasse-toi de ton voisin* et *Le massacre du barber shop*. Son interlocuteur lui rappelle une promesse qu'il a faite. Quelques jours plus tard, Piccirilli dit à Patrizio D'Amico qu'il est en train d'ajuster son fusil, car il va bientôt à la chasse. Mais cette partie de chasse n'aura jamais lieu. Après deux ans de conflit, Paolo Renda décide qu'il en a assez. Le litige se réglera au printemps pour une somme de 5,6 millions – au lieu des 9 millions réclamés au départ – sous forme d'ententes dans des affaires futures, croient les policiers.

Pour connaître le fin fond de l'histoire, René Gervais et Michel Fortin rencontreront l'otage Nicola Varacalli pendant deux heures, mais il ne leur dira rien sauf qu'il ne sait pas qui l'a enlevé et qu'il a été obligé de tenir de tels propos sur la vidéo pour ne pas se faire tuer. Les policiers auront l'impression que pour lui, le « pot », ce n'était pas grave. Ce n'est manifestement pas ce que penseront les Américains, qui demanderont son arrestation et son extradition, en 2011, et le condamneront à dix années de prison.

Les enquêteurs de la cellule 8002 croient néanmoins que les masques sont tombés le soir de l'Halloween où Varacalli a été enlevé. Que les querelles entre clans mafieux sont symptomatiques de problèmes beaucoup plus profonds et aigus. Que le conflit D'Amico-Rizzuto aurait pu mener au meurtre d'un lieutenant des Siciliens, mais que le feu vert n'est jamais venu. Ils s'interrogent sur un voyage fait par Sergio Piccirilli et un commerçant de Saint-Léonard à Hamilton, en Ontario, en février 2006. Les deux hommes se sont rendus là-bas en voiture, Piccirilli ne voulant pas prendre l'avion en raison de ses « sous-vêtements métalliques » – expression qu'entendront sur l'écoute les enquêteurs de Cléopâtre qui croient que « Grizzly » voulait parler d'une arme qu'il portait. À Hamilton, les policiers ont vu Piccirilli et son compagnon rencontrer Dominic et Giuseppe Violi, fils du lieutenant de la mafia calabraise de Montréal Paolo Violi, tué en janvier 1978. Les enquêteurs se demandent si Piccirilli s'est rendu dans la province voisine pour chercher des appuis et si la fronde contre les Rizzuto pourrait avoir été commandée de l'Ontario, mais ils n'ont peut-être pas besoin de regarder si loin.

En juin 2006, dans la foulée de l'affaire D'Amico, les enquêteurs de la cellule 8002 entendent Lorenzo Giordano dire que « plusieurs jeunes » mafiosi sont mécontents parce que le clan les taxe. Le fidèle et engagé capitaine du clan Rizzuto cite même Giuseppe Colapelle qui se serait plaint que « le vieil homme veut plus de taxes ». « J'aurais dû le gifler », dit Giordano. Dans la même conversation, il est question également de Giuseppe De Vito qui ne contrôle pas ses hommes. La marmite bout. Les bonzes de la mafia l'ignorent, mais la révolte est commencée. Un événement est venu attiser le feu.

* * *

Le 11 août 2005, vers 8 h. Les 21 degrés déjà ressentis laissent présager une journée confortable. Comme il le fait pratiquement tous les matins, Giovanni Bertolo, 46 ans, franchit la porte du gymnase Métropolis, dans le quartier Rivière-des-Prairies, après une séance d'entraînement qui le ragaillardit. L'homme, qui porte son sac d'entraînement, se dirige tranquillement vers sa BMW garée dans le stationnement du gymnase, boulevard Henri-Bourassa, lorsque trois individus s'approchent et tirent à plusieurs reprises en sa direction. Bertolo s'affaisse, agonisant. Une ultime salve l'achève. Les suspects prennent la fuite dans une Mazda Protegé qui sera plus tard retrouvée incendiée, près d'une voie ferrée, à quelques kilomètres du lieu du crime.

En décembre 1992, Bertolo, alias «Johnny», avait été arrêté dans une affaire d'importation de 58 kilos de cocaïne à la suite d'une seule conversation incriminante captée lorsque le caporal Fortin avait demandé à ce que les 64 téléphones publics du Centre Rockland soient mis sous écoute, un exploit réalisé par la GRC en une seule nuit. Il avait plaidé coupable six mois plus tard et été condamné à 12 ans de pénitencier. La rumeur veut qu'il se soit sacrifié pour d'autres, et il a fait son temps sans se plaindre.

La police soupçonne qu'à sa sortie de prison, à la fin des années 1990, Bertolo ait été impliqué dans le prêt usuraire. Au début de l'enquête Colisée, il est au centre d'une investigation parallèle du nom de «Cacciatore» au cours de laquelle il est vu en compagnie de membres importants de la mafia montréalaise et de motards. Des enquêteurs de la future équipe 8002 suivent intensivement Bertolo qui arbore fièrement sous le pare-chocs avant de son véhicule une plaque du mythique Bada Bing!, un club de danseuses de la célèbre série télévisée *Les Sopranos*.

Après sa libération, Bertolo est devenu le représentant du Syndicat des peintres affilié à la FTQ-Construction. Alors qu'il est filé, il visite les chantiers et rencontre des entrepreneurs en construction, dont un, particulièrement important, à plusieurs reprises. Il se rend dans les restaurants et les boîtes de nuit, ainsi que dans les bureaux de la FTQ-Construction et des Teamsters, où il aurait bénéficié d'appuis de gens importants ayant des accès directs auprès d'élus. Selon des enquêteurs, Bertolo aurait été «placé» à ce poste syndical par un ami très proche, Raynald Desjardins.

Après avoir été condamné à 15 ans pour trafic de cocaïne, en 1993, Desjardins a obtenu sa libération conditionnelle en 2004. Avec l'aide du directeur général de la FTQ-Construction de l'époque, Jocelyn Dupuis, devenu son ami comme il l'avouera lui-même dans une entrevue avec *La Presse* en mars 2009, le caïd s'est ensuite lancé dans l'immobilier et la construction résidentielle. Si le nouveau joueur du milieu de la construction au Québec se dit heureux dans sa nouvelle vie, il rumine. Selon des policiers, Raynald Desjardins – qui a été le seul Québécois à se hisser aussi haut dans l'organigramme de la mafia italienne et qui était considéré, il n'y a pas si longtemps encore, comme le bras droit de Vito Rizzuto – est en colère contre les Siciliens pour lesquels il s'est sacrifié et qui n'auraient pas pris soin de lui durant ses longues années à l'ombre. Desjardins a dû le faire lui-même. À l'intérieur des murs, il s'est fait de puissants alliés. Il a notamment payé de sa poche l'aménagement d'une piste d'athlétisme au pénitencier Leclerc et organisé un repas de homard pour tous les détenus, des initiatives qui ont fait scandale à l'époque et qui lui ont valu de retourner à Donnacona, dans un pénitencier à sécurité maximale.

De sa libération, en 2004, jusqu'à la fin de l'enquête Colisée, les enquêteurs ne voient ni n'entendent jamais le nom de Desjardins, ni ceux de ses plus proches associés. Mais, dans la mafia, ce sont souvent des gens dont on n'entend jamais les noms qu'il faut le plus se méfier. «Tiens tes amis proche et tes ennemis encore plus proche», dit un adage mafieux bien connu.

Les années d'observation et de conversations captées au Consenza font croire aux enquêteurs de Colisée que Paolo

Renda est, vers la fin de l'enquête du moins, le grand patron des Siciliens. Le gendre de Nicolo Rizzuto et beau-frère de Vito Rizzuto est aussi discret qu'il en mène large. Les capitaines, Francesco Arcadi y compris, cessent de parler des affaires de la rue et des problèmes de cuisine lorsque Renda entre dans la pièce. Ils reprennent la discussion lorsque le *consigliere* en sort. Tout le monde écoute quand Renda prend la parole. Il conseille et donne des directives. C'est souvent lui qui finit par trancher et régler les dossiers qui s'éternisent, comme le conflit avec les D'Amico. Renda est officiellement entrepreneur en construction, mais les enquêteurs ne l'ont jamais vu s'activer dans ce domaine ni travailler dans son entreprise. En revanche, ils le voient, lui et des complices, se rendre au Complexe Loreto, salon funéraire et façade légitime de la famille Rizzuto dans le quartier Saint-Léonard. Des rencontres y auraient eu lieu durant l'enquête, mais le complexe ne sera jamais espionné. Ce qui se passe dans le petit café de la rue Jarry, quartier général des Siciliens, est suffisant. Mais, contrairement à l'expression populaire, ce qui se passe au Consenza ne reste pas au Consenza.

Ainsi, les enquêteurs qui écoutent et visionnent croient que Renda, sentant la soupe chaude, instaure un nouveau partage des profits à compter du printemps 2006. Dans les premiers temps suivant l'installation des caméras dans l'établissement de Saint-Léonard, au début de 2004, une demi-douzaine de lieutenants du clan des Siciliens, y compris le détenu Vito Rizzuto, avaient leur part des profits. Mais deux ans plus tard, le 12 juin 2006, ils sont 11 à recevoir une liasse de billets, dont Agostino Cuntrera et les membres de la faction calabraise Moreno Gallo, Antonio Mucci et Antonio Vanelli. D'ailleurs, alors que Colisée est sur le point de prendre fin, les enquêteurs constatent que Gallo travaille de plus en plus à régler des problèmes entre individus appartenant à des factions différentes tant au Consenza même qu'au téléphone.

La police interprète cette nouvelle distribution des profits comme si Paolo Renda avait senti qu'il valait mieux que les Siciliens acceptent de partager avec leurs amis des autres clans pour les avoir de leur côté, car il commençait à y avoir une mouvance. Vraisemblablement, le *consigliere* sentait que des gens n'étaient pas très heureux et auraient pu vouloir prendre le contrôle. Il devait savoir que les individus qui n'étaient pas contents, qui avaient l'impression de passer en second, n'étaient pas ses hommes mais ceux d'autres factions.

Il semble qu'après l'arrestation de Vito Rizzuto, en 2004, les nouveaux hommes forts du clan des Siciliens aient convoqué une « table » autour de laquelle ils ont annoncé une hausse appréciable de la « taxe » que les différentes cellules du crime organisé montréalais devaient leur verser en tant que « permis de travail ». « Pour bien paraître, les nouveaux chefs ont mis beaucoup trop de pression sur les autres cellules de la mafia », affirme un ex-enquêteur. Cette annonce aurait soulevé l'indignation parmi des chefs de clans indépendants. On peut penser sans trop se tromper que l'un des insatisfaits était Giuseppe De Vito. Déjà, durant Colisée, les enquêteurs considèrent que le jeune mafioso n'est pas encore en rupture avec les Siciliens mais qu'il fait ses besognes de son côté. Son clan et celui des Rizzuto font des affaires ensemble, comme le démontre la saisie des 218 kilos de cocaïne, mais ils sont également en compétition. Il y a parfois des tensions causées, par exemple, par le vol de clients. La police associe De Vito à la faction calabraise de la mafia, dirigée par Giuseppe Di Maulo, et constate qu'il n'est pas aimé de certains capitaines du clan des Siciliens. L'un d'entre eux aurait même mis un contrat sur sa tête et De Vito en aurait été avisé par sa taupe, Angelo Cecere, nous a-t-on confié.

Selon une source digne de foi, le mécontentement de De Vito serait apparu au tournant des années 2000 lorsque des motards auraient commencé à marcher dans ses platebandes. Le mafioso aurait lancé un appel à l'aide au Consenza faisant valoir qu'en versant une taxe aux Rizzuto, ceux-ci devaient également le protéger, mais l'appel n'aurait pas été entendu. Par la suite, ce sont des hommes des Siciliens eux-mêmes qui auraient commencé à ouvrir des bars sur le territoire de De Vito devenu son fief, Rivière-des-Prairies. Enfin, la saisie des 218 kilos de cocaïne à l'aéroport Trudeau qui a mis au jour le fait que certains complices utilisaient sa «porte» et jouaient dans son dos en important des quantités de cocaïne supplémentaires à son insu, sans lui verser la taxe, a été le clou dans le cercueil. «Il était en colère», nous dit-on.

Durant Colisée, les enquêteurs, avouent-ils eux-mêmes, ont sous-estimé l'importance de De Vito. Une autre source nous décrit ce dernier comme un homme très intelligent qui vaquait de jour à des occupations légitimes dans son commerce de motos, et le soir ou la nuit à ses activités illégales pour confondre les policiers. Considéré comme un homme de parole par les uns et comme un arnaqueur par les autres, tous s'entendent cependant pour dire qu'il était très violent. La police le soupçonne d'avoir été, entre autres, l'un des assassins de Paolo Gervasi, un mafioso respecté qui cherchait un peu trop au goût de la mafia à retrouver le meurtrier de son fils Salvatore, tué en avril 2000. Ce dernier aurait été assassiné dans un lave-auto, selon certaines informations, et son corps ensuite déposé dans le coffre arrière de sa Porsche. Dans la voiture, son père aurait trouvé un objet qui n'appartenait pas à son fils et qui aurait pu le rapprocher dangereusement du commanditaire du crime. Paolo Gervasi a été victime d'au moins deux tentatives de meurtre avant que la mort le rattrape durant l'enquête Colisée, la veille de l'arrestation de Vito Rizzuto, le 19 janvier 2004.

En 2005, tout indique que De Vito faisait partie du camp des mécontents, tout comme Giovanni Bertolo. On a déjà lu dans certains écrits que ce dernier a été assassiné parce qu'il voulait reprendre ses opérations de trafic de stupéfiants et qu'il avait empiété sur le territoire de quelqu'un d'autre. C'est possible, mais les enquêteurs croient surtout que le projet de renverser les Siciliens était déjà amorcé avant la fin de l'enquête Colisée. Après un séjour en Ontario, des patrons du clan Rizzuto auraient été mis au courant d'une rébellion qui couvait et ils auraient décidé de «faire leurs preuves» et de prendre les grands moyens pour la réprimer en passant un message sans équivoque pour que tout le monde rentre dans le rang : éliminer Bertolo, l'un des membres les plus influents du camp des mécontents.

«Les Siciliens voulaient frapper fort, mais ils ont frappé trop fort. Ils croyaient qu'ils allaient régler d'un seul coup tous les problèmes mais, au contraire, c'est là qu'ils ont commencé. Leurs ennemis étaient beaucoup plus puissants qu'ils croyaient et ces adversaires avaient maintenant l'excuse qu'ils attendaient», affirme Michel Fortin. Son ex-collègue Antonio Iannantuoni ajoute : «Lorsque Vito Rizzuto était là, tout le monde en profitait. Mais ses remplaçants obligeaient tout le monde à se rapporter à eux. Ils voulaient faire leurs preuves. Ils voyaient la lumière au bout du tunnel. Mais c'était un train qui s'en venait. »

* * *

Le mercredi 30 août 2006, à 15 h 30, Mario Iannitto et son passager, Domenico Macri, immobilisent leur Cadillac STS à un feu rouge à l'angle des rues Henri-Bourassa et Rodolphe-Forget, dans le quartier Rivière-des-Prairies. Soudain, deux hommes vêtus de noir sur une puissante moto s'immobilisent à leur hauteur et ouvrent le feu. Macri est atteint mortellement tandis que Iannitto, blessé, appuie sur l'accélérateur et roule un demi-kilomètre avant d'immobiliser son véhicule et de demander de l'aide. Les assassins, eux, disparaissent dans la nature.

Macri, 35 ans, était le fils du mafioso Rocco Macri qui avait déjà fait parler de lui dans les années 1980. Domenico Macri a été l'une des cibles des enquêteurs du projet ontarien R.I.P., qui fait partie de la genèse de l'enquête Colisée. Dans cette enquête, il a été surveillé dans le volet de production et de distribution d'ecstasy dans lequel le fils aîné de Vito Rizzuto, Nick junior, aurait aussi été impliqué. Macri a également été condamné pour trafic d'héroïne au début des années 1990.

Domenico Macri était considéré par la police comme une étoile montante de la mafia. Il venait d'obtenir une promotion et avait reçu des félicitations de Francesco Del Balso, selon les enquêteurs. Les deux mafiosi étaient très proches, et Del Balso aimait Macri comme un frère. Emporté par la colère et le chagrin, il aurait lancé son téléphone et un tabouret par une fenêtre lorsqu'il a reçu un appel lui annonçant la mort de son ami d'enfance. Macri a été à Del Balso ce que Mike Lapolla fut pour Giordano, nous a-t-on dit. Les deux sont morts durant l'enquête Colisée.

Macri aurait pu être arrêté et accusé dans Colisée s'il n'avait pas été tué. Au moment de son assassinat, la police le soupçonnait de contrôler le trafic de stupéfiants dans des cafés et des bars du quartier Rivière-des-Prairies pour le compte de Francesco Arcadi. Il aurait été le bras droit de ce dernier, pour qui il aurait agi également comme chauffeur et garde du corps. Certaines informations indiquent qu'au moment de l'attentat, Macri et son acolyte se rendaient chez Arcadi, qui habitait tout près, pour le conduire à l'aéroport Trudeau d'où il devait s'envoler pour l'Italie, car il sentait sa vie menacée à Montréal. « Pars immédiatement avec ta femme et ne reviens pas tout de suite », aurait intimé Paolo Renda à Francesco Arcadi après le meurtre de Macri.

Dix ans après l'assassinat de Domenico Macri, les policiers ignorent encore si c'est lui ou son patron qui était réellement visé au départ. Des sources policières disent que les plans auraient changé durant la journée et que les tueurs auraient finalement décidé d'éliminer Domenico Macri. D'autres indiquent que le titre d'homme d'honneur de Francesco Arcadi aurait fait hésiter les meurtriers. Une poignée de personnes seulement savent la vérité. Encore une fois, la mafia étant ce qu'elle est, nous ne le saurons peut-être jamais. Mais une chose est sûre : Francesco Arcadi a, le jour même, quitté le Québec plus longtemps que prévu. Lorsqu'il est revenu, il s'est terré loin de Montréal, dans le chalet de Hemmingford où il a été arrêté le 22 novembre 2006.

Certaines informations veulent toutefois que Macri ait été impliqué dans le meurtre de Giovanni Bertolo. Les assassinats des deux hommes ont été commis à un an d'intervalle, presque jour pour jour. Le corps brûlé d'un autre individu, soupçonné d'avoir participé lui aussi au meurtre de Bertolo, a également été découvert en avril 2007. Quant au troisième individu soupçonné d'avoir tué le représentant syndical, il serait resté longtemps caché jusqu'à ce que l'air redevienne plus respirable pour lui.

Le camp des Siciliens a à son tour crié vengeance pour le meurtre de Macri. Cinq jours après l'attentat, la veille des funérailles, Giuseppe Fetta et deux autres individus sont vus par les policiers en train de manipuler des armes dans un garage du boulevard Saint-Laurent. L'un d'eux tire même avec un pistolet muni d'un silencieux sur le plancher du garage qui sera perquisitionné quelques jours plus tard par la police de Montréal, qui saisira quatre armes à feu, des munitions, des chargeurs et des vestes pare-balles. Le 6 septembre, Francesco Del Balso magasine l'achat de deux véhicules blindés «à l'épreuve complète des balles», capables d'arrêter un AK-47, et qu'il veut avoir immédiatement. Au téléphone, le vendeur lui propose un Cadillac 2002 neuf et blanc. «Trop voyant», répond Del Balso.

Une escalade de violence paraissait inévitable. Mais des rencontres au sommet auraient été organisées et les grands chefs de chaque camp auraient dit qu'il y avait eu assez de morts de chaque côté et ordonné que cela s'arrête là. Puis, Colisée a frappé, arrêtant des gens et sauvant par le fait même probablement des vies ou les prolongeant tout simplement. Car le pire restait encore à venir.

Chapitre 11

LA GUERRE

Nick Rizzuto junior est conduit à son dernier repos en janvier 2010.
Photo : David Boily, *La Presse*

La rafle de Colisée survient moins de trois mois après le meurtre de Domenico Macri et force la mise en veilleuse de la vendetta amorcée après l'assassinat de Giovanni Bertolo. Le 22 novembre 2006, en appréhendant quelque 90 personnes et en décapitant le clan Rizzuto, la police a affaibli le camp des Siciliens et, par le fait même, donné le pouvoir à ses ennemis pratiquement sur un plateau d'argent. « La nature a horreur du vide », martèlent toujours les policiers dans les conférences de presse suivant les rafles d'importance. Or, ce vide, les adversaires des Rizzuto l'ont comblé durant l'incarcération des chefs de la mafia et de leurs principaux joueurs et auraient même graduellement pris le pouvoir durant leur absence dès 2007-2008, croit la police. Mais les choses se sont précipitées à partir de 2009 lorsque les chefs de la mafia condamnés après Colisée ont commencé à sortir de prison et ont voulu reprendre le terrain perdu.

Le 21 août 2009, Federico Del Peschio, 59 ans, est tué dans le stationnement de son restaurant La Cantina, boulevard

Saint-Laurent à Montréal. C'est la première fois qu'un individu si proche de la famille Rizzuto est tué depuis le début de la rébellion. Del Peschio avait croupi cinq ans en prison, au Venezuela, avec Nicolo Rizzuto pour une affaire de trafic de cocaïne. En octobre 2001, durant l'enquête Calamus (lorsque l'enquête Colisée s'appelait encore Cicéron), les policiers ont obtenu des informations voulant que Del Peschio soit le parrain de Leonardo Rizzuto, fils cadet du chef de la mafia, et le cousin de Vito Rizzuto. Mais soyons prudents. Dans la mafia, les titres sont flous : *neveu*, *parrain*, *compare* et *zio* ont souvent un tout autre sens et ne signifient pas nécessairement de véritables liens familiaux.

Le 28 décembre 2009, la famille immédiate de Vito Rizzuto est directement éprouvée pour la première fois. Le fils aîné, Nick junior, 42 ans, est tué à quelques pas des bureaux de FTM Construction appartenant à l'entrepreneur Tony Magi, dans le quartier Notre-Dame-de-Grâce, à Montréal. Selon certaines informations, ce sont les mêmes individus liés aux gangs de rue qui auraient assassiné Del Peschio et Nick junior. La police lie également ces deux crimes. Une hypothèse veut qu'une vengeance ou une dette d'argent se rapportant au milieu de la construction soit le mobile de ces deux meurtres. Mais est-ce qu'une dette, même de quelques millions, peut justifier et expliquer l'assassinat du fils du parrain ? Une fois le crime commis, la dette demeure et l'endetté aggrave son cas. Les assassinats de Del Peschio et de Nick junior s'inscrivent visiblement dans une mouvance plus large. Dès le début des années 2000, la police considère Nick junior comme un successeur potentiel de son père. On peut penser qu'en l'absence de ce dernier et durant l'incarcération des lieutenants du clan arrêtés dans Colisée, le fils aîné a continué à défendre les intérêts de la famille. Les funérailles, qui ont été célébrées au début du mois de janvier, ont probablement été les dernières dignes de la grandeur du clan Rizzuto, car des années de misère suivront par la suite.

En 2009 et en 2010, plusieurs cafés de Montréal commencent à être les cibles de cocktails Molotov. La famille Rizzuto et ses derniers fidèles sont assaillis par des prétendants tapis dans l'ombre qui font partie d'alliances anciennes et d'autres plus récentes.

L'un de ces nouveaux alliés est Salvatore Montagna, ancien chef par intérim de la famille Bonnano à New York, expulsé par les autorités américaines et arrivé à Montréal en avril 2009. Montagna est né le 11 mars 1971 à Montréal, mais il n'avait qu'un an lorsque sa famille s'est établie à Castellammare del Golfo, en Sicile. Montagna a 15 ans lorsque lui et les siens quittent l'Europe pour revenir vivre en Amérique du Nord, plus précisément à New York. Jeune adulte, il fonde la Matrix Steel Co., rue Bogart à Brooklyn, ce qui lui vaudra le surnom de « Sal the ironworker » (« Sal le ferronnier »). Mais, sous l'apparence d'un honnête entrepreneur, le jeune homme gravit tranquillement les échelons du clan Bonnano jusqu'à devenir son chef intérimaire, en 2006, après que des chefs de la célèbre famille new-yorkaise eurent retourné leur veste. Selon des documents de l'ambassade américaine, Montagna a été invité en 1998 à se joindre au clan Bonnano par Gerlando Sciascia, alias « George le Canadien », qui faisait le lien entre les clans new-yorkais et montréalais. Mais, l'année suivante, Sciascia est assassiné – un meurtre qui soulèvera la colère de Vito Rizzuto – et Montagna est envoyé à Montréal pour le rencontrer.

Dans les années suivantes, Montagna fait régulièrement l'aller-retour entre New York et Montréal. Il est très proche d'un homme qui a épousé une nièce de Vito Rizzuto. Des documents américains décrivent Montagna comme un homme très prudent qui n'hésite pas à se rendre au Canada en voiture – donc à faire sept heures de route – pour livrer un message plutôt que d'utiliser le téléphone. Après son arrivée au Québec, au printemps 2009, Montagna s'installe chez un cousin dans l'arrondissement Saint-Hubert, à Longueuil. Avec l'aide d'alliés montréalais, il veut profiter de la période d'instabilité régnant au sein de la mafia pour s'imposer, pas toujours avec diplomatie. Dans leur livre *Mafia inc.*, les ex-journalistes de *La Presse* André Cédilot et André Noël écrivent que Montagna a rencontré deux hommes d'affaires très influents de la communauté italienne de Montréal pour leur annoncer que c'était maintenant à lui qu'ils devaient verser des redevances. En 2010, Montagna rencontre le patriarche Nicolo Rizzuto et lui annonce que son règne est terminé. Cela se réalisera de façon brutale avant la fin de l'année.

Dans sa cellule du pénitencier de Florence, au Colorado, Vito Rizzuto pleure la mort de son fils aîné. Il semble croire que l'offensive contre son clan est dirigée avec l'appui de New York. La présence de Montagna à Montréal et le fait qu'il soit très actif sur le terrain le confortent dans cette impression. Mais la réplique de son clan ne vient pas. Rien, donc, pour ralentir les ardeurs de ses ennemis qui veulent empêcher les lieutenants des Siciliens condamnés après Colisée de reprendre leur place perdue.

En février 2010, le *consigliere* Paolo Renda, qui a écoulé les trois dernières années derrière les barreaux, est libéré. Une théorie policière veut que l'homme d'honneur septuagénaire soit alors devenu le nouveau parrain de la mafia. Quelques semaines à peine après sa libération, un après-midi de mai, après avoir fait des courses pour le souper, Paolo Renda est enlevé à deux pas de chez lui par des individus qui se sont fait passer pour des policiers. On ne le reverra jamais. La police et sa famille le croient mort. Il semble qu'avant sa disparition, Paolo Renda aurait cherché à négocier avec les ennemis de son clan. Selon la rumeur, il devait rencontrer une personne le jour de son enlèvement, mais son vis-à-vis ne s'est jamais présenté.

À la suite de la disparition de Renda, Agostino Cuntrera, homme d'honneur et membre de la famille sicilienne des Caruana-Cuntrera — une alliée indéfectible des Rizzuto —, devient le nouveau chef du clan, mais pas nécessairement parce qu'il en a envie. Celui qu'on surnomme «le seigneur de Saint-Léonard», qui a été condamné avec d'autres pour le meurtre de Paolo Violi en 1978, sait que l'emploi comporte des risques. Il se déplace dans un véhicule blindé et est constamment accompagné d'un garde du corps. Mais il prend tout de même au sérieux son nouvel emploi. Il fait passer le message aux entrepreneurs en construction qu'il est le nou-veau parrain de la mafia. Il règle également des conflits dans des salles du palais de justice de Montréal ou ailleurs. Mais son règne sera court: le 29 juin, lui et son garde du corps, Liborio Sciascia, 40 ans, sont tués à coups de fusil dans la plus pure tradition mafieuse devant son entreprise, dans l'arrondis-sement Saint-Léonard.

Dans les jours suivants, un autre événement, qui n'est pas un assassinat mais qui a une certaine importance, se produit. Les policiers de la GRC ont reçu des informations leur permettant de retrouver le chef de clan Giuseppe De Vito, qu'ils recherchent depuis plus de quatre ans. Au cours de sa longue cavale, «Ponytail» faisait la navette entre Toronto, Laval et les arrondissements Saint-Léonard et Anjou, où il louait des condos, et se déplaçait, semble-t-il, dans une vieille Toyota Corolla quatre portes pour passer inaperçu. Durant sa fuite, De Vito s'est insurgé contre le fait que plusieurs personnes, dont les noms figurent dans la preuve de Colisée, n'aient pas été arrêtées. Il s'est fait tatouer la date de la frappe policière comme si celle-ci avait été déterminante dans sa vie. Elle le fut. Durant sa longue fuite, sa femme dépressive a tué leurs deux filles dans la résidence familiale de Laval, en mars 2009. Dévasté, De Vito s'est fait tatouer les prénoms de ses deux filles. Il a confié à certains que sa plus profonde peine aura été de ne pas avoir pu empêcher ce drame. Il semble que jamais sa conjointe, Adèle Sorella, n'avait eu connaissance des activités criminelles de son mari et que la publication de son avis de recherche, le jour de la frappe de Colisée, ait été pour elle une surprise totale. Après cette terrible épreuve, De Vito refera sa vie et fondera une nouvelle famille avec une autre femme, mais ce nouveau chapitre d'une vie tumultueuse sera de courte durée.

Le 4 octobre 2010, les policiers de la Division du crime organisé de la police de Montréal suivent un individu qu'ils croient être Giuseppe De Vito jusqu'au gymnase Body Shop, situé en bordure de l'autoroute 440, direction ouest, à Laval. Le mafioso s'entraîne quotidiennement, mais changerait constamment de salle de conditionnement, car ces endroits sont très fréquentés par les policiers. Les fileurs ne sont pas absolument certains que c'est lui. Sa physionomie a changé depuis Colisée, il est moins gras et plus costaud et son visage est peut-être aussi un peu différent. Un an et demi plus tôt,

De Vito a été interpellé par des policiers fédéraux dans une clinique de chirurgie plastique rue Victoria à Westmount, à un kilomètre et demi du quartier général de la GRC, mais il a confondu les enquêteurs en déclinant l'identité d'un de ses amis et en exhibant de fausses cartes. Cette fois-ci, il n'est pas question de le manquer. Un enquêteur le suit dans le gymnase, se change dans le vestiaire et court sur un tapis roulant voisin de celui du mafioso pour bien l'identifier et s'assurer qu'il n'est pas armé. Lorsqu'il sort du gymnase, des membres du groupe tactique d'intervention du SPVM le suivent sur quelques mètres, l'encerclent et le somment de se rendre. Le mafioso esquisse un geste – vraisemblablement pour prendre son téléphone – et les policiers lui tirent aussitôt une balle en caoutchouc en pleine poitrine. Il est maîtrisé et sera envoyé en prison d'où il ne sortira jamais vivant.

* * *

À la suite de l'élimination de Paolo Renda et d'Agostino Cuntrera, le patriarche Nicolo Rizzuto devient le dernier rempart du clan. Malgré son âge avancé – 86 ans –, il continuerait à tirer certaines ficelles même s'il ne sort pratiquement plus de sa maison de la rue Antoine-Berthelet, devenue de moins en moins la «rue de la mafia». Le 10 novembre, vers l'heure du souper, le doyen entre dans la cuisine pour se mettre à table lorsqu'il est atteint mortellement par un projectile, sous les yeux de sa femme et de sa fille. Le coup de feu a été tiré par un individu embusqué dans un boisé à l'arrière de la cour de la maison. Après avoir traversé la fenêtre, un éclat de balle aurait atteint la victime au cou, sectionnant la jugulaire. L'œuvre d'un bon tireur ou d'un chasseur muni d'une lunette, mais pas nécessairement d'un tireur d'élite.

Nicolo Rizzuto a été abattu dans sa cuisine par une balle tirée de l'extérieur comme, 30 ans plus tôt, Rocco Violi, le dernier des trois frères calabrais qui dirigeaient la mafia montréalaise et qui ont dû ensuite céder les rênes aux Siciliens. Des informations émanant de sources de la police torontoise veulent que le ou les meurtriers de Nicolo Rizzuto soient venus de l'Ontario. C'est possible, mais l'ordre ne venait pas nécessairement de la province voisine. D'autres rumeurs veulent que le tireur soit montréalais. Une chose est sûre : que ce soit pour Renda, Cuntrera ou Nicolo Rizzuto, les meurtriers ne seraient vraisemblablement pas des membres de gangs de rue, question de tradition et de respect. Le dernier souffle du vieux parrain marque la fin d'une époque de l'histoire criminelle québécoise.

Les funérailles de Nicolo Rizzuto sont révélatrices. Elles n'ont pas l'envergure de celles des « belles années ». L'église Notre-Dame-de-la-Défense de la Petite Italie n'est pas bondée, même si la police évalue l'assistance à 800 personnes. Des employés d'une firme privée assurent la sécurité sur le trottoir à la place des habituels « taupins » de la mafia. Le clan commence à manquer de soldats. Visiblement, les derniers fidèles des Siciliens se cachent et n'osent plus bouger. « Pas de son, pas d'image », dit un enquêteur. Les nouveaux hommes forts du crime organisé montréalais semblent alors invincibles.

Mais qui sont ces nouveaux hommes forts ? En 2009-2010, les sources policières parlent déjà de Raynald Desjardins, de son protégé, Vittorio Mirarchi, de son beau-frère Giuseppe Di Maulo, de Salvatore Montagna, des Arcuri père et fils – anciens alliés des Calabrais qui se sont rangés dans le camp des Siciliens après leur prise du pouvoir dans les années

1980 –, de Moreno Gallo, de Giuseppe De Vito, d'Antonio Pietrantonio et de Lorenzo Lo Presti, fils de Joe Lo Presti, un fidèle de Vito Rizzuto qui avait même possédé une maison rue Antoine-Berthelet et qui a été assassiné en 1992. Ces chefs de clan contrôlent et se partagent pratiquement tout. Ils n'ont pas les mêmes liens du sang que les membres du clan Rizzuto, mais ils se côtoient et sont associés depuis des années. D'ailleurs, les acteurs de cette guerre, dans les deux camps, sont souvent des amis de longue date ayant grandi dans les mêmes quartiers et fréquenté les mêmes écoles. Ils sont aujourd'hui devenus des frères ennemis jurés.

Durant l'hiver 2010-2011, la domination des Rizzuto semble chose du passé. Mais un premier événement vient porter un dur coup à leurs ennemis. La police découvre plusieurs armes de gros calibre, des explosifs et des bombes fumigènes dans un entrepôt de la rue Pascal-Gagnon, dans l'est de Montréal. Elle fait rapidement le lien entre le bâtiment et des hommes du chef de clan Giuseppe De Vito. Elle se questionne sur la présence d'un tel arsenal de guerre. Elle parle de tensions, encore, au sein de la mafia. Elle anticipe probablement déjà des choses que le commun des mortels ne sait pas. Au printemps, des fissures apparaissent en effet au sein de l'alliance contre les Rizzuto. Un conflit éclate, vraisemblablement en raison des très lucratifs paris sportifs. Raynald Desjardins, son beau-frère Giuseppe Di Maulo, son jeune protégé, Vittorio Mirarchi, et Giuseppe De Vito seraient partis de leur côté tandis que Montagna, Pietrantonio, Lo Presti et les Arcuri se seraient regroupés, constate la police. Une brèche est ouverte. C'est le moment qu'attendaient les Rizzuto pour contre-attaquer.

* * *

Le 4 septembre 2011 survient un événement qui est totalement passé sous le radar des policiers et des médias. L'un des fils Arcuri, Antonino, aurait été blessé par quatre projectiles. Les policiers l'ont su lorsqu'ils ont intercepté un échange de messages entre Desjardins et Montagna. Ce dernier raconte ce qui s'est passé à Desjardins et lui demande s'il peut lui recommander un médecin qui soignerait la victime dans la clandestinité. On comprend que Montagna aurait ensuite emmené Arcuri à New York pour le mettre à l'abri. «Je ne peux croire que cette maudite famille essaie encore. Il a envoyé un message d'en dedans qu'il se lancera contre nous tous», écrit Montagna à Desjardins, en parlant visiblement des Rizzuto et de Vito. Mais ce dernier semble prendre cet avertissement avec un grain de sel. Avec le recul, et en analysant la suite des événements, tout porte à croire que la tentative de meurtre contre un des fils Arcuri est le premier acte de la riposte des Siciliens. Le deuxième acte sera joué moins de deux semaines plus tard.

Le matin du 16 septembre, Raynald Desjardins est au volant de sa camionnette BMW, boulevard Lévesque à Laval, suivi dans un autre véhicule par son garde du corps Jonathan Mignacca. Ils viennent de quitter la résidence du caïd située tout près et s'immobilisent au bord de la route pour une raison inconnue. Soudain, un individu armé d'une mitraillette arrivé en motomarine sur la rivière des Prairies ouvre le feu en leur direction au moment où un autobus de la Société de transport de Laval passe tout près. Mignacca réplique à coups de pistolet pendant que son patron prend la fuite à bord de sa camionnette criblée de balles. Le caïd sera retrouvé par les policiers

LA GUERRE

D'autres attentats s'inscrivent dans la lutte de pouvoir qui a secoué la mafia depuis 10 ans mais ils ont été omis délibérément pour alléger cette chronologie.

* La vengeance de Vito Rizzuto est l'une des hypothèses qui pourrait expliquer ces meurtres mais la police n'exclut pas d'autres mobiles.

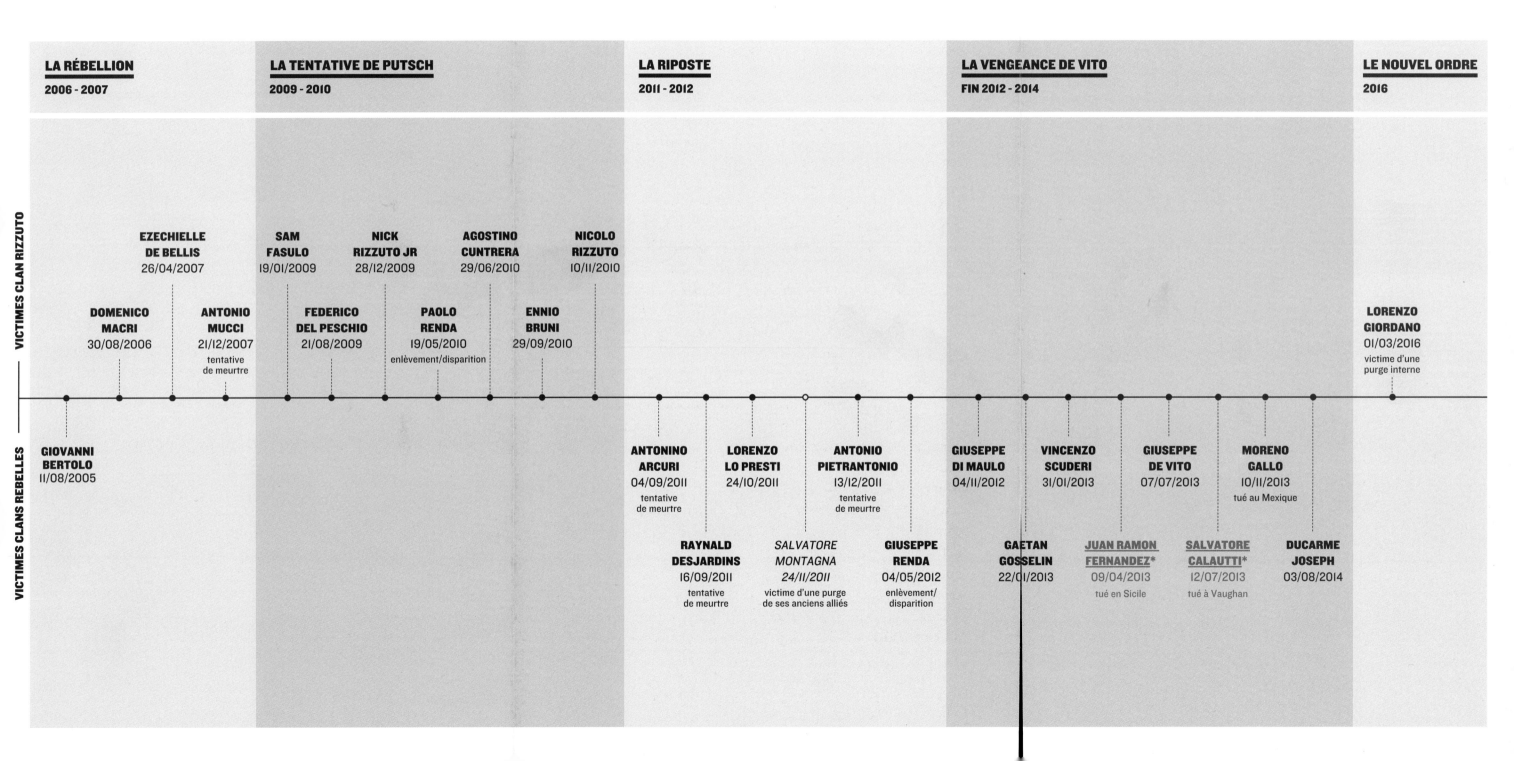

LA RÉBELLION
2006 - 2007

LA TENTATIVE DE PUTSCH
2009 - 2010

LA RIPOSTE
2011 - 2012

LA VENGEANCE DE VITO
FIN 2012 - 2014

LE NOUVEL ORDRE
2016

VICTIMES CLAN RIZZUTO

EZECHIELLE DE BELLIS
26/04/2007

DOMENICO MACRI
30/08/2006

ANTONIO MUCCI
21/12/2007
tentative de meurtre

SAM FASULO
19/01/2009

FEDERICO DEL PESCHIO
21/08/2009

NICK RIZZUTO JR
28/12/2009

PAOLO RENDA
19/05/2010
enlèvement/disparition

AGOSTINO CUNTRERA
29/06/2010

ENNIO BRUNI
29/09/2010

NICOLO RIZZUTO
10/11/2010

LORENZO GIORDANO
01/03/2016
victime d'une purge interne

VICTIMES CLANS REBELLES

GIOVANNI BERTOLO
11/08/2005

ANTONINO ARCURI
04/09/2011
tentative de meurtre

RAYNALD DESJARDINS
16/09/2011
tentative de meurtre

LORENZO LO PRESTI
24/10/2011

SALVATORE MONTAGNA
24/11/2011
victime d'une purge de ses anciens alliés

ANTONIO PIETRANTONIO
13/12/2011
tentative de meurtre

GIUSEPPE RENDA
04/05/2012
enlèvement/disparition

GIUSEPPE DI MAULO
04/11/2012

GAETAN GOSSELIN
22/01/2013

VINCENZO SCUDERI
31/01/2013

JUAN RAMON FERNANDEZ*
09/04/2013
tué en Sicile

GIUSEPPE DE VITO
07/07/2013

SALVATORE CALAUTTI*
12/07/2013
tué à Vaughan

MORENO GALLO
10/11/2013
tué au Mexique

DUCARME JOSEPH
03/08/2014

un peu plus tard sur un chantier à proximité. «Je comprends la *game*, j'ai fait du *pen* et je n'ai pas à en parler», dit Desjardins aux enquêteurs. Il croit dur comme fer que l'attaque a été commandée par son ancien allié Salvatore Montagna.

Après l'attentat, un bras droit de Desjardins, Giuseppe Bertolo, frère du défunt Johnny Bertolo, appelle un associé de Montagna qui nie que ce dernier soit derrière l'attaque. Une rencontre entre Desjardins et Montagna est organisée, mais Desjardins refuse d'y aller. Il envoie Giuseppe Bertolo qui serait revenu du rendez-vous pas très convaincu de l'implication de l'ancien chef du clan Bonnano dans l'attaque. Plusieurs fois, Montagna tentera en vain de contacter Desjardins pour lui dire qu'il n'a rien à voir avec l'attentat. Dans l'après-midi, les policiers cherchent à joindre certains individus influents, dont Giuseppe Di Maulo, pour faire baisser les tensions et éviter une guerre. Di Maulo leur dit que les médias le placent «plus haut qu'il l'est en réalité».

Deux mois plus tard, des citoyens appellent le 911 à la suite de coups de feu entendus sur l'Île Vaudry, à Charlemagne. Peu après, des patrouilleurs découvrent un homme mort, gisant dans son sang, en bordure de la rivière L'Assomption. Rapidement, les médias annoncent que la victime est Salvatore Montagna. Le mafioso a vraisemblablement été attiré dans un traquenard dans une résidence de l'île. Blessé par balles, il est parvenu à sortir de la maison et à traverser la rivière avant de s'effondrer sur les berges. Moins d'un mois plus tard, une nouvelle fracassante ébranle la scène criminelle québécoise et canadienne: Raynald Desjardins, son jeune protégé, Vittorio Mirarchi, et d'autres individus – dont Jack Simpson, un ami de longue date de Desjardins – sont arrêtés et accusés du meurtre de Montagna. Les suspects ont été trahis par les messages qu'ils s'envoyaient sur leurs BlackBerry et qu'ils croyaient indéchiffrables, mais la GRC avait la clé. Elle menait depuis quelques mois l'importante enquête Clemenza sur des importations et du trafic de cocaïne qui visait notamment les clans Desjardins, Mirarchi et De Vito. En 2015 et 2016, Desjardins et ses complices plaideront coupable d'avoir comploté pour tuer Montagna. Desjardins croyait que ce dernier avait cherché à l'éliminer en septembre 2011. Il a peut-être réalisé derrière les barreaux qu'il s'était trompé. Le retour en force des Rizzuto par la suite semble indiquer que ce sont eux qui ont fomenté l'attentat contre lui. Arcuri, Desjardins : ce n'était que le début.

Le mois suivant, c'est au tour de Lorenzo Lo Presti d'être tué alors qu'il fume une cigarette sur le balcon de son condo, dans l'arrondissement Saint-Laurent. Le 13 décembre suivant, son associé, Antonio Pietrantonio, est abattu à bout portant en sortant d'un de ses restaurants préférés, rue Jarry, mais il survivra à ses blessures. Une semaine plus tard, l'arrestation de Raynald Desjardins et de ses présumés complices facilite la tâche du clan Rizzuto dans sa riposte méthodique. C'est le retour du balancier. L'enquête Clemenza fait aussi mal au clan Desjardins que l'enquête Colisée a affaibli les Siciliens. Ces deniers poursuivent leur offensive. Ils ciblent alors l'un de leurs anciens associés, Giuseppe Renda, qui s'est rallié à leurs ennemis et a hérité des paris sportifs. En mai 2012, Renda, qui n'a aucun lien de parenté avec Paolo, est convoqué à un rendez-vous dans la Petite Italie. On ne le reverra jamais.

Pendant ce temps, le compte à rebours de la libération de Vito Rizzuto a commencé. Il est de plus en plus question de son retour à Montréal. «Je vais voir qui viendra à moi», avait-il dit à un policier montréalais qui l'avait visité dans sa cellule américaine. Le parrain déchu a reçu la visite de plusieurs policiers durant les mois précédant sa libération et si ses propos sont ambivalents, son regard est celui d'un homme déterminé à venger sa famille. Le 5 octobre 2012, six ans après avoir été extradé aux États-Unis, il est libéré. Le fait qu'à peine sorti de prison il soit filmé dans l'avion sur son vol de retour par une caméra de Radio-Canada lui fera peut-être réaliser que la mafia montréalaise n'est plus ce qu'elle était et qu'elle se trouve autant sous les projecteurs des médias que sous ceux de la police. De retour au pays, Vito Rizzuto passe plusieurs jours dans la région de Toronto. Il veut mesurer ses appuis, croient certains. Mais peut-être est-ce aussi parce que sa situation est fragile, que ses ennemis sont encore puissants et qu'ils complotent pour le tuer aussitôt qu'il mettrait les pieds à Montréal. Mais ils n'auront jamais cette opportunité. Plus les jours s'écoulent, plus Vito Rizzuto se renforce. L'ex-parrain revient à la maison entouré des membres de sa famille, de ses fidèles et d'une nouvelle et plus jeune garde rapprochée. Comme Vito Rizzuto l'avait anticipé, les gens défilent au Romcafé de Laval, où il a établi son nouveau quartier général pour l'assurer de leur loyauté. Des rumeurs veulent qu'il soit revenu avec une liste de noms et que le qualificatif «déchu» ne suive bientôt plus le mot «parrain» lorsqu'on parle de lui. La vengeance sera impitoyable. Le ton est donné dès le début de l'hécatombe.

Le soir du 4 novembre 2012, Giuseppe Di Maulo se trouve près de sa Cadillac dans l'entrée de sa résidence de Blainville lorsqu'il est atteint d'au moins deux projectiles à la tête tirés par un individu qui s'était embusqué chez lui et l'attendait. Le tireur a utilisé un silencieux et aucun voisin n'a entendu quoi que ce soit. C'est sa femme, Huguette, la sœur de Raynald Desjardins, qui a trouvé son conjoint de 70 ans baignant dans son sang. En décembre 2011, lors d'une brève rencontre avec l'auteur de ces lignes, Di Maulo avait dit n'avoir jamais rien eu à se reprocher, qu'il avait la conscience tranquille, qu'il marchait seul sans garde du corps et sans se retourner, et qu'il ne pouvait pas renier son beau-frère Raynald Desjardins. «Il est de ma famille», a-t-il dit. C'est probablement ce qu'il aurait pu dire à Vito Rizzuto lorsque ce dernier l'aurait rencontré quelques jours avant sa mort, indiquent certaines sources.

Durant l'enquête Clemenza, en 2010-2011, les enquêteurs ont intercepté des communications au cours desquelles des suspects affirmaient que Di Maulo était devenu le nouveau parrain de la mafia montréalaise. Mais les choses ne sont pas si claires. Après le meurtre d'Agostino Cuntrera à l'été 2010, Salvatore Montagna aurait proposé à Giuseppe Di Maulo de devenir chef de la mafia montréalaise, mais ce dernier aurait refusé. Montagna se serait ensuite tourné vers l'influent Calabrais Moreno Gallo, qui n'aurait occupé ce poste que pendant très peu de temps. Après le meurtre de Montagna, le 24 novembre 2011, les enquêteurs ont su que sa vie était menacée et l'ont avisé. Gallo, qui était sous le coup d'une condamnation à vie, a été contraint d'alerter son agent de libération. Comme c'est souvent le cas dans ce genre de situation, il a été renvoyé derrière les barreaux. La prison était probablement un endroit plus sûr pour lui. On comprend mieux pourquoi Moreno Gallo, qui a lutté désespérément contre son extradition, a soudainement accepté d'être déporté vers l'Italie quelques semaines après sa réincarcération, en janvier 2012. Mais la vengeance finira par le rattraper. Giuseppe Di Maulo a vraisemblablement été tué pour son manque de loyauté envers le clan Rizzuto. Ce sera également le cas pour Moreno Gallo.

Après Joe Di Maulo, plusieurs soldats du clan de Giuseppe De Vito, allié de Raynald Desjardins, tombent sous les balles. «Des pères et des mères souffriront», avait prédit l'otage Nicola Varacalli sept ans plus tôt.

La vendetta se poursuit après les Fêtes lorsque les principaux hommes de confiance de Raynald Desjardins et de Giuseppe De Vito, Gaetan Gosselin et Vincenzo Scuderi, sont assassinés à leur tour. À la fin de l'hiver 2013, Vito Rizzuto redevient le parrain de la mafia montréalaise. Mais la vengeance des Siciliens n'est pas terminée pour autant.

En juillet 2013, Giuseppe De Vito, qui avait été condamné après son arrestation en 2010, est trouvé mort dans sa cellule du pénitencier de Donnacona. Selon des documents policiers, le chef de clan aurait été très actif durant sa cavale de quatre ans et aurait même été impliqué dans des meurtres et des enlèvements. Cela n'a toutefois pas été prouvé, et De Vito n'a jamais été accusé pour ces crimes. Une chose est sûre, cependant: de la prison de Rivière-des-Prairies, avant son transfert dans un pénitencier, il continuait à donner des ordres et à diriger ses hommes à l'aide d'un téléphone intelligent qu'il était parvenu à faire entrer clandestinement à l'intérieur des murs. De Vito a été empoisonné par du cyanure versé dans son *smoothie*. Selon certaines sources, le crime pourrait être l'œuvre des motards, qui auraient passé un accord avec la mafia.

Puis, en novembre, trois ans jour pour jour après le meurtre du patriarche Nicolo Rizzuto, c'est au tour de Moreno Gallo d'être rattrapé par la justice mafieuse. Le Calabrais, qui avait quitté l'Italie pour s'établir au Mexique après son expulsion, est attablé dans le restaurant d'un hôtel qu'il connaît bien, à Acapulco, lorsqu'un homme s'approche et lui tire plusieurs projectiles à la tête. Gallo, qui aurait eu tous les appuis et la prestance pour devenir parrain de la mafia montréalaise, pourrait, selon la police, être tombé dans un traquenard tendu par une personne de confiance.

Quelques jours avant Noël, une nouvelle a l'effet d'une bombe : Vito Rizzuto meurt des suites de complications liées au cancer des poumons. Durant sa détention aux États-Unis, il avait vaguement été question d'un cancer, mais tant la police que les observateurs ne s'attendaient pas à sa mort. Son entourage le savait toutefois gravement malade. Lui succède à la direction de la mafia montréalaise une table de direction composée, selon la police, de son fils cadet, Leonardo, de Stefano Sollecito, fils de Rocco Sollecito, et d'autres membres de la nouvelle génération de familles siciliennes établies et de fidèles. Ces nouveaux membres du conseil bénéficieraient des conseils de Rocco Sollecito, libéré à la fin de 2012, autrefois responsable du volet construction d'un clan dont il est devenu, par élimination, le numéro 1.

Vito Rizzuto est mort sans avoir complètement vengé l'honneur de son fils aîné et de son père. On croit que cette vengeance s'est poursuivie à titre posthume à l'été 2014 lorsque le chef de gang Ducarme Joseph a été assassiné en pleine rue pour, dit-on, une prime de 200 000 $. Il semble qu'une dizaine d'équipes de tueurs aient été à ses trousses, selon des informations parvenues à la police. Ducarme Joseph, un adepte du vaudou, avait miraculeusement échappé à la mort lorsque deux tueurs avaient fait irruption dans sa boutique de vêtements du Vieux-Montréal, en mars 2010. Mais cette fois-ci, la magie de l'amulette qu'il portait continuellement sur lui n'a pas opéré. Les tireurs se sont acharnés sur la victime, qui a été défigurée dans le but vraisemblable que le cercueil soit fermé. Un message de haine sans équivoque.

Toutefois, sous le règne de la nouvelle table de direction en 2014 et en 2015, des décisions ont été prises et des meurtres auraient été ordonnés, qui n'ont pas fait l'unanimité. Des chefs de clan en rupture avec la table ont commencé à manifester leur opposition qui s'est traduite par des incendies criminels allumés à l'automne 2015 dans des bars devenus des quartiers généraux des successeurs de Vito Rizzuto. Ce n'est pas la première fois que les cocktails Molotov sont les préludes à une révolte au sein de la mafia. Des contrats sont mis sur la tête de chefs de clan, de part et d'autre. Un jeune homme de 24 ans, Marco Claudio Campellone, est assassiné devant chez lui.

Puis, le 19 novembre 2015 est arrivée l'opération Magot-Mastiff par laquelle l'Escouade régionale mixte de Montréal (ERM) de la SQ a décapité le crime organisé montréalais en arrêtant notamment Leonardo Rizzuto, Stefano Sollecito, le criminaliste Loris Cavaliere, le membre influent des Hells Angels Salvatore Cazzetta et le chef de gang Gregory Woolley. En effectuant cette frappe, les policiers ont, momentanément du moins, calmé les tensions et peut-être sauvé des vies.

On peut se demander si l'opération Magot-Mastiff est le dernier clou dans le cercueil du règne du clan Rizzuto et de ses familles alliées, et si la frappe policière n'aura pas le même effet que les enquêtes Colisée et Clemenza qui ont affaibli successivement le clan des Siciliens en 2006 et leurs adversaires cinq ans plus tard. Après l'arrestation de Vito Rizzuto, l'assassinat du patriarche puis la mort naturelle du parrain en décembre 2013, cela fait plusieurs fois que l'on prévoit la fin de cette famille sicilienne. Elle a encore beaucoup d'argent et d'appuis. Mais, pour le moment, tout porte à croire que nous assistons à la mort à petit feu des Rizzuto. Dans un avenir pas si lointain, il se pourrait que ce soit une autre branche ou famille qui se retrouve sous les projecteurs. L'avenir nous le dira, mais, en attendant, ne rangeons tout de même pas très loin le nom de Rizzuto. La police n'aura peut-être pas à patienter très longtemps, cette fois-ci, avant de connaître l'identité du nouveau chef de la mafia montréalaise.

Mais, à court terme, quelle sera la suite?

Au moment où ces lignes ont été écrites, la police ne s'attendait pas à une nouvelle guerre, mais elle anticipait plutôt des règlements de comptes sporadiques, certains ayant comme toile de fond une vengeance encore inassouvie. Mais la situation est toujours instable et les choses peuvent changer rapidement. L'assassinat récent de Lorenzo Giordano pourrait signifier un changement de garde dans la mafia montréalaise. Des sources indiquent également qu'il aurait été victime d'une purge interne parce qu'il aurait dérangé le nouvel ordre qui a été établi durant son absence, se serait montré gourmand et aurait voulu reprendre ses anciennes «routes» qui appartiennent maintenant à d'autres. L'ancien fief de ce dernier était le quartier Rivière-des-Prairies, véritable champ de bataille de la mafia depuis des années. Giordano serait également devenu, dit-on, un empêcheur de tourner en rond au sein d'une mafia montréalaise qui aspirerait à la paix en ce début de 2016. Car, un lourd tribut a été versé depuis dix ans comme l'a clairement résumé, en quelques mots, Francesco Del Balso, à une personne de confiance dernièrement: «Dans la mafia, autrefois, c'était surtout des mariages que l'on célébrait. Maintenant, ce sont surtout des funérailles.»

Chapitre 12

LES CONSTRUCTIONS CONSENZA INC.

La façade de l'ancien Club social Consenza, rue Jarry à Montréal.

Octobre 2003. Les enquêteurs de Colisée observent un homme dans la soixantaine portant un tablier blanc sortir d'une boucherie voisine du Consenza, rue Jarry, puis entrer dans le quartier général de la mafia. Au bout de quelques minutes, l'homme en ressort, suivi, quelques pas derrière, de Nicolo Rizzuto. Le patriarche entre à son tour dans la boucherie, où il restera quelques minutes avant de retourner dans le café.

Durant l'enquête Colisée, les policiers verront à quelques reprises le vieux parrain ou ses plus proches collaborateurs se rendre dans des commerces voisins, vraisemblablement pour prendre des messages et recevoir ou passer des appels téléphoniques. L'un des endroits de prédilection de Nicolo Rizzuto est un buffet situé de l'autre côté de la rue où il se rend régulièrement pour faire ou recevoir des appels internationaux, et envoyer ou recevoir des télécopies. Certains de ces endroits feront l'objet de demandes d'autorisation d'écoute, mais celle-ci ne sera pas concluante. Les bonzes de la mafia utilisent également des téléphones publics situés à proximité du café qui feront également l'objet de demandes d'autorisation d'écoute.

Les enquêteurs affirment que les patrons de la mafia ne se sont jamais doutés de la présence de micros et de caméras à l'intérieur du Consenza mis en place au début de 2004, car les conversations et images qu'ils y ont captées ont été significatives jusqu'à la rafle, le 22 novembre 2006. C'est un bon argument, mais il y avait, dirait-on, une petite lumière rouge dans l'inconscient des chefs mafieux faisant en sorte que ceux-ci semblent avoir été méfiants durant toute la durée de l'enquête Colisée.

«Ne vous tenez pas trop au Consenza, allez y prendre un café et c'est tout. Je l'ai dit à mon père, mais il est de la vieille mentalité», a dit Vito Rizzuto avant son arrestation en janvier 2004 à un membre de la communauté italienne interrogé dans le cadre de la rédaction de ce livre. Entre le 25 septembre 2002 et la veille de son arrestation, le 19 janvier 2004, Vito Rizzuto a été vu au Consenza à 17 reprises sur une période de 16 mois, ce qui n'est pas énorme si on considère qu'il est alors un parrain de la mafia bien en selle et que le café de la rue Jarry est censé en être le quartier général. Vito Rizzuto, qui est déjà convaincu qu'il est traqué par la police, préfère parler sur le trottoir lorsqu'il va au Consenza. Une fois, il aurait été vu dans la pièce du fond en train de discuter avec Moreno Gallo en chuchotant à son oreille alors que les deux hommes sont pourtant seuls dans le petit local.

Une source a confié à *La Presse* qu'en 2005, Nicolo Milioto, l'un des ex-administrateurs de Mivella Construction, que la commission Charbonneau a présenté comme «M. Trottoir» et l'intermédiaire entre la mafia et les entrepreneurs en construction, aurait communiqué avec des gens d'affaires pour leur dire de ne plus se présenter au Consenza, car il avait eu vent qu'une enquête était en cours et que si les entrepreneurs avaient besoin de quelque chose, ils n'avaient qu'à l'appeler et qu'il irait voir les habitués du café de la rue Jarry. Rappelons toutefois que dans un témoignage qui a marqué les travaux de la commission, Nicolo Milioto a nié tout lien avec la mafia et a dit s'être arrêté au Consenza parce qu'il faisait des courses tout près. Il a ajouté avoir fréquenté le café pour jouer aux cartes et parce que Nicolo Rizzuto était « une bonne connaissance et un bon père de famille » pour lequel il avait beaucoup de respect. Malgré la directive qui aurait été transmise aux gens d'affaires en 2005, Nicolo Rizzuto, visiblement peu craintif, aurait tout de même continué à les inviter à passer au Consenza lorsqu'il réalisait qu'il ne les avait pas vus depuis un certain temps. « Non, non, non, ce n'est pas grave. Passez quand même. Ça va bien ? N'oubliez pas, s'il y a quoi que ce soit et que vous avez besoin de quelque chose, vous savez où vous pouvez me joindre », leur disait-il.

Les enquêteurs de Colisée savent aussi où trouver Nicolo Rizzuto. Durant l'enquête Cicéron, en 2001-2002, ils avaient installé sur un poteau une première caméra extérieure pour identifier les clients du café. C'est ainsi qu'ils ont commencé à apprivoiser un établissement qu'ils ont fini par connaître par cœur.

À partir du début de l'année 2004, les policiers techniciens de la section spéciale I fixent cinq micros et deux caméras à l'intérieur du café. Ils y retourneront à une quarantaine de reprises jusqu'à la fin de l'enquête, en novembre 2006. Quelquefois, c'est parce que les micros ont été installés trop près de la bruyante machine à café et que les enquêteurs n'entendent rien des conversations importantes se tenant dans la pièce du milieu, ou alors c'est simplement parce que les clients parlent trop fort, emportés par l'enthousiasme suscité par leurs parties de cartes. Une nuit, les techniciens sont incapables de compléter l'installation et ils doivent revenir la nuit suivante. Une autre fois, une caméra fichée dans un mur a été peinturée et il faut la remplacer, ou une autre a été mal placée et il faut réajuster l'angle. Un jour, les enquêteurs entendent sur l'écoute que les propriétaires du café veulent le rénover. En catastrophe, ils retirent les micros, caméras et fils durant la nuit pour que les suspects ne les découvrent pas lorsqu'ils abattront les murs, et ils reviennent les réinstaller une fois les travaux terminés. Parfois, c'est la mauvaise qualité de l'équipement, un micro ou un interrupteur qui ne fonctionne plus ou l'entretien normal des appareils espions qui nécessitent une autre entrée subreptice.

Chaque entrée clandestine au Consenza est en soi une opération majeure qui nécessite un plan bien établi. Chacune coûte des dizaines de milliers de dollars, car elle nécessite la présence d'une soixantaine de techniciens et d'enquêteurs à l'intérieur de l'établissement même. À ceux-ci s'ajoutent des policiers fileurs qui surveillent les habitués du café à leur résidence ou à distance – notamment Francesco Del Balso et Lorenzo Giordano, qui sont des oiseaux de nuit – et des patrouilleurs prêts à intervenir en cas de besoin.

Le système d'alarme du Consenza, qui était fréquenté par une fidèle clientèle confortée dans ses vieilles habitudes, n'était même pas armé lorsque l'établissement était fermé, nous a-t-on dit. Le café ferme tôt en soirée à l'instar des petits commerces autour, ce qui donne une fenêtre confortable de quelques heures aux policiers durant la nuit pour agir avant qu'un employé se présente relativement tôt le matin pour faire le ménage. «Notre équipement n'était peut-être pas toujours bon, mais nos gars devaient l'être, car on ne s'est jamais fait prendre», dit fièrement le gendarme René Gervais.

Le Consenza est divisé en trois pièces. La première, en entrant, est la plus grande et dispose de deux tables, d'une dizaine de chaises, d'un divan, de quelques tabourets et d'un long comptoir derrière lequel un employé prépare le café. L'endroit a beau être le quartier général de la mafia, il n'est pas comme ces prétendus bars dont les réfrigérateurs sont vides et où on ne vend que de la drogue. L'unique machine à café – un vieux modèle italien – sert uniquement à couler un cappuccino ou un espresso. Le reste du menu tient aussi en peu de choses : quelques marques de boissons gazeuses sont offertes ainsi que l'incontournable grappa, une eau-de-vie typiquement italienne à fort pourcentage d'alcool appréciée des Rizzuto.

Il n'y a pas que des mafiosi au Consenza, mais n'y entre pas qui veut. Un nouveau venu qui pousse la porte se fera inévitablement poser des questions : Qui es-tu ? Que fais-tu ? S'il passe le test, son regard se dirigera vers une vingtaine de *paisani*, debout, blottis autour d'une table. Ce sont les spectateurs à la fois attentifs et expressifs d'une partie de *scopa* que se disputent âprement quelques habitués, généralement des personnes âgées, pour une bouteille de Brio ou simplement pour l'honneur.

La grande salle débouche sur une deuxième pièce, plus petite, meublée seulement de deux tables et de quelques chaises. De temps en temps, des parties de cartes plus sérieuses, dont l'enjeu est l'argent, se jouent dans cette pièce, pour échapper aux regards de la rue. Mais les mafiosi y tiennent également des réunions. Enfin, il y a une troisième pièce, encore plus petite, à l'arrière de l'établissement, dite la « pièce du fond ». Les clients ou étrangers n'ont pas le droit de franchir le seuil de la porte à moins qu'un des lieutenants de la mafia les invite à y entrer, comme ce fut le cas pour les entrepreneurs en construction qui y ont été vus remettre des enveloppes ou discuter. C'est dans cette pièce que les conversations les plus délicates entre mafiosi avaient lieu, que les chefs se partageaient l'argent, que Nicolo Rizzuto a été vu dissimuler une liasse de billets dans ses bas sous les moqueries d'Antonio Mucci et qu'ont eu lieu plusieurs scènes diffusées à la commission Charbonneau.

C'est dans ces deux dernières pièces que les policiers installent leurs micros et caméras, même si ce qui est dit dans la pièce centrale est souvent enterré par la machine à café, les cris et les coups des joueurs de cartes.

Aucune caméra n'a été fixée dans la grande salle. En revanche, les enquêteurs peuvent tout de même voir qui entre dans le café. Ils remarquent également que des enveloppes sont fréquemment remises à l'employé derrière le bar, qui les donne ensuite à Nicolo Rizzuto ou à un autre lieutenant, qui se dirige alors dans la pièce du fond. Les enveloppes sont ensuite ouvertes au vu et au su des enquêteurs. Elles contiennent de l'argent qui est séparé en liasses et ensuite distribué lors des rencontres entre chefs de la mafia. Les enquêteurs de Colisée assisteront à une telle scène à 191 reprises entre le 2 février 2004 et le 31 août 2006, soit environ six fois par mois.

Mais des discussions et décisions ne portant pas nécessairement sur des crimes ont aussi lieu au Consenza. Ainsi, les enquêteurs se souviennent avoir vu des mafiosi très actifs et empressés de « faire sortir le vote » lors d'élections municipales, provinciales et fédérales. Durant les enquêtes Cicéron et Colisée, de septembre 2001 à novembre 2006, il y a eu deux élections municipales (en novembre 2001 et 2005), deux élections fédérales (en juin 2004 et en janvier 2006) et une élection provinciale (en avril 2003). En campagne électorale, les habitués du Consenza se mobilisent, font des appels, mettent sur pied une flotte de transport et mandatent des chauffeurs pour cueillir des électeurs et les amener voter pourvu, évidemment, que ceux-ci votent « du bon bord » tant à Ottawa qu'à Québec. Selon d'ex-enquêteurs, il aurait même été question dans certaines conversations de candidats précis qui devaient absolument être élus, des gens que les suspects auraient pu « avoir dans leur poche » ou au moins auprès desquels ils auraient pu avoir leurs entrées, et ce, aux trois paliers de gouvernement. Dans le cadre du procès sur l'affaire du Faubourg Contrecœur, la journaliste Linda Gyulai du quotidien *The Gazette* a obtenu des extraits d'une lettre anonyme envoyée à la SQ en janvier 2004, puis vraisemblablement transmise par la suite aux enquêteurs de Colisée. La missive dénonçait des actes de corruption impliquant un haut fonctionnaire de la Ville de Montréal, deux conseillers municipaux, un membre du gouvernement fédéral, un membre de l'Assemblée nationale et un commissaire scolaire.

Un ancien policier de l'enquête Colisée se rappelle qu'avant son arrestation, Vito Rizzuto avait rencontré, seul à seul un samedi matin, un ministre fédéral dans un hôtel populaire du centre-ville de Montréal. Un autre se souvient qu'un lieutenant de la mafia, qui possédait des bars dans l'est de Montréal, avait voulu obtenir des permis pour exploiter des machines de vidéopoker. Pour que les choses aillent plus vite, il avait communiqué, en vain, à plusieurs reprises avec le bureau d'un élu. Le lieutenant avait alors appelé un autre chef de clan de la mafia pour lui demander de communiquer avec cet élu pour que le dossier débloque. «N'oublie pas de lui parler du cadeau», aurait dit le premier mafioso à son collègue.

En écoutant quotidiennement les conversations du Consenza, les enquêteurs entendent aussi régulièrement parler de «racket de la protection». Ils constatent également que plusieurs mafiosi ont des entreprises de café, de sucre, de pâtes, d'équipements de restaurant, d'entretien ménager ou d'autres services qui leur permettent de mettre le pied dans certains secteurs et de forcer d'honnêtes citoyens de la communauté italienne à faire des affaires avec eux, sans quoi il y aura des représailles. Il existe dans la preuve de Colisée un exemple bien documenté où le nouveau propriétaire d'un restaurant de Boucherville a vu son commerce saccagé pour ne pas avoir voulu acheter du café d'une compagnie appartenant à un mafioso.

L'après-midi du 24 décembre, c'était le traditionnel dîner de Noël des clients, membres et amis du Club social Consenza, devenu à la fin de 2005 l'Associazione Cattolica Eraclea du nom d'un village de la Sicile d'où sont originaires plusieurs familles de la communauté ayant émigré au Québec dans les années 1950. Il s'agit d'un événement festif même si la première fête qui a suivi le changement de nom du café s'est déroulée sous la haute surveillance de gardes du corps, fort probablement armés, en raison du conflit avec les D'Amico. De midi à 17 h, les deux premières pièces du café sont bondées. Des dizaines de personnes, dont plusieurs gens d'affaires et entrepreneurs, viennent transmettre leurs vœux, serrer des mains, faire des accolades, prendre un verre ou un café entre deux bouchées de pizza, de viandes froides ou de pâtisseries pigées dans le buffet gratuit vraisemblablement offert par des commerçants.

Des convives sont issus de familles qui connaissent celle des Rizzuto depuis l'Italie, des gens avec lesquels ils ont grandi sous le chaud soleil de la Sicile. Il serait mal vu de ne pas se présenter à l'Associazione, c'était même presque une obligation. Nicolo Rizzuto y tenait beaucoup, semble-t-il. Pour lui, le respect et l'amitié étaient importants, nous a-t-on dit. Un proche ou une connaissance qui ne se serait pas présenté un 24 décembre ou à Pâques se le serait fait reprocher poliment mais subtilement la prochaine fois que le parrain l'aurait croisé – surtout si le patriarche avait su que cette personne aurait pu y aller. « Pourquoi tu n'es pas venu? Qu'est-ce qu'il y a? Qu'est ce qu'on t'a fait? » aurait probablement demandé Nicolo Rizzuto, fronçant un peu les sourcils. Alors les gens y allaient, sachant très bien ou se doutant qu'ils entraient dans le quartier général de la mafia montréalaise, tout en se disant peut-être qu'on avait sûrement fait des vérifications et que l'établissement n'était pas espionné par la police. Mais c'était une question à ne pas poser aux mafiosi. Et la police était bien là.

Lors de la traditionnelle fête de Noël, les enquêteurs de Colisée voient les convives faire la file pour saluer Nicolo Rizzuto, Paolo Renda, Rocco Sollecito et Francesco Arcadi, des habitués du Consenza et de l'Associazione. Rarement toutefois y observeront-ils Giuseppe Di Maulo. L'influent membre de la cellule calabraise de la mafia montréalaise est vu une fois au Consenza, entre Noël et le jour de l'An, pour une réunion d'hommes d'honneur, croit la police. Visiblement, le beau-frère de Raynald Desjardins préférait discuter au club de golf où il était abonné ou dans la cuisine de sa maison.

Quoi qu'il en soit, à l'approche des Fêtes, les enquêteurs de Colisée entendent parler de cadeaux sur l'écoute et voient des enveloppes changer de main à l'Associazione la veille de Noël. Certaines sont remises à Nicolo Milioto, dont l'une par l'entrepreneur Lino Zambito, dans la pièce du milieu le 24 décembre 2005. La scène a été filmée par les policiers et diffusée lors du témoignage de l'ex-patron d'Infrabec devant la commission Charbonneau. Les deux hommes étaient seuls dans la pièce. Puisqu'ils n'étaient pas visés par l'enquête policière, la GRC aurait dû arrêter la caméra. Mais Nicolo Milioto ressemble tellement à Nicolo Rizzuto que les enquêteurs l'auraient confondu avec le patriarche. Vérification faite auprès de sources dignes de foi, Nicolo Milioto et Nicolo Rizzuto n'auraient eu aucun lien de parenté, malgré certaines rumeurs. La question aurait tout de même pu être posée lors de son passage devant la commission Charbonneau. Lors des travaux de la commission, l'ancien président de Mivela Construction a admis qu'il avait remis des enveloppes pour rendre service, mais a affirmé qu'il ne savait pas à quoi servait cet argent. Il a dit avoir connu Nicolo Rizzuto à l'adolescence, à Cattolica Eraclea, que les deux hommes ont émigré en même temps, chacun de leur côté, et qu'ils ne se sont pratiquement plus revus jusqu'au début des années 2000. Il semble toutefois qu'ils aient rattrapé le temps perdu par la suite : Nicolo Milioto a été observé à 236 reprises au Consenza entre avril 2004 et novembre 2006, soit un peu plus de deux fois par semaine ou sept fois par mois. Durant quatre ans, entre le 23 septembre 2002 et le 21 novembre 2006, les enquêteurs de Colisée, qui notent religieusement et vérifient les numéros des plaques d'immatriculation de tous ceux qui entrent au Consenza, y compris la veille de Noël, ont observé les véhicules de 74 entreprises du domaine de la construction.

Durant l'opération Colisée, les enquêteurs sont témoins de choses qu'ils associent à de la corruption municipale. Ils voient des fonctionnaires de l'Hôtel de Ville de Montréal rencontrer Vito Rizzuto sur un terrain de golf et ailleurs, ou les entendent lui parler au téléphone. Le parrain semble alors manœuvrer pour obtenir des permis pour de grands projets immobiliers, tels l'entrepôt frigorifique du Vieux-Montréal devenu le célèbre 1000, rue de la Commune, ou un immeuble à condos de luxe rue de la Montagne, dans le centre-ville de Montréal. Les policiers réalisent que le parrain a de bons contacts. Dès le début de l'enquête, ils constatent la présence de l'entrepreneur Antonio Magi dans l'entourage de Vito Rizzuto. L'homme d'affaires se tournera ensuite vers le fils aîné, Nick junior, lorsque le père sera arrêté en janvier 2004. Ils sont aussi témoins de l'enlèvement et de la fuite de Magi dans des circonstances nébuleuses, en 2005.

La commission Charbonneau a aussi levé le voile sur certaines situations mettant en relation des individus liés à la mafia, des fonctionnaires municipaux et des entrepreneurs, démontré des cas de collusion et de corruption dans l'octroi des contrats publics dans l'industrie de la construction, soulevé des liens possibles entre ce phénomène et le financement politique et mis en lumière l'infiltration du crime organisé dans l'économie légale.

Certains lecteurs auront sans doute encore bien ancré dans leur mémoire le coup de fil intimidant de Francesco Del Balso à l'entrepreneur Martin Carrier, de Québec.

— Vous avez fait des travaux en céramique à Montréal ? a demandé Del Balso à l'entrepreneur.

— Oui.

— On aimerait ça que tu viennes pu icitte faire des travaux.

— Euh, vous êtes qui ?

— C'est correct qui je suis, OK ? La prochaine fois, tu ne partiras pas d'icitte, OK ?

— Non, mais euh, monsieur, qui parle là ?

— T'as été averti, c'est fini. Merci. Bonjour, a lancé Del Balso, avant de raccrocher.

Loin de nous ici l'intention de rappeler tous les témoignages et les situations dénoncées par les enquêteurs et procureurs composant l'équipe de la juge France Charbonneau, mais le fait que la commission ait été obligée de s'adresser aux tribunaux pour que la GRC lui fournisse toutes ses informations sur l'industrie de la construction cumulées durant l'enquête Colisée a fait dire à certains que la police fédérale cherchait à cacher qu'elle avait manqué le bateau alors que tout se déroulait sous ses yeux.

Mais les enquêteurs s'en défendent bien. Lorsque le Consenza est mis sous écoute, en février 2004, cela fait un an et demi que l'enquête Colisée est en marche, deux ans et demi si on inclut la phase de collecte de renseignements de l'enquête Cicéron. L'enquête a déjà coûté plusieurs millions de dollars pour bien peu de bénéfices et l'obligation de résultat se fait sentir. La GRC réduit même un peu ses dépenses dans les autres provinces pour financer l'enquête Colisée. La cible principale de l'enquête, Vito Rizzuto, n'est plus là, il a été arrêté. Il faut donc donner d'urgence un sérieux coup de barre. La haute direction de la GRC convoque à l'été 2004 une importante réunion au cours de laquelle l'avenir de la cellule 8002 est compromis tellement on craint de foncer dans un mur. Les lignes d'écoute sont réaménagées, mais elles demeurent limitées. Les enquêteurs doivent se concentrer sur les trafiquants, les importateurs et les sujets les plus actifs qui leur permettront de suivre le fil conducteur jusqu'au Consenza, avec des histoires de drogue et de violence destinées à présenter des preuves de gangstérisme souvent plus compréhensibles et percutantes devant la cour.

Les enquêteurs doivent donc sacrifier des joueurs – et pas toujours les moindres. Parmi eux Paolo Renda, pourtant soupçonné d'être l'un des principaux décideurs, et Rocco Sollecito, responsable, selon la police, de la construction dans le clan des Rizzuto. Les conversations qu'ils tiennent au Consenza, pratiquement toujours en italien et parfois dans un dialecte régional, notamment avec Nicolo Milioto, sont enregistrées mais pas écoutées.

« C'était déjà tellement lourd de gérer les conversations des autres acteurs majeurs. Colisée, c'était beaucoup de conversations dans des cafés et c'était difficile à comprendre. La qualité des enregistrements était très faible en raison du son ambiant, la machine à café qui partait constamment, les gars qui parlaient fort, les gens qui marchaient, la distance du micro par rapport à la conversation. On se demandait parfois s'ils ne mettaient pas le micro dans le réfrigérateur, on entendait presque le moteur ! C'étaient des micros archisensibles. Dans la pièce à l'arrière, la qualité des conversations était meilleure, mais ce n'était pas toujours évident quand deux discussions se déroulaient en même temps. Lorsqu'on faisait un résumé des conversations pour la cour, il fallait se battre pour chaque mot. Pour une discussion d'une demi-heure, ça pouvait prendre d'une semaine à dix jours pour avoir un mot à mot final, rédigé à temps plein par quelqu'un de bien concentré », décrit Michel Fortin.

« Et une fois traduit, cela donnait un document de 25 ou 30 pages dans lequel les suspects parlaient de plusieurs problèmes à la fois. Il fallait identifier de quel problème ou de quel projet il s'agissait, se rappeler la fois où ils en avaient parlé auparavant et remonter parfois à plusieurs mois. C'était très compliqué », ajoute René Gervais.

« La construction n'a jamais été étudiée, car il a fallu faire une sélection des faits les plus pertinents pour pouvoir continuer d'écouter et de justifier la poursuite du projet auprès de la haute direction, qui voulait avoir des résultats. On s'est orienté vers les drogues plutôt que la partie économique. On voyait qu'il y avait des choses aux niveaux économique et administratif, mais c'est tombé à l'eau, car c'était difficile de démontrer l'infraction à l'époque. On ne pouvait s'aligner sur des avenues au bout desquelles on n'aurait pas pu déposer d'accusations et où on aurait obtenu des sentences bien inférieures », renchérit Fritzler Gaillard.

Durant l'enquête Colisée, des entrepreneurs et des gens d'affaires autres que Milioto ont rencontré Nicolo Rizzuto, Paolo Renda ou Rocco Sollecito pour discuter de construction ou de choses administratives. Selon les enquêteurs, les phrases qui auraient pu être compromettantes étaient souvent diluées dans un long échange rarement explicite où il était également question de la pluie et du beau temps. Il a fallu deux ans, à raison de sept jours par semaine, au caporal Fortin et au gendarme René Gervais pour judiciariser les principales infractions relevées durant l'enquête Colisée, résumées dans les 400 pages déposées en cour. Ils croient qu'il aurait fallu deux fois plus d'enquêteurs pour s'attaquer adéquatement à la construction ou à des infractions administratives, les décortiquer et, éventuellement, déposer des accusations. «Je me disais que si on mettait des efforts là-dessus, on allait se perdre. Si, à la fin de la journée, on avait mis le doigt sur une affaire de dézonage, politiquement, c'est beau pour les journalistes, mais le lieutenant de la mafia, il va avoir quoi comme sentence pour avoir versé 20 000 $ et avoir fait une passe sur un terrain?» demande Michel Fortin.

Dans une grande enquête, lorsqu'il est question de crimes administratifs ou de soupçons de corruption politique, il est monnaie courante, même si les responsables ne l'avoueront jamais, que les officiers de la police ou les procureurs demandent des autorisations supplémentaires à des paliers supérieurs. Normalement, plus on monte et plus les gens sont frileux, et des éléments sont alors enfouis dans un tiroir, souvent sous prétexte que les filons trouvés ne sont pas assez solides. Et ce ne sont pas seulement les adeptes de la théorie du complot qui le croient. Les enquêteurs de Colisée disent avoir remis à leurs collègues de l'enquête Marteau et de la commission Charbonneau ce dont ils avaient besoin et leur avoir indiqué où chercher. On a vu de quelle façon les travaux de la commission ont pris fin, soit dans une déception populaire généralisée en raison principalement d'un important désaccord entre les deux commissaires. Si certains croient qu'il y a eu des lacunes dans les enquêtes sur la construction et la mafia, la GRC n'est peut-être pas la seule à blâmer.

Devant la commission Charbonneau, le caporal Vinicio Sebastiano, de la GRC, a indiqué que plus de 1,8 million de conversations tenues en 14 langues différentes ont été interceptées durant l'enquête Colisée. De plus, 64 000 communications ont été captées au Consenza et au bar Laennec, et les vidéos filmées durant l'enquête totalisent plus de 35 000 heures. Il existe donc, dans des banques de données codifiées, une tonne d'informations dont une bonne partie n'a jamais été traitée. Une source de renseignements inestimables qui ne devrait pas rester dans les limbes, mais qui, plus le temps file, devient désuète.

CONCLUSION

Raynald Desjardins lors de son arrestation, le 20 décembre 2011.
Photo : François Roy, *La Presse*

« Colisée a probablement fait plus de morts qu'autre chose… »

Cette phrase résume ce que pensent plusieurs policiers, dix ans après la plus importante enquête antimafia de l'histoire du Canada. Il est évident que ce n'était pas le but de Colisée, mais le recul des années permet de dresser, entre autres, un tel constat. Du même souffle, les policiers – qu'ils soient d'anciens de Colisée ou non, actifs ou retraités – s'entendent tous pour dire qu'il ne fallait pas laisser le plus important chef de la mafia canadienne s'enrichir impunément et lui permettre de demeurer à la tête d'une pyramide qui grandissait à coups de complots d'importation, de trafic de stupéfiants et d'actes de violence. C'est cependant sur la méthode et les résultats qu'on ne s'entend pas toujours.

Encore aujourd'hui, il n'est pas rare d'entendre des policiers qui, précisons-le, n'ont pas porté l'uniforme rouge ou fait partie d'escouades de la GRC dénigrer Colisée. Ils disent notamment que le « rapport qualité-prix » est faible, les résultats mitigés et les confiscations minces pour une enquête qui aurait coûté 60 millions (le chiffre officiel a été impossible à obtenir, la GRC nous ayant dit qu'elle n'a plus les documents lui permettant d'établir les coûts exacts).

Sur 90 accusés, trois des six lieutenants de la mafia montréalaise visés dans l'enquête ont reçu des peines de 15 ans de prison tandis que les autres ont été condamnés à huit ans ou moins et libérés à la moitié ou aux deux tiers de leur sentence, souligne-t-on. On s'interroge sur les mafiosi qui n'ont jamais été arrêtés malgré une preuve étoffée. On se questionne sur les milliers d'informations cumulées durant l'enquête – représentant peut-être 75 % de Colisée – qui dorment encore dans des banques de données. On se demande aussi pourquoi la corruption et la construction n'y ont pas même été effleurées. Mais, surtout, on reproche qu'après deux ans d'enquête, on ne soit pas parvenu à coincer Vito Rizzuto et que ce soient les Américains qui l'aient fait à notre place.

« Ce qui a été difficile dans Colisée, c'est qu'on est partis sans infraction. Normalement, une enquête commence par une infraction et on travaille pour remonter jusqu'à sa source. Dans l'enquête Colisée, nous avions un groupe d'individus criminalisés qu'on ne connaissait pas et qu'on soupçonnait d'être impliqués dans des infractions qu'on ne connaissait pas. C'était comme à la loterie. Il fallait être au bon endroit au bon moment pour être capable de trouver l'infraction avec laquelle on allait ensuite justifier l'ensemble du projet. On est partis de zéro. C'est la raison pour laquelle cela a pris autant de temps au début. On a gratté au niveau du renseignement, confirmé les noms des joueurs, leurs adresses, leurs véhicules, leurs téléphones. Je crois que Colisée a été un succès juste du fait qu'on soit parti à tâtons, dans le noir, qu'on ait finalement réussi à trouver des filons qui nous ont permis d'avoir du succès devant la cour et que la plupart des individus arrêtés ont plaidé coupables avec très peu de résistance», dit Fritzler Gaillard.

Ce dernier se souvient que la demande des États-Unis pour arrêter le parrain avait soulevé un débat dans les bureaux des enquêteurs de Colisée. Certains ne s'y opposaient pas, mais d'autres oui, comme lui, qui croient même encore aujourd'hui que Vito Rizzuto aurait fini par se compromettre.

«J'ai trouvé que le *timing* n'était pas bon. J'aurais voulu qu'on reporte son arrestation à plus tard. On savait où il était, ce qu'il faisait au quotidien, on le suivait tous les jours. On aurait pu dire aux Américains : "Mettez ça de côté, on va le contrôler. Quand notre projet sera fini dans trois ans, vous viendrez le chercher. De toute façon, ça fait combien d'années que vous attendez ? Ce ne sont pas deux ou trois ans de plus qui vont changer quelque chose." Mais je n'ai jamais compris pourquoi on a cédé à la pression des Américains et qu'on l'a arrêté pour un crime commis 20 ans auparavant. Quand on l'a enlevé de l'équation, on a perdu une vision de ce qui se passait au sein de l'organisation. Quand tu perds le capitaine d'une équipe, ce n'est plus la même chose», dit Fritzler Gaillard.

Mais, le capitaine parti, les policiers se sont accrochés à ses adjoints. Et ce sont eux qui, sans le vouloir, ont ouvert la porte aux enquêteurs. L'arrestation et l'extradition de Vito Rizzuto, qui imposait le respect dans le milieu et exerçait un parfait contrôle, a été un tournant, selon d'ex-enquêteurs. Certains disent même que sans cela, il n'y aurait pas eu d'enquête Colisée. Les remplaçants du parrain ont été trop gourmands et agités, et ils ont pris de mauvaises décisions, comme celle de tuer Giovanni Bertolo. L'enquête Colisée aurait bien pu porter leurs noms, ou encore s'appeler Compare ou Consenza (rappelons qu'au Québec, les noms des enquêtes de la Division C de la GRC doivent commencer par la troisième lettre de l'alphabet). Selon un décompte conservateur (tout n'étant pas clair dans le crime organisé) de *La Presse*, au moins 38 individus ont été tués ou blessés dans les seuls attentats liés aux différents épisodes – révolte, tentative de putsch, contre-attaque, retour de Vito Rizzuto – de la guerre de pouvoir au sein de la mafia montréalaise qui a suivi le meurtre de Giovanni Bertolo, en août 2005.

Les mafiosi eux-mêmes ont l'unique part de responsabilités dans ce carnage, mais Colisée a contribué à provoquer une instabilité dans le milieu et a laissé des plaies qui ne se cicatriseront peut-être jamais. Cela fait en sorte que cette instabilité pourrait durer encore plusieurs années, croient à l'unisson tous les ex-enquêteurs. Et la guerre de pouvoir n'est vraisemblablement pas terminée, alors que les milieux policier et criminel pensaient que Lorenzo Giordano aurait pu devenir le prochain chef de la mafia, mais qu'il a été éliminé trois mois à peine après sa sortie de prison, visiblement sur ordre d'individus qui le considéraient comme une menace.

« Le meurtre de Johnny Bertolo a été un tournant décisif. Cela les hante encore aujourd'hui et va les hanter encore des années durant. Des gens se haïssent encore en 2016 et ils vont toujours chercher à s'éliminer », croit Antonio Iannantuoni, aujourd'hui inspecteur au SPVM.

« En créant une instabilité comme celle-là, il n'y a plus de clan vraiment fort. Il y a eu des crises de pouvoir qui ont fait des morts, c'est difficile de revenir en arrière ensuite. Il y aura toujours des gens qui vont se haïr. Des frères, des pères, des fils, des amis ont été tués. Tout le monde hait quelqu'un. Il n'y a plus de lien de confiance et ce sera difficile dans le futur de ramener ça, d'avoir un chef qui va unir tout le monde. Ils se détestent trop, il y a eu trop de sang versé et de trahisons», renchérit le caporal Fortin, selon qui «depuis Colisée, la mafia n'est plus pareille».

« Ce qui a toujours fait la force de la mafia, c'est qu'on avait auparavant un groupe uni qui contrôlait tout. On respectait la parole du grand patron et c'était facile. Mais maintenant, la mafia de Montréal ressemble davantage à celle de New York, ses membres sont des *money brothers*, c'est l'argent qui passe avant le respect et les traditions. *Je vais être ami avec toi si tu me rapportes de l'argent. Mais à la minute que tu m'en dois, je t'élimine et je passe à quelqu'un d'autre.* C'est une criminalité d'opportunités. Il n'y a plus d'allégeance. Les criminels suivent le vent! Si tu es le patron aujourd'hui, ils seront tous à genoux devant toi jusqu'à ce que tu sois éliminé et, alors, ce sera un autre. Selon moi, l'instabilité a compartimenté la mafia montréalaise. Je crois qu'elle sera maintenant constituée de factions. Un clan qui contrôle quelques bars dans Rivière-des-Prairies, un autre qui opère sur quelques rues dans Saint-Léonard, un autre à Laval, un quatrième à Montréal-Nord et ainsi de suite. De petits territoires. Chacun aura son carré de sable d'où il ne pourra pas sortir, mais dans lequel il n'acceptera pas que quiconque d'autre mette les pieds. Il y aura toujours des conflits entre certains groupes. Je ne vois pas comment ils pourraient tous s'entendre. Ce sera très difficile. Ils pourront peut-être faire mieux qu'actuellement, mais quelques têtes risquent encore de tomber et ça ne reviendra jamais comme c'était avant», analyse le policier.

En octobre 2008, dans un article de *La Presse*, l'expert et ancien analyste de la GRC Pierre De Champlain affirmait déjà que la mafia de Montréal faisait face à un problème de leadership, que Colisée avait fragilisé son influence auprès des autres organisations criminelles et ajoutait ceci : «Les Siciliens restent une puissance parce qu'ils sont encore nombreux et ils ont beaucoup d'argent. Mais ils ne feront peut-être plus la loi comme avant, car il y a plus d'acteurs qui cherchent à se faire une place au soleil. L'opération Colisée va forcer l'émergence d'un nouvel ordre de fonctionnement dans le milieu interlope montréalais. À l'avenir, on peut s'attendre à une succession ininterrompue d'individus plus ou moins aguerris qui vont essayer de prendre les rênes de l'organisation.» De Champlain fait pratiquement figure de devin en 2016.

«Aujourd'hui, tu ne peux plus vendre de la drogue durant dix ans. La police frappe régulièrement le crime organisé et un trafiquant peut espérer faire de l'argent pendant deux ou trois ans, tout au plus. Ce n'est plus comme avant. Les jeunes ne sont pas comme les vieux. Ce n'est plus vrai qu'il faille attendre une permission d'un grand chef avant de régler le compte de quelqu'un. La mafia italienne a perdu beaucoup de terrain et d'homogénéité à Montréal», nous a confié une source proche du milieu.

La mafia montréalaise est en effet de moins en moins «italienne», elle s'ouvre aux criminels de toutes les origines. L'amitié entre jeunes Blancs, Noirs, Latinos, Asiatiques, Arabes ou autres, lentement tissée depuis les bancs de l'école primaire ou durant les jeux dans les parcs et ruelles du quartier, est plus forte que la simple appartenance à une communauté culturelle. La polarisation Siciliens et Calabrais n'existe plus. La nouvelle génération de mafiosi née ici ne fait plus de distinction et, de plus en plus, ses ancêtres sont même issus d'autres régions de l'Italie.

Des gens du milieu criminel affirment que Vito Rizzuto aura été le dernier des parrains à Montréal et qu'il n'y en aura plus jamais d'autres.

Les enquêteurs croient toutefois que la mafia montréalaise aura toujours des patrons, qu'un parrain ou que des membres d'un conseil d'administration seront à la tête de l'organisation et que les petits clans auront toujours des redevances à verser. Michel Fortin prévoit que ces patrons continueront eux-mêmes, à court et à moyen termes du moins, de former une alliance avec les autres grands groupes criminels de Montréal et du Québec, dont les Hells Angels, et qu'ils n'auront pas le choix sans quoi il y aura des affrontements. Cela fait au moins 30 ans que la mafia et les Hells Angels s'associent dans plusieurs volets, même si des litiges apparaissent parfois. Des lieutenants de la mafia ont depuis des années des liens d'amitié solides avec des membres influents des Hells Angels.

Eux aussi ont été affaiblis par des enquêtes ces dernières années, dont Printemps 2001 et SharQc en 2009, et ils commencent à reprendre du poil de la bête. Diminués, les deux groupes s'entraident pour se renforcer mutuellement. La police croit que le futur patron de la mafia montréalaise aura besoin de l'appui des motards pour occuper la grande chaise et se maintenir en place ; elle remarque de plus en plus la présence d'individus issus de la communauté italienne chez les motards, notamment parmi les Devils Ghosts, club-école des Hells Angels, comme quoi la ligne entre les deux organisations est de plus en plus diffuse. Par ailleurs, c'est surtout la mafia qui, historiquement, a les contacts chez les pays importateurs de cocaïne, un argument de plus pour que les motards travaillent main dans la main avec elle.

Mais les policiers s'interrogent tout de même sur la libération et le retour dans la rue de plusieurs membres en règle des Hells Angels affamés après avoir été détenus durant plus de six ans à la suite de l'opération SharQc. Ils se demandent si tous les motards formeront un groupe homogène et suivront les mots d'ordre. D'autant plus que Salvatore Cazzetta, l'un de leurs membres les plus influents, et Gregory Woolley, dont le gang servait de pivot entre mafia et motards à Montréal et contribuait à maintenir un semblant d'ordre dans la rue, ont été arrêtés dans l'opération Magot-Mastiff de novembre 2015. Mais, d'un autre côté, on nous dit que les motards détenus après SharQc, puis libérés, sont sortis très unis de Bordeaux, où ils ont passé jusqu'à six ans et demi de leur vie ensemble.

Outre les motards, la mafia de 2016 ne peut se permettre d'ignorer une autre réalité : les gangs de rue. Durant l'enquête Colisée, la fusillade au cours de laquelle Mike Lapolla a été tué au Moomba, le double meurtre de deux individus commis au bar Upper Club en octobre 2006, un mois avant la frappe, et les propos injurieux tenus sur l'écoute par des lieutenants de la mafia envers les gangs de rue ont été un présage de leur importance à venir. Que ce soit en commettant des meurtres, des tentatives de meurtre ou des incendies criminels, les membres de gangs ont joué un grand rôle dans les luttes intestines qui secouent la mafia depuis dix ans. Ils peuvent rendre de grands services, jusqu'à détenir la balance du pouvoir, comme Gregory Woolley, qui aurait créé une alliance de membres importants des Rouges, des Bleus et des Syndicates en 2012 et qui aurait eu autant de liens avec la mafia que les motards, croit la police.

* * *

La preuve dévoilée à la suite de l'enquête Colisée a également affaibli la mafia. Elle l'a mise à l'avant-plan, en braquant les projecteurs sur ses opérations clandestines et en dévoilant les façons de faire de cette organisation tentaculaire. Les images du vieux parrain – amplement diffusées à la commission Charbonneau et ailleurs – qui partage des liasses de billets et qui les glisse dans ses bas ont probablement discrédité la mafia montréalaise dans les milieux criminels non seulement au Québec et au Canada, mais aussi à l'échelle internationale. Depuis Colisée, avec la guerre qui a suivi et les acteurs qui se sont succédé pour tenter de prendre la relève, on peut se demander si l'on n'assiste pas parfois à une téléréalité mafieuse lorsqu'on prend connaissance des nouvelles. Au moment d'écrire ces lignes, on ne sait pas qui seront les prochains patrons de la mafia montréalaise. Certains avaient parié sur le retour de Lorenzo Giordano, de Francesco Del Balso et de Francesco Arcadi, qui ont été libérés en décembre 2015 et en février 2016. Mais le premier a été tué et les deux autres sont vraisemblablement sur la corde raide. Del Balso a même été renvoyé au pénitencier pour sa protection tandis que Arcadi est retourné lui aussi derrière les barreaux durant quelques jours avant de revenir à sa maison de transition. Giordano était un homme d'honneur. Arcadi en est un également. En 2008, les policiers en comptaient une vingtaine liés aux Rizzuto, mais il y en a de moins en moins. Toutefois, des rumeurs veulent que Stefano Sollecito, qui aurait rendu de grands services à Vito Rizzuto, ait reçu ce grade ces dernières années.

Personne, à part lui, n'aurait voulu prendre les rênes après la mort naturelle du parrain. La mafia a bien changé.

La police aussi a changé depuis Colisée. Après quelques enquêtes durant les années 1980 et 1990, la GRC avait laissé aller les choses. Elle n'avait plus d'informations contemporaines sur la mafia montréalaise si bien que mis à part Vito Rizzuto, son père et son fils aîné, elle ne connaissait pas vraiment les autres acteurs importants ni ce qu'ils faisaient au moment de démarrer l'enquête Cicéron, en septembre 2001. Les enquêteurs de Colisée ont été contraints de remonter quelques années dans le temps, de débroussailler et d'identifier une multitude de joueurs, dont plusieurs inutilement, avant de comprendre ce qui se passait. Aujourd'hui, cette lacune a été corrigée.

«Je me souviens qu'à la fin des années 1990 lorsqu'on allait à la section du renseignement, ils avaient encore leurs petites boîtes de métal contenant des fiches. Lorsqu'on demandait des informations sur un sujet, ils sortaient sa fiche et sa photo. Colisée nous a aidés à mettre sur pied une section du renseignement qui est beaucoup plus proactive et qui nous aide à garder un œil sur les criminels locaux. En 2016, nous avons des enquêteurs qui s'intéressent à la question, suivent la mafia continuellement, séparent les suspects par groupes, gardent les banques de données à jour, accumulent des informations et les partagent avec les autres corps de police. Nous sommes à jour concernant les groupes criminels actifs sur notre terrain. Lorsqu'on se décide à enquêter sur eux, on connaît nos sujets et on sait qui fait quoi. On ne part pas de zéro comme dans Colisée», explique Fritzler Gaillard.

L'ancien affiant de Colisée devenu agent de liaison en Amérique du Sud constate également qu'un très grand progrès a été réalisé au fil des années. Les autorités des pays fournisseurs de cocaïne sont très au fait du combat de tous les jours que mène la police fédérale contre la mafia canadienne et l'informent des moindres faits et gestes de tout suspect potentiel dans des complots d'importation. Les autorités de ces pays ne sont pas soumises aux mêmes règles que la GRC. Elles peuvent avoir des centaines de lignes sous écoute sans avoir à demander des mandats au préalable. La Drug Enforcement Agency (DEA) américaine est aussi très présente en Amérique du Sud, où il y a de moins en moins de secrets.

On a surtout parlé des enquêteurs de la cellule 8002 dans cet ouvrage. C'est normal puisque ce livre est principalement basé sur leurs témoignages et que les « mauvais garçons » de Colisée sont à l'origine de la plupart des accusations portées à l'issue de cette enquête marathon. Il faut toutefois souligner tout le travail effectué par les quelque 90 enquêteurs appartenant aux autres cellules 8000, même s'il n'a pas toujours donné les résultats escomptés. Les requêtes en confiscation des biens de Giuseppe Torre et de Francesco Del Balso, pour ne citer qu'eux, sont le reflet du travail colossal effectué par les enquêteurs des produits de la criminalité. Il est certain toutefois que si Colisée était à refaire, la GRC ferait certaines choses différemment. Elle a retenu la leçon pour les enquêtes qui ont suivi.

Le temps qu'ils préparent les dossiers de Colisée pour la cour, ce qui a duré près de deux ans, et qu'ils finalisent d'autres sous-enquêtes, les limiers de l'Unité mixte d'enquête sur le crime organisé (UMECO) de la GRC ont de nouveau ciblé la mafia montréalaise en 2010-2011 dans une investigation majeure appelée Clemenza. Celle-ci avait débuté lorsque les policiers se sont intéressés à Giuseppe Colapelle, un trafiquant de drogue dont le nom avait été évoqué dans plusieurs enquêtes antérieures d'importance, dont Colisée. Les enquêteurs de Clemenza n'ont pas fait la même erreur que dans Colisée et ils ont démarré avec des infractions bien concrètes. Leurs collègues des produits de la criminalité les ont accompagnés tout au long de cette enquête qui a duré un an, jusqu'à ce qu'elle soit compromise par le meurtre de l'aspirant parrain Salvatore Montagna commis à Charlemagne, en novembre 2011. Les enquêteurs de Clemenza interceptaient et décryptaient, à l'insu de ceux-ci, les messages que s'échangeaient Raynald Desjardins et ses présumés complices sur leurs appareils BlackBerry. Plusieurs messages étaient révélateurs d'un complot contre Salvatore Montagna, selon la théorie de la police, et les enquêteurs de Clemenza ont dû sortir de l'ombre et remettre cette preuve clé en main à leurs collègues des crimes contre la personne de la SQ, qui enquêtaient sur l'assassinat de l'aspirant parrain.

Selon les enquêteurs fédéraux, si elle n'avait pas dû prendre fin de façon abrupte, l'enquête Clemenza aurait été encore plus significative et importante que Colisée en ce qui concerne la place occupée alors par les joueurs visés et le sérieux des accusations portées – essentiellement gangstérisme, importation et trafic de cocaïne. Colapelle avait mené les enquêteurs sur les pistes des Giuseppe Di Maulo, Raynald Desjardins, Giuseppe De Vito et Vittorio Mirarchi, entre autres, qui n'avaient pas été inquiétés dans Colisée et qui auraient comblé le vide laissé par des Rizzuto meurtris.

La preuve, constituée de messages que les suspects, qui se croyaient à l'abri, s'envoyaient sans retenue et sans censure, était d'une qualité jamais vue. «Tu lisais les messages et ça sentait la *coke*», dit un enquêteur de façon imagée. Colapelle avait environ 100 contacts dans son téléphone et échangeait plus de 1 200 messages par jour. Lorsque les enquêteurs partaient pour la fin de semaine, au moins 3 000 messages envoyés ou reçus par le suspect les attendaient à leur retour au bureau, le lundi suivant.

Dans l'enquête Clemenza, le décryptage des messages a été une arme redoutable pour les policiers. Mais il s'agit d'un cas rare. Les criminels sont au courant, ils changent continuellement leurs habitudes et sont à la fine pointe de la technologie. Aujourd'hui, les organisations, comme celles démantelées dans Magot-Mastiff, utilisent des appareils PGP (Pretty Good Privacy), c'est-à-dire des appareils de type BlackBerry modifiés de façon à envoyer et à recevoir uniquement des textes indéchiffrables. Le système fonctionne en circuit fermé, et seuls les membres de l'organisation possédant un PGP fourni par elle peuvent envoyer ou recevoir des messages. Les serveurs sont à l'extérieur du pays, et il est donc très difficile pour la police, sinon impossible, d'obtenir des mandats. Les policiers ne le diront pas, mais tout indique qu'en 2016, ils n'ont toujours pas « craqué » les PGP, à moins de compter sur l'aide d'un Judas dans l'organisation. La guerre contre le crime organisé se transporte de plus en plus sur le terrain de la technologie et pour le moment, la police perd des batailles, car les criminels sont en avance sur elle, comme c'est souvent le cas d'ailleurs. Il faudra que la police s'ajuste.

Les procureurs et les tribunaux devront aussi s'ajuster. Ils le feront, mais pas nécessairement dans le sens que les policiers l'auraient souhaité, craignent ces derniers. Les avocats de la défense ne seront pas d'accord, mais les enquêteurs disent que la divulgation totale devant les tribunaux tue leurs enquêtes. Ils déplorent que les procédures judiciaires issues d'opérations policières contre le crime organisé s'éternisent devant les tribunaux et finissent, au bout de quelques années, par des négociations entre les parties qui mèneront à des plaidoyers et à des peines inférieures à celles anticipées au départ. Les enquêteurs croient qu'il n'y aura plus de mégaenquête et de mégaprocès, car la poursuite et les tribunaux ne peuvent suivre le rythme, affirment-ils. Pour cette raison, les policiers se disent parfois incapables d'arrêter et d'accuser tout le monde en même temps lors d'une enquête. Depuis SharQc en 2009, mis à part l'opération Loquace, qui a mené à 110 arrestations en novembre 2012 mais qui fut une exception en raison de la collaboration inespérée d'un agent civil d'infiltration haut placé, la police a continuellement frappé sur la relève du crime organisé au Québec, mais dans des enquêtes moins longues, plus circonscrites, qui ont mené à une cinquantaine d'arrestations au maximum (Écrevisse en 2010).

Les ex-enquêteurs de Colisée tirent un bilan positif de leur expérience. Les mots « passion », « expérience d'une vie », « sacrifice » et « équipe de rêve » sont évoqués. Les enquêteurs invités, qui appartenaient à d'autres corps policiers, n'ont que de bons mots pour la GRC. Ils disent toutefois qu'ils ne reviront plus jamais cela, que Colisée était une exception, car c'était une commande politique et que les cordons de la bourse étaient déliés. Ils sont contents de l'avoir fait, mais ils avouent avoir été un peu déçus devant certaines sentences imposées. Ils déplorent que les budgets ne suivent pas et que la lutte soit toujours à recommencer. Durant Colisée, alors qu'ils enquêtaient sur une branche de la mafia, ils entendaient dire qu'un autre clan importait 1 000 kilos de cocaïne par semaine sans être inquiété par la police.

«Si on ferme un établissement de restauration rapide au coin de la rue, ça ne sera pas long qu'un autre vendeur de hamburgers va ouvrir à la même place. C'est l'offre et la demande, la loi du marché», dit un ex-enquêteur. «La police fait ce qu'elle a à faire, mais le système de justice ne suit pas. Colisée a coûté des millions. La police régularise, donne des tapes sur les doigts à des organisations, mais les gouvernements changent. Si les bandits ne déplacent pas trop d'air, la société va les tolérer. Mais, à un moment donné, ils deviennent forts et ça dérape. On a une commande et on la fait. Mais qu'est-ce que cela donne?» s'interroge un autre.

Mais, à l'instar de la nouvelle génération de mafiosi, la nouvelle génération d'enquêteurs a-t-elle les mêmes valeurs que la précédente et serait-elle prête à autant de sacrifices que ceux faits durant l'enquête Colisée? Les acteurs principaux de la grande rafle antimafia sont-ils une race en voie d'extinction? Une majorité d'enquêteurs – hommes, femmes, jeunes ou plus vieux – sont encore dévoués en 2016. On peut en croiser tous les jours. Encore faut-il cependant qu'on leur laisse l'initiative et qu'ils soient dirigés par des officiers «qui n'ont pas peur d'avoir peur», un reproche que l'on entend de plus en plus souvent.

Certains ont beau vouloir dénigrer Colisée, jamais une division de la police fédérale dans une autre province canadienne ne se sera autant attaquée au crime organisé ou à la mafia que la Division C. Même en Ontario, où on dénombre pourtant sept familles mafieuses importantes de souche calabraise dans la région de Toronto, il y a eu quelques enquêtes d'importance, mais jamais de l'ampleur de Colisée ni même de Clemenza. Les premières mégaenquêtes de l'histoire du Canada ont eu lieu au Québec. Contrairement aux autres provinces où on n'en est pas très friand, le Québec a été un chef de file en la matière depuis les années 1990 – pas toujours avec succès, mais cette tendance est peut-être finie. Les enquêteurs craignent que le Québec suive les autres provinces, limite dorénavant le nombre de noms sur les affidavits et se contente de frappes qui viseront une vingtaine de personnes tout au plus. « Des projets de trois ou quatre ans, on ne verra plus ça », dit un enquêteur.

Par contre, ce que l'on verra de plus en plus, croient-ils, c'est que les enquêtes plus importantes contre le crime organisé seront menées en partenariat avec plusieurs corps de police, qui se partageront les coûts et les ressources, comme dans Magot-Mastiff. La GRC a financé l'écoute électronique de cette enquête même si elle a principalement été menée par la SQ. La police a moins d'argent : la SQ a réduit ses dépenses de 30 millions en 2015. Le SPVM veut fusionner ses escouades de stupéfiants et de gangs de rue à celles des enquêtes générales dans ses quatre régions, et a diminué le nombre d'équipes et d'enquêteurs à sa Division du crime organisé. À la GRC et, dans une certaine proportion, dans d'autres corps de police importants, c'est la lutte au terrorisme qui est maintenant la priorité et qui obtient la plus grosse part du gâteau en matière de financement et d'effectifs. En 2014, au Canada, le nombre de mandats d'écoute électronique émis pour combattre le terrorisme a presque rejoint celui des mandats destinés à la lutte au trafic de stupéfiants et au crime organisé, traditionnellement les plus nombreux, apprend-on dans le rapport annuel de la surveillance électronique produit par le ministère fédéral de la Sécurité publique.

Le 31 mars 2016, le grand patron de la GRC, Bob Paulson, a dit à l'équipe éditoriale du *Vancouver Sun* que 500 enquêteurs chevronnés de partout au Canada ont été retirés des sections luttant contre le crime organisé et les stupéfiants pour être affectés à la lutte au terrorisme depuis les attentats de Saint-Jean-sur-Richelieu et d'Ottawa. Le commissaire a aussi admis que ce retrait massif d'enquêteurs expérimentés avait forcé la mise en veilleuse de quelques enquêtes majeures contre «les échelons les plus élevés du crime organisé». Dans son rapport annuel 2016-2017, la police fédérale réclame plus d'argent et de ressources pour remplir cette mission.

Mais dans les milieux policiers, certains poussent plus loin la réflexion. Le renseignement et l'argent, ce sont les nerfs de la guerre. Chacun de son côté, la GRC, la SQ, le SPVM et d'autres corps municipaux mènent des enquêtes. Régulièrement, celles-ci s'entrecoupent, en partie du moins, et ciblent les mêmes individus. Les équipes de filature se croisent sur les lieux de surveillance. On entend souvent dire que la police fédérale et la SQ «ont les budgets» alors que les enquêteurs de la police de Montréal sont très «terrain». Les corps de police collaborent, partagent des ressources et échangent des informations, mais, en même temps, ils fonctionnent en vase clos et tiennent jalousement à leurs chasses gardées. Cette situation crée des dédoublements, donc des dépenses inutiles. Alors que les criminels s'allient et s'étendent à l'extérieur des limites de la métropole, la création d'un corps de police indépendant, un peu comme le commissaire Robert Lafrenière projette de le faire avec l'UPAC – destiné uniquement à la lutte au crime organisé, plus important que les escouades régionales mixtes, inspiré de la Drug Enforcement Agency ou des US Marshals, proposant des conditions de travail adaptées à cette lutte et bénéficiant d'un budget fédéral-provincial-municipal – pourrait-elle être une solution ? Cela vaudrait la peine d'être étudié. Mais, en même temps, la multiplication des groupes d'enquête a également des avantages, notamment ceux très importants de la transparence et de l'indépendance face aux pouvoirs politiques. De plus, au Québec et au Canada, on a souvent tendance à compliquer ce qui pourrait être simple.

En attendant, la roue tourne. C'est le retour des années de vaches maigres dans la lutte au crime organisé. Colisée portera encore longtemps, et peut-être pour toujours, le titre de plus grande rafle antimafia de l'histoire du Canada.

REMERCIEMENTS

Merci aux ex-enquêteurs de Colisée Michel Fortin, René Gervais, Antonio Iannantuoni, Fritzler Gaillard, Mike Roussy, Simon Godbout et D. pour leurs témoignages, leur disponibilité et leur générosité.

Merci à toutes les autres sources anonymes et confidentielles qui ont contribué à étoffer et à nuancer ce récit. Merci à Dany Martin, de la Division C de la GRC, qui a su convaincre ses patrons de m'ouvrir des portes. Merci aux caporaux Luc Thibault et Camille Habel de la GRC, à Guy Lapointe de la SQ et à Ian Lafrenière du SPVM pour leur aide.

Merci à mon collègue polyglotte de *La Presse* Mathieu Perreault pour ses talents de traducteur de l'italien au français. Merci à mes patrons Éric Trottier et Alexandre Pratt pour leur compréhension et pour avoir permis qu'un vieux projet devienne réalité. Merci à mes patrons immédiats, entre autres Martin Pelchat, qui, j'espère, lira cette fois-ci le récit pour lequel il a accepté ma demande de congé.

Merci à Caroline Jamet, présidente des Éditions La Presse, à Jean-François Bouchard, directeur de l'édition, et à Yves Bellefleur, éditeur délégué, qui m'ont permis de réaliser ce projet sans que je ressente trop leur souffle chaud dans mon cou. Merci au graphiste Simon L'Archevêque, des Éditions La Presse, pour ses talents d'architecte et sa patience.

Enfin, merci à ma femme, Nathalie, devenue presque célibataire durant un mois – même si elle n'a pas trop détesté ça ! – et à ma fille, Mathilde, que mes doigts sur le clavier ont probablement tirée quelquefois de son sommeil, vers midi. Le lecteur en conclura qu'elle ne fait plus de cauchemars.